PAUL FERRINI ist Autor zahlreicher Bücher, deren Ziel es ist, emotionale Defizite zu heilen und eine Spiritualität in den Alltag zu integrieren, die in den wahren Herausforderungen des täglichen Lebens verwurzelt ist. Sein Werk spricht direkt zum Herzen, da es aus eigener Erfahrung erwuchs. So erklärt sich die Kraft, die daraus auf den Leser übergeht und ihn befähigt, Angst und Scham zu überwinden, um seinen Mitmenschen anschließend als der, der er wirklich ist, gegenüberzustehen.

DIE ZWÖLF SCHRITTE DER VERGEBUNG bietet uns einen Lernprozeß, durch den wir die um das Ego kreisende Suche nach Vollkommenheit überwinden und die innere Schönheit, Führung und Gnade erkennen können, die unser Leben bereits durchdringen. Wir lernen, andere zu respektieren, aber auch gesunde Grenzen zu ziehen, die Manipulation und Co-Abhängigkeit verhindern. Vor allem ermöglicht es uns, zu entdecken, wie wir in jedem Augenblick Vergebung üben und damit in uns den Ort des Friedens finden können.

Paul Ferrini

Die zwölf Schritte der Vergebung

Aus der Tiefe des Herzens leben

aus dem Amerikanischen von

Momo Edel

Stb

Titel im Original:
The Twelve Steps of Forgiveness

Vormals erschienen im Hauptprogramm des Schirner Verlags.

ISBN 978-3-89767-557-5

5. Auflage 2010

Umschlaggestaltung: Murat Karaçay
Satz: Sharmila Maas
Printed by: FINIDR, Czech Republic

www.schirner.com

Inhaltsverzeichnis

Prüfungen sind nur Lektionen,
die du noch nicht gelernt hast
und die dir nun wieder vorgesetzt werden,
damit du dort, wo du dich schon einmal
falsch entschieden hast,
eine bessere Entscheidung treffen kannst,
um damit den Schmerzen zu entfliehen,
die dir deine frühere Wahl
eingebracht haben.

KENNETH WAPNICK: EIN KURS IN WUNDERN*

---

* (Kenneth Wapnick: *Ein Kurs in Wundern*. Gutach 1994)

Vorwort

Dieses Buch umfaßt zwölf Arbeitsschritte, die dir helfen sollen, dein Leben nicht mehr angsterfüllt, sondern von Liebe durchdrungen wahrzunehmen. Die Arbeit mit diesen Schritten führt dich zwar nicht in ein angstfreies Dasein, aber sie kann dir helfen, auftretende Ängste zu überwinden.

Die Übungen basieren auf vier Grundsätzen. Menschen, denen es schwerfällt, den gesamten Prozeß zu verinnerlichen, können die Grundsätze als verkürzte Version der zwölf Schritte nutzen. Das Anwenden der Grundsätze führt von selbst zur Umsetzung aller zwölf Schritte.

Arbeite ruhig an jedem der Grundsätze oder einem der Schritte, der dir als wichtige Herausforderung erscheint. Denke daran, daß es nicht darauf ankommt, wie viele Schritte du übst, sondern darauf, wie intensiv du sie übst. In jedem einzelnen Schritt sind alle anderen enthalten.

Dieses Buch ist ein Arbeitsbuch. Wenn du den Prozeß als Mittel zur inneren Wandlung nutzen willst, solltest du täglich, stündlich, ja in jedem Augenblick daran arbeiten. Du wirst feststellen, daß du aus der Anwendung dieser spirituellen Übung genauso viel gewinnen wirst, wie du in sie investierst.

Die Arbeit an den zwölf Schritten ist kein intellektueller Vorgang. Sie bedarf nur einer geringen oder gar keiner Analyse. Diese Arbeit setzt lediglich deine Bereitschaft voraus, dich an die zwölf Schritte zu erinnern, wenn du einmal deinen inneren Frieden verlierst. Mehr ist nicht nötig.

Dieser Prozeß führt dich zu deiner inneren Wahrheit. Er erinnert dich einfach an das, was du längst weißt und für einen Augenblick vergessen hattest.

Mit Hilfe der zwölf Schritte kannst du die Illusion von der Getrenntheit, die du in deinen Gedanken oder Beziehungen erzeugst, auflösen. Mit ihnen kannst du falsche Überzeugungen, die du von dir und anderen hegtest, auflösen. Sie gleichen Schuld- und Schamgefühle aus. Sie geben dich dir selbst, deinen Mitmenschen und dem Göttlichen zurück. Es ist eine fortwährende Arbeit am All-eins-sein.

Die Entscheidung zwischen Liebe und Angst können wir in jedem Augenblick treffen. Hier beginnt der Friedensprozeß. Ohne inneren Frieden bleibt der Friede auf Erden nur ein leerer Wunsch. Frieden dehnt sich aus wie die Liebe. Er kann nicht von außen in die Herzen gelangen, sondern muß von einem Herzen zum anderen getragen werden und so die Herzen der gesamten Menschheit erreichen. So funktioniert das System der zwölf Schritte. Ich schließe dich in mein Glück und meine Liebe ein, während wir diese Reise gemeinsam unternehmen.

Namaste*
Paul Ferrini

*Sanskr. für: »Ich erkenne das göttliche Licht in dir.« (Anm. des Verlages)

Die Entscheidung zwischen Liebe und Angst können wir in jedem Augenblick treffen.

Einleitung

Die vier Säulen der Vergebung

Vergebung ist ein Begriff, den nur wenige von uns verstehen. Wir glauben, die größte Herausforderung liege darin, anderen das zu vergeben, was sie uns angetan haben. Aber das ist der geringste Teil.

Wenn du dir bereits selbst vergeben hast, ist es leicht, anderen zu vergeben. Hast du dir selbst noch nicht vergeben, kannst du unmöglich anderen vergeben. Der Prozeß der Vergebung beginnt in deinem eigenen Herzen und betrifft andere nur am Rande.

Wenn ich mir selbst vergebe, fällt es mir nicht schwer, dir zu vergeben. Wenn ich den Dorn der Schuld- und Schamgefühle aus meinem Herzen ziehen kann, kann ich dir dieses Geschenk anbieten. Wenn ich meine eigene Unschuld erkennen kann, erkenne ich auch die deine.

Die meisten von uns versuchen, sich vor der Vergebung zu drücken. Wir versuchen, anderen zu vergeben, bevor wir uns selbst vergeben haben. Dadurch entsteht ein echtes Problem. Denn nicht jeder möchte, daß ihm vergeben wird. Manche Leute weigern sich, Vergebung zu erhalten. Manche Leute weigern sich sogar zu glauben, daß sie schuldig sind!

Hast du jemals versucht, jemandem etwas zu vergeben, der sich keiner Schuld bewußt war? Es ist unmöglich! Egal wie sehr du dich bemühst, er wird es nicht zulassen.

Dann gibt es noch die Leute, die sich andauernd schuldig fühlen. Sie kommen zu dir und bitten dich um Entschuldigung, aber du kannst dich nicht dazu überwinden, ihnen zu verzeihen.

Selbst wenn dir bewußt wird, daß eigentlich du Vergebung brauchst, kannst du die Sache immer noch falsch angehen. Du kannst jemand anderen bitten, dir zu vergeben, einen Freund vielleicht, einen Priester oder Seelsorger, vielleicht sogar Gott. Aber auch das funktioniert nicht. Dir können Hunderte von Menschen vergeben haben, dir mag sogar vom göttlichen Recht vergeben worden sein, aber all das bedeutet nichts, wenn du dir selbst nicht verziehen hast.

Diesen Prozeß können wir einfach nicht von außen angehen, denn wenn wir dies tun, schleichen wir nur wie die Katze um den heißen Brei und verbrennen uns die Pfoten. Die Tür zu unserem Herzen bleibt verschlossen. Diese Tür öffnet sich nur, wenn uns klar wird, daß wir selbst uns nicht gut fühlen. Wir fühlen uns schuldig. Wir greifen an und rechtfertigen diesen Angriff. Wir sind diejenigen, die Vergebung brauchen, und kein anderer kann sie uns geben.

Daher lautet der erste Grundsatz: Vergebung muß aus dem Inneren kommen. Wir müssen sie erst selbst fühlen, bevor wir sie anderen gewähren können.

Der zweite Grundsatz lautet: Vergebung ist weder an Bedingungen geknüpft, noch kann sie teilweise gewährt werden. Vergebung ist ein Akt unseres ganzen Seins mit vollem Herzen. Sie erlöst uns von Bürden und Schmerzen. Um Vergebung läßt sich nicht feilschen. Und doch versuchen wir genau das zu tun:

»Ich vergebe mir, wenn ich diese Stelle bekomme oder diese Beziehung funktioniert«, oder: »Ich verzeihe dir, wenn du dich bei mir entschuldigst«, oder: »Ich vergebe dir, aber ihm verzeihe ich nicht.«

Solange wir versuchen, einen Teil unseres Angriffs zu rechtfertigen, vergeben wir nicht. Eine halbe Vergebung ist sogar eine versteckte Form des Angriffs!

Vergebung geschieht bedingungslos und unvoreingenommen. Sie führt mich aus der Vergangenheit in die Zukunft. Sie führt mich aus der selbst auferlegten Illusion des »Gefühls der Einsamkeit« in ein offenes, fühlendes Bewußtsein, in dem Nähe beständig möglich ist.

Wenn ich vergebe, akzeptiere ich die Vergangenheit und die Urteile, die ich früher über mich und andere gefällt habe, ohne diese mit der Gegenwart oder Zukunft in Verbindung zu bringen. Wenn ich die Urteile mitnehme, stehe ich dazu und lasse sie los.

Vielleicht habe ich Grund zur Klage, aber ich halte nicht daran fest. Ich verstehe, daß mein Kummer aus Angst geboren wird, und ich gestatte ihm, sich von selbst aufzulösen, indem ich meine Angst überwinde und lerne, wieder zu vertrauen.

Ich muß nicht vollkommen sein, um zu vergeben, weil Vergebung in meinem Leben ein fortlaufender Prozeß ist. Ich vergebe und urteile und vergebe erneut. Ich höre niemals auf, mir selbst und anderen zu vergeben.

In einer Erzählung von Samuel Beckett lutscht ein Mann Steine. Er lutscht an einem Stein, steckt ihn in seine Tasche und lutscht dann an einem anderen Stein. Er entwickelt einen ausgeklügelten Plan, damit jeder Stein die gleiche Aufmerksamkeit erhält, bis er sie schließlich voller Wut alle wegwirft.

Auch wenn wir es nicht merken, heben auch wir auf unserem Weg Steine auf, stecken sie in unsere Taschen und schleppen sie mit uns herum. Sie sind, wie es Urteile so an sich haben, eine unnötige Last. Dennoch behalten wir sie, bis wir bereit sind, sie aufzugeben. Wir behalten unsere Urteile bis wir erkennen, wie absurd die Abläufe von Schuld und Angriff sind.

Die vier Säulen der Vergebung

1. Vergebung beginnt in unserem Herzen. Nur wenn wir uns selbst vergeben haben, können wir anderen Vergebung gewähren oder sie von ihnen erhalten.
2. Vergebung erfolgt bedingungslos, auch wenn wir uns häufig anders verhalten.
3. Vergebung ist ein fortlaufender Prozeß. Sie erfolgt

als Reaktion auf jedes Urteil, das wir über uns selbst oder andere fällen.
4. Jede Geste der Vergebung ist ausreichend. Das, was wir tun können, ist genug. Diese Erkenntnis ermöglicht es uns, Vergebung mit Vergebung auszuüben.

Wir müssen also geduldig sein. Vergebung erfolgt oft nicht vollständig. Manchmal werfen wir ein Steinchen nach dem anderen fort. Manchmal poltern sie uns alle gleichzeitig auf die Füße. Es gibt keinen falschen oder richtigen Weg. Was wir auch erleben, es ist in Ordnung.

Mir gefällt das Gleichnis von Beckett viel besser als Camus' Sinnbild in Der Mythos v*on Sisyphos*. Erinnerst du dich? Der arme Kerl wälzt den Stein immer wieder den Berg hinauf und wenn er die Spitze beinahe erreicht hat, rollt der Stein herab, und er muß wieder von vorne beginnen.

Natürlich scheint manchmal alles sinnlos zu sein. Wir geben unser Bestes und bekommen doch vier Jahre lang immer wieder dieselbe Lektion um die Ohren geschlagen. Seltsamerweise hat das Gleichnis keine Bedeutung mehr, wenn wir dann endlich loslassen. Wir sind damit zufrieden, den großen Stein, den wir den Berg hinaufgeschoben haben, im Graben liegen zu lassen. Oder wir sind froh, die kleinen Steinchen in den Sand fallenzulassen. Es ist beides das gleiche.

Bürden müssen abgeworfen werden. Es liegt in ihrer Natur, daß sie getragen werden. Und es liegt ebenso in ihrer Natur, abgeworfen zu werden. Wir erhalten unsere Lektionen so lange, wie wir sie brauchen. Sag das einmal Sisyphos oder dem alten Hiob. Sie würden nichts davon hören wollen.

Wir wollen auch nichts davon hören. Heute geht es um ein Problem bei der Arbeit, morgen ist es ein Problem mit dem Ehepartner oder den Kindern. Es hört niemals auf, stimmt's?

Richtig! Probleme entstehen immer wieder. Wir können es nicht verhindern. Wir können die äußere Form unseres Lebens nicht in Ordnung bringen, egal wie gut wir im Haushalt sind. Immer läßt irgend jemand ein Ei auf den frisch gesaugten Teppich fallen. Irgend jemand kleckert immer mit Soße.

Was wäre das Leben ohne Soßenflecken? Sei ehrlich. Würdest du dieses schräge, verwirrende Abenteuer des Lebens gegen geordnete Langeweile eintauschen? Würdest du dich für Unbeweglichkeit entscheiden, wenn das ein Leben ohne Schmerz und Humor, ohne Anstrengungen und Lernerfahrungen bedeutete?

Sei ehrlich. Hier gibt es etwas, das es sich zu bewahren lohnt. Unter den Hundehaufen wächst das Gras. Es gibt Sonne und Schatten und Flüsse, die strömen. Unter dem Schmerz befindet sich Liebe. Und diese Liebe wünschen wir uns.

Dieses Buch handelt davon, den Schmerz zu überwinden, um zur Liebe zu gelangen, vom Durchleben des Dunkels, um an das Licht zu gelangen. Wir sagen nicht, daß du die Dunkelheit ignorieren sollst. Wir meinen nicht, daß du das Licht vergessen sollst. Wir meinen, daß sie zusammengehören. Nimm dich selbst mit all deinen Gegensätzen an. Darum geht es auf dieser Reise der Heilung.

Warum brauchen wir Vergebung? Weil sich jeder von uns selbst verurteilt hat. Und jeder von uns hat versucht, sich diesem Selbsthaß zu entziehen, indem er die Verantwortung für seine Probleme auf andere abwälzte.

Aber das funktioniert nicht. Selbsthaß bleibt Selbsthaß, auch wenn man andere Leute miteinbezieht. Andere anzugreifen oder sich gegen den Angriff anderer zu verteidigen vermindert nicht das tiefsitzende Urteil über uns selbst. Tief in unserem Inneren ist jeder von uns ein verletztes Kind, das Heilung braucht.

Der Prozeß der Vergebung bietet diesem Kind die Möglichkeit der Heilung. Es ist ein Prozeß, der ein Leben lang andauert, eben genau so lange, wie wir uns selbst und andere beurteilen.

Wir können nicht direkt aufhören zu urteilen, aber wir können lernen, wo uns Beurteilungen verletzen. Indem wir uns selbst akzeptieren, bringen wir Liebe zu den verwundeten Stellen in unserem Inneren.

Jedesmal, wenn wir etwas akzeptieren, wird eine Bewertung neutralisiert. Jedesmal, wenn wir etwas annehmen, öffnet sich unser Herz für die Liebe. Und Liebe heilt alle Wunden.

Im Leben ergeben sich viele Situationen und viele Beziehungen. Jede davon birgt die Möglichkeit, sich für die Angst oder für die Liebe zu entscheiden. Wenn wir die Liebe wählen, ist das ein Segen für uns selbst und andere. Wenn wir uns für die Angst entscheiden, ist das Ausdruck unserer verzweifelten Sehnsucht nach Liebe. Jeder scheinbare Angriff ist ein Schrei nach Liebe. Jede Lebenskrise ist ein Ruf nach Heilung.

Kein Gedanke und keine Handlung, egal wie schlecht sie ist, verdammt uns zu ewigem Leid. Denn genau in diesem Augenblick können wir eine neue Entscheidung treffen.

Wenn Jesus genau die Menschen lieben konnte, die Nägel in seinen Körper schlugen, wenn er das Gesicht Christi in ihnen erkennen konnte, ist es uns dann unmöglich, es ebenfalls in den Gesichtern zu erblicken? Das Leben von Jesus ist eine bedeutende Lehre für uns, nicht nur, weil sie uns das Licht zeigt, sondern auch, weil sie uns zeigt, wie wir Licht in die Dunkelheit bringen können.

Jesus sagte uns nicht, daß wir unsere Angst verleugnen sollten. Er zeigte uns, wie wir sie überwinden können. Glaube nicht, daß ihm Versuchungen und Zweifel fremd waren. Er verbrachte vierzig Tage in der Wüste. Ans Kreuz geschlagen rief er aus: »Mein Gott, warum hast du mich verlassen?« Er war menschlich. Er besaß einen Körper. Er spürte Schmerzen.

Wir können nicht behaupten, daß er die Tiefen des Leidens nicht kannte. Er kannte sie. Aber im Angesicht all dessen entschied er sich für Liebe und Vergebung. Deshalb ist er ein so machtvoller Lehrer für uns.

Aber dieses Buch handelt nicht von Jesus' Besonderheit oder der eines anderen Menschen. Es geht um den Prozeß, den jeder von uns durchlaufen muß, um die Quelle des Friedens zu finden. Dabei lernen wir von jedem Menschen, der diesen Weg mit uns beschreitet.

Erster Grundsatz

Die Verantwortung für den inneren Frieden übernehmen

Wenn du die Verantwortung für deinen inneren Frieden übernimmst, begreifst du, daß du selbst die Ursache all deiner Gedanken und Gefühle bist. Andere Menschen scheinen auf dein Glück oder deine Traurigkeit einzuwirken, aber die Vorstellung, daß sie in irgendeiner Form für dein Leben verantwortlich sind, ist nur Schein, eine Verzerrung der Oberfläche, welche den wahren Kern verdeckt. Diese Selbsttäuschung beschreibt das Buch *A Course in Miracles* (Ein Kurs in Wundern). Es ist nicht die echte Wirklichkeit.

Natürlich neigt jeder von uns dazu, außerhalb von sich nach Befriedigung zu suchen. Und wir neigen auch dazu, anderen die Schuld an unseren Problemen zu geben. Wenn wir die Quelle der Freude oder die Quelle der Vergebung im Äußeren suchen, führt das unweigerlich zu Enttäuschungen. Keine der beiden existiert außerhalb unserer Herzen und Köpfe.

Wenn ich in meinem Inneren Freude finde, so ist diese Freude bedingungslos. Sie hängt nicht davon ab, ob andere Menschen mit mir zusammenleben. Sie hängt nicht davon ab, ob andere mich lieben. Sie hängt noch nicht einmal davon ab, ob andere Menschen mich mögen oder fair behandeln. Meine Freude entsteht aus der tiefen Zuversicht, daß ich weiß: »Ich bin in Ordnung, so wie ich bin.« Es ist die existentielle Bestätigung meines Wesens, die ich mir nur selbst geben kann.

Wenn ich mir vergebe, findet in meinem Inneren die einzige Veränderung statt, die in meinem Leben nötig ist. Ich muß nicht versuchen, dich zu ändern. Ich muß die äußeren Umstände meines Lebens nicht verändern. Mir selbst zu vergeben, bewirkt Erlösung, weil es ohne Bedingungen geschieht. Ich sage einfach: »Ich erkenne meinen Fehler, und ich lerne daraus. Ich bin nicht verurteilt, weil ich einen Fehler gemacht habe. Ich nehme die Lektion an und höre auf zu urteilen.«

Im Leben gibt es keine Konfliktsituation, in der ich nicht dadurch Frieden finden könnte, daß ich mir selbst vergebe. Anderen zu vergeben bleibt immer oberflächlich. Selbstvergebung geht tiefer. Sie wird zu einem Weg, bei dem ich in diesem Augenblick die Verantwortung für mein Leben übernehme.

Genau gesagt stehen uns nur drei Bewußtseinsebenen zur Verfügung. Eine Ebene ist die Liebe, die ewig und bedingungslos ist. Eine weitere ist die Angst, die vorübergehend ist und an Bedingungen geknüpft. Und der letzte Bewußtseinszustand ist die Vergebung, die eine Brücke von der Selbsttäuschung durch die Angst zur Wirklichkeit der Liebe spannt.

Indem ich mich von der Angst zur Liebe hinbewege, erkenne ich die Angst, wenn sie aufkommt und kann sie überwinden. Das bedeutet, daß ich erkennen kann, wann ich anfange, etwas zu bewerten und diese Werturteile überwinden kann. Das bedeutet, daß ich meine Sehnsucht nach Liebe wahrnehmen kann und lerne, darauf zu reagieren.

Einige Etappen dieser Reise sind von Natur aus einsam. Es geht darum, meine grundlegende Verantwortung für alles, was in meinem Leben geschieht, zu erkennen. Es geht darum, mich selbst von Grund auf anzunehmen. Solange ich das nicht getan habe, kann ich mit meinen Mitmenschen keinen Frieden schließen, kann ich keinen Frieden mit Gott schließen.

Daher besteht die erste grundlegende Handlung des Drei-Phasen-Prozesses der Selbstvergebung darin, sich selbst zu akzeptieren. Das bedeutet Selbstvergebung. Das bedeutet Eigenverantwortung. Das heißt, mein Leben in seiner Gesamtheit, so wie es ist, ganz ohne Wertung, in Besitz zu nehmen. Es bedeutet, mich in jedem Augenblick selbst zu lieben. Mich selbst zu versorgen.

*Meine Freude entsteht
aus der tiefen Zuversicht,
daß ich weiß:
»Ich bin in Ordnung,
so wie ich bin.«*

Erster Schritt

Die Angst erkennen

Wir treten unsere gemeinsame Reise an, indem wir die Angst, die Traurigkeit, den Schmerz, die Verletzung, die Einschränkung, den Neid, den Ärger, das Gefühl der Getrenntheit anerkennen. Wir versuchen nicht, diese Gefühle zu rechtfertigen oder sie zu verurteilen. Wir erlauben uns einfach, uns ihres Vorhandenseins bewußt zu sein. Der folgende Ablauf kann uns helfen, bei unseren Gefühlen zu bleiben, ohne vor ihnen davonzulaufen (sie zu verleugnen) oder sie nach außen zu verlagern (indem wir sie projizieren).

- Wir erkennen das Gefühl.
- Wir rechtfertigen und verurteilen das Gefühl nicht.
- Wir akzeptieren das Gefühl und erlauben uns, so zu fühlen.
- Wir erlauben dem Gefühl, zu uns zu sprechen.
- Wir halten diese innere Kommunikation in Ehren.
- Wir übernehmen die Verantwortung für das Gefühl (zum Beispiel »Ich bin verletzt, ärgerlich, traurig etc.«).
- Wir verweigern jede Neigung, jemand anderen für unsere Gefühle verantwortlich zu machen. Wir bleiben in dem Gefühl.
- Wir weigern uns, das Gefühl theoretisch zu betrachten. Es ist unwichtig, »warum« wir uns so fühlen.
- Wenn wir in dem Gefühl bleiben, wird uns bewußt, daß wir im Augenblick nicht besonders liebevoll zu uns selbst und zu anderen sind.
- Wir gestatten dieser Erkenntnis, sich zu vertiefen und bleiben in dem Gefühl, bis es sich verändert.

Es ist wichtig zu erkennen, daß jedes negative Gefühl durch das Gefühl mangelnder Liebe entsteht. Letzten Endes muß diese Liebe aus dem Inneren fließen. Deshalb wollen wir nicht das betrachten, was außerhalb von uns geschieht. Wir wollen uns nicht von dem Gefühl entfernen, sondern uns einfühlen. Wir wollen uns der Tatsache stellen, daß wir uns Liebe wünschen, uns aber ungeliebt und nicht liebevoll fühlen. Wir wollen in dieser Leere, diesem scheinbaren Mangel verharren.

Wenn wir in der Leere bleiben, hilft uns das, diese zu überwinden. Es hilft uns, diese zu verstehen und darüberzustehen. So finden wir die Liebe, von der wir glauben, daß sie uns fehlt.

Die Liebe strömt aus einer Quelle, deren Ursprung tief im Herzen liegt, so tief wie unser Leiden. Die göttliche Mutter verbirgt sich in der Dunkelheit. Wir müssen in diesen Abgrund gehen, um sie zu finden. Wir müssen durch unsere Angst, unsere Wut und unsere Scham hindurchgehen, um ihre bedingungslose Liebe spüren zu können.

Das ist unser Abstieg. Er macht die Hälfte unserer Reise aus. Wir können keine Liebe annehmen, wenn wir unsere Angst und unser Gefühl des Abgeschnittenseins nicht gespürt haben. Wir müssen uns mit unseren Gefühlen abfinden.

Vorzugeben, wir seien nicht verärgert, wenn wir es sind, ist vollkommener Unsinn. Und doch verhalten wir uns ständig so.

»Ich bin nicht verstimmt.« (Verneinung)

»Du bist verstimmt.« (Projektion)

Warum fällt es mir so schwer, mir selbst oder dir gegenüber zuzugeben, daß ich verstimmt bin, ja daß ich in diesem Augenblick von Angst überwältigt werde. Glaube ich etwa, ich sei der einzige, dem so etwas widerfährt?

Scheinbar glaube ich das. Scheinbar glaubst du es auch. Anscheinend versuchen wir beide, einander zu beeindrucken, wo wir doch eigentlich eine feste Umarmung brauchten.

Einer von uns müßte einfach nur den Mut haben zu sagen: »Mensch, ich habe jetzt wirklich Angst«, und der andere würde wahrscheinlich antworten: »Ich auch.«

Aber ich gehe davon aus, daß er sagen würde: »Das habe ich dir doch gleich gesagt, du Narr; es ist alles deine Schuld.« Und deshalb sage ich nicht, wie ich mich fühle.

Es ist also immer schwer, sich gegenseitig aus dem Leugnen zu befreien. Leugnen ist die Ursache von Selbsttäuschung. Ein Fundament, das auf Sand gebaut wurde. Alles beginnt mit einer simplen falschen Wahrnehmung und endet mit einem tiefen Mißverständnis.

Sobald es einen ersten Angriff gegeben hat, werden weitere folgen, und jeder wird seinen Angriff als Verteidigung rechtfertigen. Der Turm zu Babel entstand aus ängstlichen Vermutungen.

Wir sind uns also bewußt, daß wir uns fürchten, denn das Leugnen der eigenen Angst ist der Punkt, wo die Selbsttäuschung Fuß fassen kann. Alle Unstimmigkeit in der Welt rührt von dieser gedanklichen Verneinung her.

Wenn wir unsere Angst spüren und annehmen, erleben wir einen Augenblick vollkommener Gleichheit mit all unseren Mitmenschen. Es ist der Augenblick, in dem wir alle unschuldig sind, uns frei entscheiden können und uns gegenseitig unterstützen.

Diesen Augenblick können wir immer wieder erleben. Wir begreifen, daß es sich bei jeder Entscheidung um eine Entscheidung zwischen Liebe und Angst handelt. Aber wir erhalten keinen Zugang zu unserer Liebe, wenn wir unsere Angst nicht anerkennen.

Wenn du die einzelnen Schritte in diesem Buch erarbeitest, wirst du feststellen, daß sich das Gleichgewicht allmählich von der Angst zur Liebe hin verlagert. Doch selbst an diesem Punkt, von dem aus wir alle losgehen, gibt es Liebe.

Mit diesem Schritt überwinden wir die erste Hürde zwischen uns und der allgegenwärtigen Liebe. Nein, diese Hürde besteht nicht aus Angst, sondern aus dem Leugnen der Angst.

Der erste Schritt zur Vergebung besteht darin, uns selbst die Erlaubnis zu geben, die Angst und alle unsere anderen Gefühle wahrzunehmen. Wir können die Angst nicht überwinden, wenn wir uns davor fürchten, sie zu erleben.

Das ist der Augenblick, in dem wir das Kreuz tragen und den Berg hinaufsteigen, wie es unser älterer Bruder getan hat. Wir spüren die Angst, schreiten durch sie hindurch, der Liebe entgegen, deren sanftes Versprechen den Morgen ankündigt.

Wenn du die einzelnen Schritte in diesem Buch erarbeitest, wirst du feststellen, daß sich das Gleichgewicht allmählich von der Angst zur Liebe hin verlagert. Doch selbst an diesem Punkt, von dem aus wir alle losgehen, gibt es Liebe.

Zweiter Schritt

Den Wunsch nach Liebe begreifen

Auch wenn ich glaube, daß ich mehr Geld, mehr körperliche Zuwendung, mehr Anerkennung oder eine bessere Gesundheit brauche, so sehne ich mich in Wahrheit nach Liebe.

Alles, was ich mir wirklich wünsche ist, daß ich geliebt werde. Wenn ich mir der Liebe sicher wäre, wäre alles andere in Ordnung. Irgendwie würde ich einen Weg finden, alles Übrige zu akzeptieren und daran zu arbeiten.

Diejenigen von uns, die nach Vollkommenheit strebten, mußten auf bittere Weise lernen, daß es keine Vollkommenheit gibt. Andere Menschen sind nicht dazu da, uns glücklich zu machen. Sie sind dazu da, um uns beim Lernen zu helfen. Hinter diesem Ziel, an das wir uns dunkel erinnern, befindet sich die Erinnerung an eine Liebe, die uns alle zusammenhält.

Wir sind hier, um zu lieben und zu lernen. Wir sind nicht hier, um Liebe und Lernen zu erzwingen, sondern damit das eine wie von selbst zum anderen führt. Wenn eines davon gegenwärtig ist, besteht auch das andere.

Das Leben läuft nicht immer so, wie ich es mir vorstelle. Manchmal möchte ich, daß du mich zufriedenstellst und in meinem Leben bist, um mir beim Aufwachen zu helfen. Du bist hier, um mir zu helfen, daß ich lerne, Verantwortung zu übernehmen. Wir tanzen diesen Tanz, bei dem ich versuche, dich dazu zu bewegen, meine Wünsche zu erfüllen und du mir davontanzt. Ich beginne zu glauben, daß du mich nicht liebst. Ich beginne dich abzulehnen. Ich bin verärgert, weil ich glaube, daß du meine Bedürfnisse absichtlich nicht befriedigst.

Aber du bist nicht dazu da, meine Bedürfnisse zu befriedigen. Du bist hier, um mir meine Bedürfnisse zu zeigen, damit ich selbst lernen kann, sie zu befriedigen. Das ist dein Zweck und wenn du das erreichst, befreist du uns beide.

Ich glaube zwar, daß ich von dir möchte, daß du meine Bedürfnisse befriedigst, aber in Wirklichkeit stimmt das nicht. Ich möchte, daß du deine eigenen Bedürfnisse befriedigst. Ich möchte, daß du glücklich bist. Ich muß einfach nur wissen, daß du mich nicht zurückweist, wenn du dich von mir entfernst. Ich muß einfach nur wissen, daß du mich liebst.

Wenn ich das weiß, möchte ich dir nicht im Weg stehen. Ich werde dir sogar die Tür öffnen und dir alles Gute wünschen. Ich möchte dich nicht gegen deinen Willen zum Bleiben zwingen. Und ich möchte auch nicht gegen meinen Willen gehalten werden.

Ich weiß, daß wir alle die Freiheit der Wahl haben. Ich muß einfach nur wissen, daß du mich noch liebst, egal wofür du dich entscheidest.

Das braucht mein inneres Kind. Und selbst wenn ich älter werde, bleibt dieses Kind in mir. Es wird in meinem Herzen sogar größer und kühner. Es lernt, nach Dingen zu fragen, die es braucht. Es schämt sich nicht länger, danach zu fragen.

Früher war mein inneres Kind gewohnt, sich seinen Weg durch Manipulation, Kontrolle und Nörgelei zu bahnen. Aber das geschah nur, weil ihm niemand zuhörte. Jetzt, da es weiß, daß ich auf es höre, bittet es nur um ganz einfache Dinge: »Ich möchte einfach nur wissen, daß du mich liebst.«

In meinem Schmerz, meiner Verwirrung, meiner Verletzung, meiner Traurigkeit muß ich einfach nur wissen, daß ich geliebt werde. Wenn ich geliebt werde, beginnt der Schmerz nachzulassen. Die Trennung wird allmählich überbrückt.

Wenn ich weiß, daß ich geliebt werde, passiert etwas. Aber es kann nicht geschehen, bevor mir nicht klar ist, daß ich Liebe brauche, und ich den Mut finde, darum zu bitten.

Meine Gefühle führen mit mir ein inneres Zwiegespräch und teilen mir mit, daß ich mir selbst und anderen gegenüber nicht liebevoll bin. Ich habe selbst zu viel oder zu wenig Raum eingenommen, habe mir erlaubt, anderen auf die Füße zu treten, oder mir auf die Füße treten zu lassen. Ich fühle mich ungeliebt. Und ich fühle mich nicht liebevoll.

Das muß ich erkennen. Und wenn ich das erkannt habe, muß ich mich entscheiden, daß ich Liebe möchte. Ich kann die Reise der Vergebung nicht fortsetzen, wenn ich mich nicht in diesem Augenblick für die Liebe entscheide.

Wenn ich meinen Schmerz spüre, ist das in Ordnung. Aber meinen Schmerz zu spüren, sagt mir nur, daß ich mich nach Liebe sehne. Wenn ich mich einsam, verärgert, neidisch, schuldig oder traurig fühle, sagt mir das nur, daß ich mir Liebe wünsche.

Wenn ich meine Gefühle nicht rechtfertige und nicht verurteile, führen sie mich unglaublicherweise zu einer Leere, die nur durch Liebe gefüllt werden kann. Und diese Liebe beginnt in meinem eigenen Herzen.

Deine Liebe kann sich damit verbinden, aber ich kann nicht von deiner Liebe abhängig werden. Die Liebe findet Einlaß, wenn ich beginne, mich selbst zu lieben. Und sie findet Einlaß, wenn ich beginne, dich zu lieben.

So hilft mir der zweite Schritt zu erkennen, daß ich Liebe möchte und mir diese selbst geben kann. Diese Erkenntnis bewirkt den nächsten Schritt.

Dritter Schritt

Die Rücknahme der Projektion

Beim ersten Schritt lernte ich, bei meinen Gefühlen zu bleiben, aber ich neigte dazu, die Ursache für meine Gefühle in dir zu sehen. Im zweiten Schritt lernte ich, daß ich mich nur nach Liebe sehne. Aber ich neigte dazu, mich immer noch nach deiner Liebe zu sehnen.

In meinem alten Verhaltensmuster machte ich dich für meine Gefühle verantwortlich. In meinem alten Verhaltensmuster bat ich dich, die Dinge für mich zu richten, oder versuchte, sie für dich zu richten. Ich beschuldigte dich, mich nicht ausreichend zu lieben, was nur eine andere Form war, dich für mein Bedürfnis nach Liebe verantwortlich zu machen.

Der nächste psychologische Schritt besteht in der Erkenntnis, daß ich mir Liebe wünsche, aber daß ich mich nicht darauf verlassen kann, sie von dir zu bekommen. Vielleicht bekomme ich sie, vielleicht auch nicht. Aber ich kann deine Entscheidung nicht beeinflussen. Wenn ich versuche, dich zu beeinflussen, indem ich dich unter Druck setze oder dafür sorge, daß du dich schuldig fühlst, verringere ich die Möglichkeit, daß du mich wahrhaftig lieben kannst.

Wenn ich deine Liebe möchte, muß ich dich freilassen. Ich muß bereit sein, ohne sie auszukommen. Ich muß bereit sein, Liebe im Inneren zu suchen und nicht im Äußeren.

Das klingt sehr nett, aber es ist viel schwerer, als es sich anhört. Es bedeutet, daß ich in die Dunkelheit in meinem Inneren zurückgehen und das Licht finden muß, das sich dort verbirgt. Ich muß in den dunklen Höhlen meiner Verletztheit nach dem winzigen Licht der Selbstbestätigung suchen, das dort brennt.

Ich hatte geglaubt, diese Sache mit der Vergebung sei viel einfacher. Ich würde einfach erkennen, daß ich mir Liebe wünsche, würde darum bitten, und sie käme wie der Ritter auf dem weißen Pferd angeritten. Nun stelle ich fest, daß auch das eine Selbsttäuschung war.

Stattdessen soll ich mich als Bergarbeiter betätigen, mir Schutzkleidung anziehen und in den Bauch der Erde hinabsteigen, um dort das Licht zu suchen, das ich angeblich besitze. Ich bin mir nicht sicher, ob ich glauben soll, daß es vorhanden ist, und wenn es da ist, bin ich mir nicht sicher, ob ich es finden werde. Ich war entschlossen, so lange es eine Garantie für mich gab, aber nun ist diese Sicherheit verlorengegangen. Ich weiß nicht, ob ich noch so entschlossen bin.

Ich dachte, der Abstieg wäre vorbei. Bitte, habt ein Herz! Kann ich diesen Schritt nicht einfach überspringen und direkt mit dem nächsten weitermachen?

Klingt das vertraut?

Wenn ich nicht das bekomme, was ich möchte, weiß ich nicht, ob ich die Lektion annehme. Hiob hatte dasselbe Problem unter umgekehrten Vorzeichen. Jedesmal, wenn er glaubte, er hätte es nun geschafft, Gott zu gefallen, erhielt er einen weiteren Schlag.

Wir neigen dazu, in der Außenwelt nach Bestätigung zu suchen. Wenn wir diese nicht erhalten, sondern stattdessen neue Prüfungen auf uns zukommen, fühlen wir uns entweder auf verlorenem Posten oder halten uns für dumm, weil wir an eine höhere Macht geglaubt hatten.

Wenn ich um Liebe bitte und du mich liebst, glaube ich, meine spirituelle Arbeit erfüllt zu haben. Ich danke Gott für die Gnade, daß ich in zwei Schritten erreiche, wofür andere zwölf Schritte benötigen.

Vielleicht ist das der Grund, warum die kosmische Uhr nicht immer mit unseren persönlichen Wünschen und Zeitplänen übereinstimmt. Es gibt noch mehr zu tun. Denn eines Tages wird die Außenwelt nicht da sein, um uns Bestätigung zu schenken.

Wir müssen die Wahrheit in unseren eigenen Herzen

finden. Wir müssen die Liebe dort finden, wo sie beginnt, und nicht dort, wo sie endet.

Daher werden unsere Wünsche und Pläne manchmal durchkreuzt, vielleicht sogar zerstört. Jedes Ziel, das wir hatten, und alles, woran wir arbeiteten, wird vor unseren Augen vernichtet. Und wir sitzen wie betäubt und sprachlos wie einst Hiob da und fragen »Was verlangst du von mir, Gott?«

Früher bekam man die Antwort: »Sprich fünfzehn Avemaria, küsse hundert Elefantenhintern und hinterlasse eine Spende im Namen des Herrn.« In diesem Punkt sind wir heute klüger. Wahrscheinlich hatten wir einfach zu viele Elefantenhaare im Gesicht.

Nach Jim Jones, Rajneesh, Jim Baker, Swami Rama und Werner Erhard sind wir solchen Autoritäten gegenüber glücklicherweise etwas skeptischer geworden. (Nichts gegen diese Männer, sie sind hier, um dasselbe zu lernen, wie wir alle.)

Früher oder später stellen wir fest, daß es niemanden gibt, der eine Antwort für uns hat. Aber bevor wir das herausfinden, erhalten wir immer wieder einen Schlag auf das Dritte Auge oder, je nachdem, auch an eine tiefere Stelle.

Also selbst wenn du mich nicht liebst, bin ich immer noch da. Daran kann ich nichts ändern. Sogar ein Selbstmord könnte das nicht wirklich ändern, denn, egal wo ich bin, ich bin vorhanden. Meine Form spielt dabei keine Rolle. Der Inhalt bestimmt die Form. Und so lange ich die Wirklichkeit falsch wahrnehme, ziehe ich Korrekturen dieser falschen Wahrnehmung an.

Frei zu sein hat nichts damit zu tun, den Körper zu verlassen. Frei zu sein heißt, das loszulassen, was nicht wahr ist. Wenn es nicht im Körper geschieht, kann es nirgends geschehen, denn der Körper ist nur eine Hülle, die kommt und vergeht.

Hier bin ich also. Der einzige Weg, meinem Leben Starthilfe zu geben, ist, es so zu akzeptieren, wie es ist, mich selbst so anzunehmen, wie ich bin und dich anzunehmen, wie du bist. An diesem Punkt öffnet sich mein Herz. Das ist der Ort, wo die Liebe beginnt.

Wenn ich meine Projektion von dir zurücknehme, verstehe ich, daß alles, was ich an dir mag oder nicht mag, völlig unbedeutend für das ist, was ich hier lernen soll. Wenn ich dich mag, glaube ich, daß du hier bist, um mein Partner oder Gehilfe zu sein. Wenn ich dich nicht mag, glaube ich, daß du hier bist, um mich zu quälen. Beide Gedanken gehören zusammen, es sind zwei verschiedene Seiten des gleichen Spektrums.

Eine Bewegung bewirkt Sehnsucht. Die nächste bewirkt Angst. Die beiden bewegen sich wie eine Schaukel durch unser ganzes Leben. Da die Sehnsucht durch den Glauben an besondere Beziehungen angetrieben wird, basieren alle Formen der Sehnsucht auf der Wahrnehmung eines Mangels.

Etwas fehlt in mir, daher brauche ich dich, um mich damit zu versorgen. Die Grundlage ist also die Angst. Und wenn meinen Sehnsüchten nicht entsprochen wird, werde ich ärgerlich oder bin verletzt. Ich bewege mich weiter im Kreislauf der Angst.

Wir heben Sehnsucht gerne auf eine spirituelle Ebene. Wir sprechen über unsere »Sehnsucht nach Gott«. Das ist ein Trugschluß. Sehnsucht ist immer an Bindung geknüpft, und dabei gibt es keinen Raum für Gott. Gott kommt zu einem leeren Platz, nicht zu einem besetzten.

Die Flamme beginnt in unserem eigenen Herzen zu brennen. Die Beziehung zu Gott beginnt in den Tiefen der Einsamkeit und des Verlangens. Das Bewußtsein von Gottes Gegenwart erreicht uns, wenn wir wissen, daß wir außerhalb von uns keine Befriedigung finden werden.

Ich muß also erkennen, daß du mir nichts geben kannst, was ich nicht schon besitze. Und es gibt auch nichts, was du mir wegnehmen könntest, was ich wirklich besitze.

Alles, was du mir gibst, ist eine Illusion. Alles, was du mir nimmst, ist Täuschung.

Was ich besitze, besitzt auch du. Worüber ich nicht verfüge, darüber verfügst du auch nicht. Das ist das göttliche Gefüge der Schöpfung. Es basiert auf vollkommener Gleichheit. Jede Abweichung von dieser wesentlichen Gleichheit ist eine Verdrehung der Tatsachen, die wir selbst herbeigeführt haben.

Wir können nicht in die Harmonie des göttlichen Planes zurückkehren, wenn wir unsere eigenen falschen Vorstellungen nicht durchschauen. Nur dann können wir erkennen, was wirklich ist.

Es ist eine schwierige Tatsache – aber wir müssen ihr ins Auge sehen, daher können wir ruhig direkt damit beginnen – daß meine einzige angemessene Beziehung zu einem Menschen eine brüderliche bzw. schwesterliche ist. Sei dieser Mensch Jesus oder sei es ein menschenverachtender Diktator. Keiner der beiden ist weniger mein Bruder als der andere.

Der Teil in mir, der den Diktator verurteilt, verurteilt mich und alle meine Mitmenschen für ihre Fehler. Es ist eine Selbsttäuschung: einen Sündenbock zu schaffen und die Verantwortung, die eigenen Schatten ans Licht zu holen, abzulegen.

Der Teil in mir, der Jesus auf ein Podest stellt, ist der Teil, der mich selbst und andere für unzulänglich hält. Ich glaube, daß ich meine Angst nicht mehr überwinden muß, weil Jesus die seine überwand. So ein Unsinn! Gerade weil er seine Furcht überwand, bin ich in der Lage, auch meine Furcht zu überwinden.

Jedesmal, wenn wir einen anderen Menschen erhöhen

oder niedermachen, vollziehen wir die elementare, die Wahrheit verdeckende Geste der Ungleichheit. Jedesmal, wenn wir glauben, ein anderer habe die Antwort für uns oder er hindere uns an der Wahrnehmung unserer Möglichkeiten, lassen wir uns täuschen.

Nichts davon ist wirklich. Es gibt immer nur dich und mich. Wir sind gleichwertig, aber nehmen uns nicht oft so wahr. Jedes Abweichen von der Gleichheit ist ein seltsamer und manchmal faszinierender Tanz, der uns immer wieder von Angesicht zu Angesicht an die Ausgangsposition zurückführt.

Ich habe den dritten Schritt endlich erreicht, wenn ich erkenne, daß alles von mir abhängt. Ich bin der Kanal für die Liebe in der Welt. Nur dann wird mein Ruf nach Liebe erhört. Denn wenn ich mich der Liebe öffne, verbreite ich sie und wenn ich sie verbreite, kommt sie zu mir zurück.

Wir müssen die Wahrheit
in unseren eigenen
Herzen finden.
Wir müssen die Liebe
dort finden, wo sie beginnt.

Vierter Schritt

Die Verantwortung übernehmen

Die Übernahme der Verantwortung für mein jetziges Leben ermöglicht mir, mich selbst zu lieben. Was mir im Außen begegnet, ist nur eine Spiegelung meines Inneren.

Ich gerate nur dann in Schwierigkeiten, wenn ich mein Leben nicht so akzeptieren kann, wie es ist. Manchmal lehne ich bestimmte Menschen und Situationen ab. Manchmal hänge ich an bestimmten Menschen und Situationen. Sowohl Ablehnung als auch Bindung sind Zeichen fehlender Akzeptanz.

Mein Leben anzunehmen bedeutet nicht, daß es sich nicht verändert. Es wird sich ändern. Manchmal waren die Veränderungen vorauszusehen, manchmal nicht.

Eine Veränderung kommt immer dann, wenn sie gebraucht wird. Aber im Augenblick besteht die Herausforderung darin, in der Gegenwart zu bleiben. Spüre ich Schmerzen? Gut, dann muß ich in dem Schmerz bleiben. Bin ich traurig? Gut, dann muß ich in der Traurigkeit bleiben.

Im Leben gibt es kein »sollte«. Es gibt nur das, was gerade passiert. Und das ist immer ausreichend. Wenn mir etwas als ungenügend oder vielleicht als zuviel erscheint, liegt das an meiner Wahrnehmung.

Unsere Überzeugungen sind nur eine Frage der Betrachtung. Sie bedürfen fast immer der Korrektur, da wir die Dinge zumeist aus dem Blickwinkel der Sehnsucht oder der Angst betrachten.

Eine besonders wichtige spirituelle Übung ist, die Dinge so zu nehmen, wie sie sind, ohne sie zu deuten, zu beschönigen oder zu bewerten. Das verleiht dem Ego augenblicklich einen Strahlenkranz. Stell dir vor, dem Ego zu sagen, daß es nicht werten, vergleichen und deuten soll? Was bleibt ihm dann noch zu tun? Das Ego kann eigentlich nichts anderes.

Daher besteht die Übung darin, das Ego bei seinen

Wertungen und Deutungen zu betrachten, und es nicht daran zu hindern. Denn sobald wir damit beginnen, die Wertungen des Egos zu unterbinden, begeben wir uns auf eine neue Ebene der Werturteile.

Wir akzeptieren also die Tatsache, daß das Ego seine Nummer aufführt und betrachten es dabei. Wir sehen das verletzte Kind in uns, das nach Aufmerksamkeit schreit. Es möchte Liebe, aber weiß nicht, wie es darum bitten kann. Und deshalb läßt es uns eben nicht in Ruhe!

Das ist in Ordnung. Hört ihr das? Es ist in Ordnung, im Ego zu sein, weil wir alle im Ego stecken. Neunzig Prozent der Zeit handeln wir aus Sehnsucht oder Angst (Sehnsucht ist, wie bereits gesagt, nur eine andere Form der Angst). Dafür brauchen wir uns nicht zu schämen. Wir alle handeln so.

Wenn wir anerkennen, wo wir sind, können wir die Situation betrachten. Etwas zu betrachten bedeutet, einfach nur anwesend zu sein und dem Verstand bei seinen Kapriolen zuzusehen. Wir müssen seinen Tanz nicht anhalten, bevor er zu Ende ist. Das Betrachten wird somit zu einer spirituellen Übung, einer Übung des tiefen Mitgefühls mit uns selbst und anderen.

Wir haben, was wir haben. Wir sollen nichts davon entfernen. Und wir sollen auch nichts hinzufügen.

Wir sollen einfach nur dabei sein, bis wir es verstehen. Je mehr wir Sehnsucht und Angst verstehen, desto freier werden wir von ihren Zwängen. Wir müssen nichts dafür tun. Es geschieht einfach von selbst durch unser Üben.

Wir müssen daran denken, daß es nicht unser Ziel ist, die Welt oder uns selbst zu verändern. Unser Ziel ist es, unsere Wahrnehmung zu verändern. Unser Ziel ist es, mit den Augen der Liebe zu schauen und nicht mit den Augen der Furcht. Das schließt eine andere Art des Betrachtens mit ein, eine objektivere Betrachtungsweise, bei der wir nicht an das gebunden sind, was wir sehen.

Das ist eine spirituelle Übung. Es ist eine Übung, die wir mit vielen Traditionen teilen.

Verantwortung zu übernehmen heißt also, mein Leben so zu nehmen, wie es ist. Das heißt, daß ich meine Energie nicht darauf verschwenden darf, die ewige Form meines Lebens zu ändern. Es heißt, daß ich die Motivation zur Veränderung nicht bei anderen suche. Wenn eine Veränderung stattfindet, wird sie von innen kommen. Sie entwickelt sich aus der geduldigen und vollständigen Anwesenheit im Hier und Jetzt.

Die beste Möglichkeit, mit einer negativen Situation umzugehen, ist, nicht davonzulaufen, sondern sie zu überwinden. Sie ist nur deshalb negativ, weil ich vergessen habe, daß wir unschuldig sind. Warum sollte ich mich von meiner Furcht oder der anderer aus der Fassung bringen lassen?

Nichts, was ich sehe, bedeutet das, was ich denke. Nichts von dem, was ich sehe, bedeutet etwas. Angst entsteht durch Deutung in Verbindung mit der Erinnerung an Vergangenes. Aber jeder Augenblick steht für sich und ist frei. In jedem Augenblick kann ich mich neu entscheiden.

Es ist egal, wie viele Fehler ich gemacht habe. Ich trage sie nicht als Ballast mit mir herum, auch wenn ich das glaube. Ich kann in jedem Augenblick frei wählen. Ich bin frei, die Verantwortung für mein Leben zu übernehmen.

Laß mich mit Geduld und Vertrauen weitergehen. Wenn ich einen bestimmten Weg wähle, werde ich herausfinden, wohin er führt. Selbst wenn es sich um eine Sackgasse handelt, habe ich nichts verloren. Kein Weg ist endgültig, doch bringt jeder Weg eine Lektion mit sich, die gelernt werden muß. Wenn alle Lektionen gelernt sind, verschwindet die Notwendigkeit des Weges. Die Notwendigkeit der Form löst sich auf.

Das ist in Ordnung. Ich befinde mich im Ego und erschaffe jeden Augenblick, aus Sehnsucht oder Furcht. So ist es. Ich übernehme dafür die Verantwortung. Ich muß nichts ändern. Ich muß mir nur dessen, was geschieht, bewußt sein.

Eine besonders wichtige spirituelle Übung ist, die Dinge so zu nehmen, wie sie sind, ohne sie zu deuten, zu beschönigen oder zu bewerten. Das verleiht dem Ego augenblicklich einen Strahlenkranz.

Zweiter Grundsatz

Die Gleichheit mit anderen entdecken

Der Schlüssel zur Entdeckung der Gleichheit mit anderen liegt in der persönlichen Übernahme von Verantwortung. Solange wir die Verantwortung für unser eigenes Leben übernehmen, hegen wir keine unangemessenen Erwartungen an andere oder belasten uns mit unnötigen Bürden.

Doch ebenso wie mir bei der Übernahme von Verantwortung für mich selbst Fehler unterlaufen, mache ich auch unweigerlich in meinen Beziehungen Fehler. Zum Beispiel dann, wenn ich an einer Stelle zuviel und an einer anderen Stelle zu wenig Verantwortung übernehme. Ich nehme an einer Stelle zuviel und an einer anderen zu wenig Raum ein. Ich entscheide für dich, wenn du für dich selbst entscheiden mußt. Und ich lasse dich entscheiden, wenn ich meine eigene Entscheidung treffen sollte.

Die Grenzen, die zwischen zwei verantwortlichen Menschen von selbst entstehen, beginnen dann zu verschwimmen. Mißbrauch und Co-Abhängigkeit sind das Ergebnis.

Dabei verliere ich ständig das Gefühl der Gleichheit mit anderen. Manchmal werde ich erhöht und manchmal herabgesetzt. Keine der beiden Positionen fühlt sich richtig an. Ich möchte allen von Angesicht zu Angesicht gegenüberstehen können. Ich wünsche mir Gegenseitigkeit, Fairneß, Gleichheit. Doch die finde ich nur, wenn ich Verantwortung für die Geschehnisse übernehme.

In diesem Augenblick fühle ich mich von dir verletzt, aber ich erkenne, daß du nicht die Ursache meiner Verletzung bist. Die Wunde bestand schon, bevor du mich an diesem wunden Punkt berührtest.

Oder ich bin ärgerlich auf dich, weil du mich enttäuscht hast. Und doch bist du nicht die Ursache meiner Enttäuschung. Meine Erwartungen an dich haben die Zurückweisung vorprogrammiert. Du hast genau in das Programm gepaßt. Du erscheinst mir als Spiegel, um mir zu zeigen, daß meine Erwartungen eine Funktionsstörung haben. Ich kann das, was du tust oder nicht tust, nicht ändern, aber ich kann meine Erwartungen an dich verändern.

Ich kann dich nicht ändern. Daher bleibt mir dir gegenüber nur die Haltung der Akzeptanz. Wenn ich dich nicht so annehme, wie du bist, verliere ich meinen Frieden.

Jesus sagte: »Füge keinem anderen etwas zu, was man nicht auch dir zufügen soll.« Das ist die wichtigste spirituelle Übung. Sie ist ebenso wichtig wie die Übernahme der Verantwortung für dein eigenes Leben.

Wenn du andere kritisierst, störst du deinen Frieden, da du jedes deiner Werturteile verinnerlichst. Wenn du andere akzeptierst, segnest du damit dich selbst. Denn was du nach außen gibst, kommt zu dir zurück.

Das wichtigste ist die Erkenntnis, daß jeder Gedanke zu dir zurückkehrt. Projektion ist eine Täuschung. Ich kann etwas an dir hassen, aber der Haß bleibt bei mir. Ich glaube, daß er bei dir ankommt, aber das tut er nur, wenn du ihn annimmst. Wenn du meinen Haß nicht erkennst, bleibt er nicht an dir haften.

Jeder Gedanke kehrt zu dir zurück. Ich kann dir nicht in die Augen schauen, wenn ich mir selbst nicht in die Augen blicken kann. Ich halte dich für tadelnswert, weil ich mit meiner eigenen Scham nicht umgehen kann.

Jede Reaktion eines anderen Menschen in meinem Leben ist ein Spiegel meiner selbst. Was auch immer ich in dir sehe und nicht akzeptiere, sagt etwas darüber aus, was ich an mir selbst nicht akzeptiere. Wenn ich von dir etwas erwarte, das du mir nicht geben kannst, sagt das etwas darüber aus, was ich mir selbst geben muß.

Jede Beziehung setzt ein Umfeld des Lernens oder der Selbstquälerei voraus. Wenn ich mich im Spiegel deiner

Augen erblicke, gebe ich mir die Erlaubnis zu wachsen. Wenn ich in dir Beschränkungen entdecke, weigere ich mich, über meine eigenen Selbstzweifel hinauszugehen.

Ich werde dich stets als Ausrede dafür benutzen, warum ich nicht wachsen kann. Aber das wird nichts ändern. Meine Entwicklung bleibt meine Verantwortung, egal wie sehr ich mich auch bemühe, dir die Verantwortung dafür zuzuschieben.

Wenn du so unklug bist, die Verantwortung für etwas zu übernehmen, mit dem du nichts zu tun hast, kann das nur bedeuten, daß auch du lernen mußt, wirkliche Verantwortung für dich selbst zu übernehmen. Aggressive und passive Partner müssen dieselbe Lektion lernen. Sie erfahren sie nur von der entgegengesetzten Seite. Und wir wissen ja aus den taoistischen Lehren, daß Gegensätze nicht so weit voneinander entfernt sind, wie wir meinen.

Wenn ich also feststelle, daß wir gleich sind, ist das eine Übung, um diese Gleichheit zu verlieren. Das Verlieren der Gleichheit ist eine Übung, sie zu finden. Wenn du das nicht glaubst, dann frage dich: »Wie hätte ich sie finden können, wenn ich sie nicht verloren hätte?« Es gäbe nichts zu finden, kein Gefühl des Verlustes. Und wenn ein Gefühl des Verlustes besteht, muß es auch eine Erinnerung an eine Zeit geben, als es noch keinen Verlust gab. »Wie kann ich etwas verlieren, was ich niemals besessen habe?«

Gleichheit ist wirklich. Ungleichheit nicht. Und doch lernen wir durch Ungleichheit etwas über Gleichheit. Wenn ich Gleichheit wirklich verstehe, erkenne ich, daß sie immer vorhanden war. Ich habe sie niemals verloren. Ich habe es nur geglaubt.

Der Gedanke, sie verloren zu haben und die Erkenntnis, daß ich sie noch besitze, erfaßt die ganze Bandbreite der Vergebung, vom ersten Schritt, bei dem ich erkenne, daß ich verstört bin, bis hin zum letzten Schritt, wo ich mein Herz dem Frieden öffne, der dort stets herrscht. Mir wird alles vergeben werden, wenn ich endlich begreife, daß es nichts zu vergeben gibt. In *Ein Kurs in Wundern* wird dieser Vorgang so beschrieben: »Nichts Wirkliches kann bedroht werden. Nichts Unwirkliches existiert.«

Ich verliere meine Unschuld ebenso wenig wie meine Mitmenschen. Wir verlieren sie nur scheinbar, vielleicht für einen Augenblick, einen Tag oder zwei, vielleicht für ein ganzes Leben. Die Dauer spielt keine Rolle. Denn wenn wir erwachen, vergessen wir den Traum.

In der Selbsttäuschung zu verharren, macht dich nicht zu einem schlechten Menschen. Es verlängert nur dein Leiden. Wenn du bereit bist, dann laß das Leiden los. Und wenn du das getan hast, ist es egal, ob du dich zwei Minuten oder zehn Jahre damit aufgehalten hast. Es existiert nicht länger.

Dieses Wissen in eine Beziehung einzubringen ist nicht leicht. Wir sind ebenso in die körperlichen Eigenschaften der Welt und in Empfindungen verstrickt, wie in unsere Beziehungen und alle Gefühle, die sie in uns aufwühlen. Vielleicht sind wir noch nicht bereit, all dies als einen Traum der Ungleichheit zu sehen, und doch geht es genau darum, wenn wir betrübt sind.

All unser Schmerz ergibt sich daraus, daß wir etwas sehen, das nicht vorhanden ist. Wir glauben, es sei da, weil unsere Ideen und Überzeugungen scheinbar mit bestimmten Menschen und Situationen verknüpft sind. Wir glauben, daß dies unseren Ideen Glaubwürdigkeit verleihe, weil sie sich nun in einer Beziehung widergespiegelt finden. Aber dadurch verdichtet sich nur die Handlung, und eine ganze Reihe neuer Darsteller kommt ins Spiel.

Wir müssen also die Tatsache anerkennen, daß wir selbst die Regie bei unserem eigenen Film führen. Und daß das, was wir auf der Leinwand sehen, eine Spiegelung unseres eigenen Bewußtseins ist.

Dennoch müssen wir erkennen, daß wir nicht die einzigen sind, die einen Film drehen. Dieselben Leute, die als Schauspieler oder Techniker in unserem Film auftreten, führen gleichzeitig Regie bei ihrem eigenen Film, in dem wir als Darsteller oder Kameramann auftreten. Akira Kurosawa verwirklichte diese Vorstellung sehr poetisch und mit viel Feingefühl in seinem Film *Rashomon*.

Es mag vielleicht keine endgültigen Grenzen zwischen uns geben, aber wenn wir nicht die Grenzen unserer Erfahrungen erkennen und die Erfahrung anderer Menschen respektieren, können wir uns unmöglich miteinander verbinden. Wir müssen nicht übereinstimmen. Aber wir müssen einander achten. Übereinstimmung entsteht, soweit das möglich ist, aus einer Atmosphäre gegenseitigen Respekts.

Ohne gegenseitigen Respekt, der nichts anderes bedeutet als »gesunde Grenzen«, wird Übereinstimmung unweigerlich erzwungen. Und »erzwungene Übereinstimmung« ist genauso lächerlich, wie es sich anhört.

Die Gleichheit mit anderen zu entdecken führt zu der Erkenntnis, daß es viele Wege gibt, um eine Situation zu betrachten, und daß wir selbst nur einen davon kennen. Indem wir anderen zuhören und ihre Ideen und Erfahrungen respektieren, öffnen wir uns einem breiteren Spektrum unserer Wirklichkeit. Es ermöglicht uns, die Türen des Gefängnisses unserer Vorstellungen zu öffnen und frei ins Tageslicht hinauszuspazieren. Es hilft uns, die Grenzen unseres eigenen Wissens zu verstehen, damit wir uns dem Unbekannten nähern können – allein und mit anderen.

Fünfter Schritt

Selbstkritik und Schuldgefühle loslassen

Ob es mir bewußt ist oder nicht, ich greife mich ständig an. Ich glaube vielleicht, daß ich dich angreifen kann, aber das ist nur ein Trugschluß. Natürlich kaufst du mir das manchmal ab und nimmst Anstoß daran.Das ist der Lauf der Welt.

Aber in Wahrheit kann ich dich nicht angreifen. Ich kann mich nur selbst angreifen. Alles, was ich auf dich projiziere, kommt zu mir zurück. Gedanken sind ein perfekter Bumerang. Sie kehren immer zu demjenigen zurück, der sie geschickt hat.

Das hat nichts mit Bestrafung zu tun! Viele Menschen, selbst die, die an Karma* glauben, begreifen das nicht. Niemand wird für seine Sünden bestraft. Er bekommt nur das zurück, was er ausgesandt hat, damit er sich dessen bewußt werden kann. Wenn er Ärger aussendet, bekommt er Ärger zurück, weil er die Verantwortung für seinen Ärger tragen muß. Er muß sich alles eingestehen, was er nach außen bringt. Nur indem er sich das eingesteht, kann er es loslassen.

Es ist ein einfaches Gesetz. Wir müssen uns damit nicht gegenseitig niedermachen. Wir brauchen nicht zu sagen: »Siehst du, du gemeiner Kerl, ich wußte, dafür würdest du die Quittung bekommen!« Wir müssen nicht Gott spielen. Für diese Rolle werden wir nicht gebraucht.

Wir müssen nur begreifen, dass wir immer wieder Fehler machen werden, bis wir unsere Lektion gelernt haben. Wir werden weiterhin negative und positive Eigenschaften auf andere projizieren, solange wir nicht bereit sind, diese Eigenschaften in uns selbst anzunehmen. Wir werden andere solange angreifen, bis wir den Angriff zugeben.

Indem wir uns den Angriff eingestehen, können wir den Prozeß kurzschließen. Wir sagen: »Okay, Ärger, ich

---

* Gesetz von Ursache und Wirkung über den Tod hinaus

weiß, daß du zu mir gehörst, und ich werde nicht vorgeben, daß du jemand anderem gehörst.« Das heißt nicht, daß wir unseren Ärger nicht ausdrücken können. Wenn er da ist, liegt es in meiner Verantwortung, ihn auszudrücken. Aber wenn ich es tue, dann in dem Wissen, daß es mein eigener Ärger ist. Auf diese Art muß er sich niemanden suchen, der sich schuldig genug fühlt, ihn anzunehmen und dann in Form von leisem Unmut zu mir zurückzuschicken.

Ich übernehme die Verantwortung für meinen Ärger. Ich verstehe, daß nicht du mich, sondern ich mich selbst angreife. Ich verliere mich nicht in der Projektion, zumindest nicht dann, wenn ich erfolgreich bin.

Erfolg kommt nicht immer und auch nicht vollständig. Manchmal greife ich dich an, und manchmal gestehe ich mir den Angriff ein. Wenn ich dich angreife, fühle ich mich schuldig, weil ich glaube, daß ich dich verletzen kann. Ich trage die Schuld mit mir herum, und wenn du oder ein anderer mich angreift, lädt mein Schuldgefühl diesen Angriff ein, hängenzubleiben. Es ist alles sehr bizarr.

Wann immer ich zum Schlag gegen dich aushole, fühle ich mich schrecklich. Damit mache ich mich zur Zielscheibe für einen Angriff. Fremde mit angestautem Ärger spüren in mir ein potentielles Opfer, wenn ich vorübergehe. Selbst Schäferhunde nehmen die Witterung auf!

Jedesmal wenn ich dich angreife, verfestige ich mein Schuldgefühl. Wenn du das nicht glaubst, lies Dostojewskis *Schuld und Sühne*. In diesem Roman versucht Raskolnikow, das perfekte Verbrechen zu begehen. Er glaubt, daß er sich nicht schuldig fühlen wird, wenn er aus Prinzip tötet. Aber es funktioniert nicht. Zwar wird er nicht überführt, aber er kann mit seiner Schuld nicht leben. Schließlich stellt er sich selbst.

Genau das müssen wir alle tun: uns selbst stellen. Sobald wir angreifen, müssen wir daran denken, daß wir damit unsere Schuld aufbauen.

Geben wir es direkt zu. Zum Teufel mit den Rechtfertigungen unserer Handlungen. Wir wissen, daß es für einen Angriff keine Rechtfertigung gibt. Auf diese Weise übernehmen wir einfach die Verantwortung dafür, uns selbst und anderen Heilung zu bringen.

»Ich habe einen Fehler gemacht, Bruder. Ich habe dich angegriffen, weil ich Angst hatte. Ich dachte, ich hätte ein Recht dazu, aber ich habe mich geirrt. Vergib mir. Hilf mir, auf den richtigen Pfad zurückzukommen.«

Wenn ich meinen Angriff in einen Ruf nach Liebe umwandle, werden meine Mitmenschen mir gestatten, mich ihnen zu nähern. Das ist eine Geste der Aussöhnung.

Wenn ich meinen Angriff erkenne und die Verantwortung dafür übernehme, ihn zu korrigieren, baue ich keine Schuld auf. Schuld baut sich nur dann auf, wenn ich meinen Angriff rechtfertige und mich weigere, ihn wiedergutzumachen.

Chronische Schuld ist nichts anderes als die beständige Weigerung, die Verantwortung für meine Fehler zu übernehmen und aus ihnen zu lernen. Niemand wird ohne Grund zum Prügelknaben. Aber der Grund liegt oft tief in der Psyche verborgen.

Jeder Angriff gegen dich ist ein Angriff gegen mich selbst. Der Angriff kann in Form einer äußerst versteckten Form von Kritik erfolgen, die mir durch ständige Wiederholung vermittelt, daß ich unzureichend bin.

Es ist kein Zufall, daß gerade die Menschen, welche die geringste Selbstachtung besitzen, die meisten Werturteile über andere Menschen fällen. Je mehr wir andere beurteilen, desto mehr beurteilen wir uns im Unterbewußtsein selbst.

Alle Projektionen kehren zu uns zurück. So funktioniert Schuld. Sie verhindert auf einer bestimmten Ebene den Angriff. Wir können andere einfach nicht angreifen, ohne uns auf irgendeiner Ebene unseres Seins dafür verantwortlich zu fühlen.

Wenn uns diese Verantwortung bewußt wird, können wir allmählich genesen. Wenn wir uns erlauben, im Unbewußten zu verweilen, ziehen wir Ereignisse an, die uns dazu zwingen, uns unserer Vergehen anderen gegenüber bewußt zu werden, und den tiefen Selbsthaß zu erkennen, der diesen Vergehen zugrunde liegt.

Schuld und Verantwortung schließen sich gegenseitig aus. Schuld hält an Wunden fest und verhindert dadurch ihre Heilung. Verantwortung ist der erste Schritt im Heilungsprozeß.

Um unsere innere Kritik und Schuldgefühle loszulassen, müssen wir anfangen, die Verantwortung für unsere Angriffe zu übernehmen. Wir müssen uns unserer Projektionen bewußtwerden, sobald sie auftreten.

Wenn wir uns unserer Angriffe bewußtwerden, erkennen wir die dahinterliegende Ursache. Wir erkennen unsere eigenen Ängste, unsere tiefverwurzelten Werturteile und Gefühle der Unzulänglichkeit. Wir hören unseren tiefen Schrei nach Liebe.

Das ist wesentlich. Wir können uns nicht selbst vergeben bevor wir erkennen, daß all die Dunkelheit in uns ein Ruf nach Licht, und unser ganzer Ärger und unsere Verletzungen ein Ruf nach Liebe sind. Das müssen wir anerkennen, oder wir verwenden unser Bewußtsein, um uns selbst zu verprügeln.

Wir dürfen die Gefahren dabei nicht unterschätzen! Wenn wir unseren Heilungsprozeß an das Ego abgeben, führt das zu einem erneuten Verletzungsprozeß. Nur der Geist darf unsere Heilung übernehmen, denn der Geist bestätigt uns, während er uns gleichzeitig darin unterstützt, Fehler wiedergutzumachen und aus ihnen zu lernen.

Ich bin nicht böse, weil ich dich angegriffen habe. Ebenso wenig bist du böse, wenn du mich angegriffen hast. Unser gegenseitiger Streit entsteht aus dem tiefen Gefühl der Unzulänglichkeit in uns beiden. Er kommt von einem Ort, wo sich weder du noch ich geliebt fühlen.

Dies zu erkennen ist der Anfang der Gnade. Wir beginnen – selbst in der Dunkelheit – mit den Augen der Liebe zu sehen.

Solange ich mich selbst oder dich wegen eines Fehlers quäle, kann unsere Heilung nicht beginnen. Es geht nicht um den Fehler. Es geht um das Lernen, um Entwicklung, die Veränderung der Wahrnehmung, die sich aus dem Fehler ergibt.

Wenn ich das erkenne, lerne ich meine Lektion gut. Ich lerne deine Lektion gut. Ich habe eine Grundlage, von der aus ich weitergehen kann. Auf dieser Grundlage beginnen Versöhnung und Wiederaufbau. Sie sind die wahre Grundlage der Heilung: die Vergebung aller Fehler und die Dankbarkeit für das Bewußtsein, das sie mit sich bringen.

Denke daran, daß aus dem Ego keine Verantwortung kommt, sondern Schuld. Schuld erhält das Gefühl der Trennung aufrecht. Sie hält die Wunde offen.

Schuld sagt: »Egal was ich auch tue, ich kann damit meine Fehler niemals wiedergutmachen.«

Verantwortung sagt: »Ich habe die Wunde geöffnet, also kann ich sie auch wieder schließen.«

Es ist wichtig, den Unterschied zu kennen.

Viele Gedanken des New Age wurden von unserem Ego nicht als Werkzeug zur Entwicklung aufgegriffen, sondern als Mittel zur Bestrafung von uns und anderen. Viele Menschen, die an bestimmten Krankheiten litten, mußten sich so ein Geschwätz anhören wie: »Du hast dich selbst krankgemacht. Der Krebs wurde durch deine Wut ausgelöst. Du wirst nicht gesund, weil du immer noch an deinem Ärger festhältst.« Ein echter Schuldtrip. Es ist nur das Ego, das die »Verantwortungsmasche« durchzieht. So funktioniert es nicht.

Wenn der Geist das Verantwortungsprogramm übernimmt, macht er alles richtig. Er verwandelt den Ort des Krebses oder was es auch sein mag, in einen Ort, wo man sein kann und von dem aus man wachsen kann. Er mißt den Fortschritt nicht nach äußeren Maßstäben. Er sagt einfach: Es gibt in dir einen Ort, wo du Frieden finden kannst.

Wenn wir über Heilung sprechen, sprechen wir über die Aufgabe von Selbstkritik und Schuldgefühlen wegen Fehlern aus der Vergangenheit. Zur Heilung gehören Verantwortung und Milde. Es ist ein Loslassen dessen, was nicht zu uns gehört.

Heilung bedeutet, sich reinzuwaschen von dem Schmutz, der sich auf unserer Haut bildet, wenn wir nicht aufhören, unsere Kritik an anderen zu rechtfertigen. Die ganze Seele badet in Liebe und Annahme.

Und das führt uns zum sechsten Schritt.

*Es gibt in dir einen Ort,
wo du Frieden
finden kannst.*

Sechster Schritt

Akzeptiere dich selbst und andere, so wie ihr seid

Akzeptanz ist eine seltsame Sache. Auf der einen Seite sagen wir, daß wir unsere Fehler akzeptieren und daraus lernen sollen. Auf der anderen Seite sagen wir, daß du okay bist, so wie du bist.

Wir sagen: Akzeptiere deine dunklen Seiten, und bringe sie ans Licht. Wenn du sie ans Licht bringst, verschwinden die Schatten. Aber was passiert, wenn das nicht der Fall ist?

Wenn ich manchmal meine Schattenseiten zum Licht bringen will, scheint das Licht zu verschwinden und ich sitze in noch tieferer Dunkelheit. Was mache ich dann?

Dann habe ich eine einfache Wahl: Ich kann mich selbst fertigmachen, mich als Versager fühlen und Gott und die Welt verdammen. Oder ich kann den Punkt akzeptieren, auf dem ich jetzt stehe.

»Hier stehe ich in der Dunkelheit, und es scheint kein Licht in Sicht zu sein. Das ist in Ordnung. Hier bin ich einfach. Ohne Lob und Tadel.«

Wenn ich mich so verhalte, werde ich zu dem Licht, nach dem ich gesucht habe. Jede Geste der Selbstakzeptanz enthüllt das innere Licht und beleuchtet meinen Weg. Vielleicht leuchtet es nur wenige Meter, aber das ist in Ordnung. Wenn ich mich selbst akzeptiere, erfolgt der nächste Schritt von ganz allein.

Gottes Liebe, Segen, Führung, wie du es auch nennen möchtest, gelangt durch den Kanal deiner Liebe zu dir selbst. Wenn du dich selbst akzeptierst, so wie du bist, öffnest du diesen Kanal. Dasselbe geschieht, wenn du andere so akzeptierst, wie sie sind.

Der Weg zum Frieden ist ganz einfach, wenn du bereit bist, ihn zu beschreiten:

1. *Akzeptiere dich, so wie du bist.* Du bist in Ordnung mit all deinen Problemen, Schmerzen und Vorurteilen.

Du mußt nichts ändern. Du mußt nichts erwerben und dich von nichts trennen. Du bist vollkommen, so wie du gerade bist. Nimm dieses Wissen an. Während du das tust, lösen sich die Werturteile von selbst auf.

2. *Akzeptiere andere, so wie sie sind.* Sie sind in Ordnung mit all ihren scheinbaren Stärken und Schwächen. Du mußt sie nicht verändern. Sie müssen sich nicht verbessern, um deine Akzeptanz zu verdienen. Sie brauchen deine Billigung nicht, und du brauchst auch die ihre nicht. Sie sind in Ordnung und du bist in Ordnung. Niemand hat recht. Niemand hat unrecht. Ihr besteht nebeneinander. Wenn du andere akzeptierst, öffnet sich dein Herz. Wenn du andere akzeptierst, gehst du milder mit dir selbst um.
3. *Akzeptiere dein Leben so, wie es im Augenblick ist.* Du brauchst nichts daran zu ändern. Jede Situation ist vollkommen, so wie sie ist. Jede Beziehung ist vollkommen, so wie sie ist. Jede Lektion ermöglicht es dir, zu wachsen. Jedes äußere Hindernis hilft dir, tiefer zu der Quelle der Liebe in dir vorzudringen. Analysiere dein Leben nicht, sonst glaubst du, daß dir etwas fehlt. Dir fehlt nichts. Deine Deutungen des Für und Wider vermitteln dir die Illusion, daß du hier bist, um den Durchbruch zu schaffen. Akzeptiere dein Leben, so wie es ist. Dann wird jede Vorstellung, die dich selbst oder andere nicht wertschätzt, verschwinden, weil es nichts mehr gibt, was sie trägt. In diese Lücke, die durch die Verweigerung von Kritik in deinem Herzen entsteht, fließt die allgegenwärtige Liebe. Nun bist du nicht mehr allein. Dein Gefährte ist angekommen.

Akzeptanz ist so einfach und doch so schwer zu erlernen. Denn durch Akzeptanz tritt unser Ego beiseite.

Durch Akzeptanz löst sich die Grenze zur Allgegenwart der Liebe auf.

Das ist der Weg der Akzeptanz. Was du nicht akzeptieren kannst, wirst du bekämpfen, und in diesem Widerstand liegen deine Fesseln. Was du akzeptierst bewegt sich sanft durch dein Herz. Nichts stößt dich vorwärts. Nichts hält dich zurück. Du bewegst dich, wohin die Liebe dich trägt.

Es ist ein Vorgang der kleinen Schritte. In jedem Augenblick tauchen Widerstand oder Bindung auf. Wir sehen ihnen zu. Wir betrachten den Kampf. Wir beobachten uns selbst, wie wir ermüden und schließlich loslassen. Wir lassen den Kampf im Sande verlaufen. Das geschieht immer wieder.

Wir werden geduldiger. Verzeihender. Entspannter. Wir lernen, mit uns selbst und anderen sanfter umzugehen.

Es scheint kein so großer Sieg zu sein, aber er ist es. Wenn zwischen uns und unserem Frieden nichts mehr steht, erleben wir das Göttliche im Inneren und im Außen, und sei es auch nur für einen Augenblick. Die Trennung ist verschwunden.

Das sind die Früchte der Akzeptanz.

Denke daran, daß es in unserer Erfahrung keinen Augenblick gibt, in dem wir nicht durch Akzeptanz unseren Frieden erhalten. Es müssen immer Hindernisse überwunden werden.

Wir akzeptieren dies nicht als Ziel, sondern als Übung. Denn in der Übung wird das Ziel erreicht.

Siebter Schritt

Sei bereit, zu lernen und zu teilen

Sobald ich glaube, ich hätte alles verstanden, verläßt mich mein Vorrat an Liebe. Wie kann das sein?

Weil ich die Tür in meinem Kopf verschließe. Und ich schließe die Tür in meinem Kopf, indem ich sage: »Genug. Ich habe genug.«

Offensichtlich stimmt mir mein innerer Lehrer darin nicht zu. Und ich habe eine weitere Lektion in Sachen Demut zu lernen.

Alles, was ich weiß, bedeutet nichts, wenn ich im Augenblick keinen inneren Frieden verspüre. Und wenn ich mit mir in Frieden bin, verschwindet das Bedürfnis, etwas zu wissen.

In dem Buch *Ein Kurs in Wundern* heißt es, daß wir das lehren, was wir lernen müssen. Das ist eine wichtige Erkenntnis. Wenn ich mich erhebe, um meine Erfahrungen mit dir zu teilen, unterstütze ich damit meinen Lernprozeß.

Indem ich es teile, vertiefe ich, was ich gelernt habe. Ich erweitere mein Wissen durch alle Chakras*. Ich fasse das Wissen des Verstandes in Form und lasse es in mein Herz fließen. Wenn du mich zutiefst verstehst, weiß ich, daß das, was für mich wahr ist, auch für dich gilt.

Indem ich teile, lerne ich, dir zuzuhören. Ich erkenne, wie du etwas auf andere Art und mit anderen Schwerpunkten verinnerlicht hast. Mir wird klar, daß du bestimmte Lektionen bereits gemeistert hast, durch die ich mich noch hindurchwurstele. Ich begreife, daß du ebenso mein Lehrer bist, wie ich der deine bin.

Lehren und Lernen sind Prozesse, die ein Leben lang andauern. Selbst wenn ich die Rolle des Lehrers spiele, lerne ich dabei. Und selbst wenn ich die Rolle des Lernenden spiele, lehre ich dabei.

Wie ich etwas lerne wird zu einer Lehre. Und wie ich

* Energiezentren des ätherischen Körpers

etwas lehre wird zu einer Lektion. Es geht immer weiter. Es gibt keinen Augenblick in meinem Leben, an dem ich aus deinen Reaktionen nicht Nutzen zöge. Selbst wenn 99 % davon Kritik an meiner Person ausmachen, kann ich immer noch das eine Prozent genießen, das wahr ist.

Lehrer müssen nicht nur die Verantwortung für das übernehmen, was sie unterrichten, indem sie es selbst lernen, Schüler müssen auch die Verantwortung für das, was sie lernen, übernehmen. Niemand kann dich ohne dein Einverständnis etwas lehren.

Ich lerne also immer. Du auch. Auf dieser Basis begegnen wir uns. Von Angesicht zu Angesicht. Gleichberechtigt.

Wenn ich auch Teile meiner spirituellen Arbeit selbst erarbeiten kann, indem ich meditiere, meine Gedanken und Gefühle betrachte, mich mit Schriften beschäftige, gibt es doch einen wichtigen Teil, den ich nicht alleine bewältigen kann.

Ich kann meine Projektion nicht überwinden, wenn ich sie nicht erlebe. Ich muß etwas auf dich projizieren, und ich brauche es, daß du etwas auf mich projizierst, damit ich dieses Phänomen erleben kann. Ich muß meine scheinbare Trennung von dir spüren, bevor ich sie als Selbsttäuschung zurückweisen kann.

Keiner von uns findet sein Heil allein. Wir lernen und wachsen durch unsere Interaktion, so schmerzhaft sie auch sein mag.

Wenn ich mich von anderen isoliere, schiebe ich meine Buße nur hinaus. Früher oder später müssen wir beide unser Drama ausleben.

Ohne Interaktion könnten mein und dein Selbst, die sich als voneinander getrennt erleben, die Liebe Gottes niemals verstehen. Das Bedürfnis nach Austausch bestätigt sich durch die Tatsache, daß sich die beiden

Teile von Gottes Schöpfung voneinander getrennt fühlen. Spüren wir eine Trennung, benötigen wir Interaktion als Brücke.

Das gilt auch, wenn wir die ganze Zeit damit verbringen, uns gegenseitig fertigzumachen. Wenn wir dann geschieden sind und getrennte Wege gehen, denken wir: »Es hat halt nicht geklappt« und suchen uns jemand anderen zum Kuscheln.

Wir versuchen immer wieder, Verbindungen einzugehen und scheitern daran, weil es nicht von uns verlangt wird. Gott verlangt von uns keine Verbindungen. Sie/Er fordert uns auf, einander zu respektieren.

Die goldene Regel lautet: »Behandle andere so, wie du selbst behandelt werden möchtest.« Sie lautet nicht: »Verschmelzt zu einem einzigen idyllischen Wesen.«

Solange wir versuchen, miteinander zu verschmelzen, erfassen wir das Wesentliche nicht. Wir sind nicht hier, um unser Seelenheil im anderen zu finden, sondern um es »durch den anderen« zu finden.

Bindungen sind unnötig, weil wir bereits im Geiste vereint sind. In unserer egozentrierten Wirklichkeit scheinen wir getrennt zu sein. Wir scheinen unterschiedliche Persönlichkeiten und verschiedene Bedürfnisse zu haben. Wir versuchen immer wieder, uns auf dieser Ebene zu verbinden, aber es gelingt uns nicht. Wir vereinigen uns, wenn wir alle Unterschiede fallen lassen.

Wenn wir »andere so behandeln, wie wir selbst behandelt werden wollen«, betonen wir die einzige Sache, die wir als Einzelwesen von Rechts wegen teilen: unsere Gleichheit. In dem wir einander als Gleichgestellte respektieren, setzen wir die richtige Beziehung zueinander voraus und ermöglichen es der göttlichen Gegenwart, sich durch uns zu offenbaren. Laut Martin Buber*

*(jüd. Religionsphilosoph, 1878-1965)

existiert Gott nicht »in dir« oder »in mir« sondern »dort, wo wir uns begegnen«.

Der Tanz des Lebens besteht darin, den Ort zu entdecken »wo wir uns begegnen«. Es ist eine elementare spirituelle Übung.

Jedesmal, wenn wir unsere Gedanken und Gefühle mit anderen teilen, blicken wir über unsere egozentrierte Wirklichkeit hinaus und erkennen gemeinsame Ziele und Bedürfnisse. Jedesmal, wenn wir einander die Herzen öffnen, tragen wir aktiv dazu bei, die Selbsttäuschung des Getrenntseins aufzuheben.

Letztendlich treffen wir nicht aufeinander, um uns zu »vereinen«, sondern um zu erkennen, daß unsere Herzen und Gedanken bereits verbunden sind. Wir können aus dieser Verbindung heraustreten, indem wir uns kritisieren und die Unterschiede hervorheben, oder wir können zusammenbleiben, indem wir jeden Menschen so annehmen und segnen wie er ist.

Je mehr wir uns dem gemeinsamen Raum im heiligen Kreis nähern, desto deutlicher erkennen wir, daß dort unsere Heimat liegt und jeder Ausflug des Ego nur einen Umweg darstellt. Das bedeutet nicht, daß wir aufhören, uns voneinander zu entfernen, aber selbst wenn wir es tun, sehen wir dem Augenblick entgegen, in dem wir uns wieder begegnen.

Wir wissen, wo sich unsere Heimat befindet. Und wir wissen, daß wir dorthin zurückkehren können, wenn wir soweit sind.

Ohne Interaktion könnten mein und dein Selbst, die sich als voneinander getrennt erleben, die Liebe Gottes niemals verstehen.

Achter Schritt

Sei deine eigene Autorität

Deine eigene Autorität zu sein, heißt nicht, daß du auch für andere zur Autorität werden sollst. Es bedeutet einfach, daß kein anderer zu deiner Autorität wird.

Jeder hat die freie Wahl, so auch du. Und jeder ist für seine Entscheidung verantwortlich. Wie könnte es anders sein?

Viele Menschen versuchen, diese klaren Grenzen der Verantwortung zu überschreiten, und vernebeln dadurch lediglich ihre Wahrnehmung der Wirklichkeit. Bestrafe dich nicht zu sehr. Respektieren wir diese Grenzen, dann werden wir uns gegenseitig respektieren.

Begreife zuerst, daß du keine Verantwortung für dich übernimmst, wenn du ...

1. ... einen anderen Entscheidungen für dich treffen läßt oder
2. ... für einen anderen Entscheidungen triffst.

Dabei handelt es sich um Co-Abhängigkeit. Weder du noch der andere handelt dabei aus eigener Kraft. Du kannst dir auf diese Art zwar scheinbar einen zeitlichen Vorteil sichern, aber diesen Vorteil bezahlst du mit dem Verzicht auf die freie Entscheidung über dein Leben.

Es ist großartig, anderen zuzuhören und von ihnen zu lernen. Vertraulicher Austausch ist für deine spirituelle Entwicklung wesentlich. Du bekommst damit eine Rückmeldung auf die Entfaltung deiner Wahrnehmung. Aber andere wissen nicht, was du brauchst. Selbst Hellseher und andere intuitive Menschen können dir nicht sagen, was du wissen mußt. Sie können dir wichtige Informationen geben oder auch nicht. In beiden Fällen bist du derjenige, der die Information nutzen muß, um inneren Frieden zu finden.

Erkenne, daß andere dir nur begrenzt Nützliches mitteilen können. Diese Grenzen gelten auch für das, was du anderen erzählen kannst. Die größte Hilfe, die du anderen gewähren oder von ihnen erhalten kannst, ist Ermutigung. Alles andere hilft nur selten.

Um deine eigene Autorität zu sein, mußt du dich von der Vorstellung befreien, daß du außerhalb von dir selbst Antworten finden kannst. Du mußt dich von der Vorstellung lösen, daß es etwas zu erreichen gibt.

Autorität entsteht unmittelbar aus Erfahrung. Sie sagt: »Ich respektiere mein Leben. Ich akzeptiere, was für mich stimmt, auch wenn es für andere nicht stimmt.«

Innere Autorität ist mit Vorschriften für andere unvereinbar. Sobald du versuchst, andere in deine Werte und Ansichten einzupassen, untergräbst du die Kraft dieser Werte und Anschauungen. Sobald du die Zustimmung anderer brauchst, um dein Leben zu schätzen, hast du den Kontakt zu deiner inneren Autorität verloren.

Jeder hat das Recht und sogar die Verantwortung zu sagen: »Das ist meine Wahrheit. Das ist für mich stimmig.« Das ist eine wichtige Selbstbestätigung. Denn kein anderes Leben gleicht meinem eigenen. Meine Erfahrungen sind einzigartig und sollten als solche akzeptiert werden.

Jeder, der versucht, mir die Integrität meiner Erfahrung abzusprechen, verleugnet auch seine eigene Erfahrung. Man kann sich nicht selbst bestätigen, wenn man es anderen versagt.

So hindert mich die Energie, die ich in die Ablehnung und Kritik anderer investiere, daran, meine eigene Führung und Wahrheit zu finden. Ich erkenne nicht, was für mich wahr ist, solange ich die Erfahrungen anderer nicht respektiere.

Andersherum kann ich meine eigene Wahrheit nicht hören, solange ich den Erfahrungen anderer mehr Aufmerksamkeit schenke als meinen eigenen. Autorität erwächst im Inneren und endet an der Hautoberfläche.

Meine Autorität beschränkt mein Bedürfnis zu entscheiden, wenn ich dadurch gegen die Freiheit und Verantwortung anderer verstoße, für sich selbst zu entscheiden. Das gibt mir die Kraft, eigene Entscheidungen zu treffen, wenn andere für mich entscheiden wollen.

Meine Autorität stimmt mit deiner Autorität überein und ist ihr ebenbürtig. Du kannst deine Autorität nicht leugnen oder überschreiten, ohne mich aufzufordern, das gleiche zu tun. Wenn du deinen eigenen Erfahrungen gegenüber treu bist, stärkst du sowohl deine eigene Unschuld als auch die meine.

Nun ist alles gesagt, es ist klar, daß das Über- und das Unterschreiten unserer Autorität Teil unseres Lernprozesses ist. Es ist ein Teil unseres gemeinsamen Tanzes.

Wir sollten es uns daher zur Aufgabe machen, diesen Tanz nicht zu beenden, sondern ihn zu betrachten. Wenn wir Zeugen des Tanzes werden, bewegen wir uns zur Mitte hin. Die Bewegungen sind zu erkennen. Wenn wir uns des Über- und des Unterschreitens bewußtwerden, korrigieren wir es automatisch. Durch die Betrachtung lernen wir aus unserem eigenen Verhalten, ohne es zu bewerten.

Das Thema Autorität berührt uns besonders tief. Keiner von uns hat sich nicht schon einmal aufgebläht oder herabgesetzt. Unsere natürliche Autorität lernen wir erst dann kennen, wenn wir die Verlogenheit unserer egozentrischen Autorität erkannt haben. Erstere entsteht aus der einfachen Akzeptanz von uns selbst und anderen. Letztere entsteht aus einem tiefen Gefühl der Unzulänglichkeit, das wir auf andere projizieren.

Diejenigen, die andere für überlegen halten, hegen oft unbewußte Minderwertigkeitsgefühle. Diejenigen, die sich ständig der Stärke oder Weisheit anderer unterordnen, fühlen sich häufig unbewußt überlegen. Seltsamerweise ist weder der Überlegene noch der Unterlegene bereit, mit seinen Überzeugungen alleine dazustehen. Auf die eine oder andere Art suchen sie die Unterstützung und die Zustimmung anderer.

Wir müssen uns der Tatsache stellen, daß wir zu stark oder zu schwach für unser eigenes Wohl sein können. Wer sich mit dem I-Ging beschäftigt, kann mit dieser Vorstellung leicht umgehen. Diejenigen, die zu stark sind, ziehen Schwächere an und werden dadurch geschwächt. Diejenigen, die zu schwach sind, ziehen Stärkere an und werden dadurch stärker.

Jeder benutzt den anderen, um ins Gleichgewicht zu kommen. Leider geschieht das unbewußt, weshalb dieser Austausch wenig Verständnis oder Dankbarkeit bewirkt.

An diesem Punkt unserer gemeinschaftlichen Entwicklung scheint es wichtig zu sein, den Prozeß des »Ins-Gleichgewicht-kommens« bewußt zu erleben. Deshalb gibt es soviel Literatur über Mißbrauch und Co-Abhängigkeit. Der unbewußte Austausch hinterläßt viele unaussprechliche Wunden.

Über unsere Verletzungen zu sprechen ist gesund. Es ist unsere Art, zu unserer Erfahrung zu stehen und die Verantwortung für unsere Heilung zu übernehmen.

Es geht die ganze Zeit um *Respekt*. Respekt für uns selbst und Respekt für andere. Respekt kommt von dem Wort specere, was »sehen« bedeutet. Re-spekt heißt also »zurückblicken, noch einmal hinsehen oder anders sehen«.

Man sagt, daß wir zuerst »durch die rosa Brille blicken und uns dann von Angesicht zu Angesicht erkennen«. Erst nehmen wir etwas falsch wahr, und dann wird unsere Empfindung korrigiert. Zuerst machen wir Fehler, und dann lernen wir. Erst versündigen wir uns gegeneinander, und dann vergeben wir uns.

Dieser Prozeß wiederholt sich immer wieder aufs

Neue. Wir lernen, andere zu respektieren, indem wir gegen das Gesetz der Gleichheit verstoßen. Die Erkenntnis des Verstoßes führt uns zur Gleichheit.

Wenn wir also sagen: »Sei deine eigene Autorität«, meinen wir damit, daß du so sein sollst, wie du wirklich bist, und daß du lernen sollst, andere so zu sehen, wie sie wirklich sind. Übe dich in Gleichheit. Lerne aus der Ungleichheit. Akzeptiere diesen Prozeß. Nutze ihn, um dich anzupassen und zu wachsen.

Dritter Grundsatz

Dem Leben vertrauen

Oft bringt uns das Leben an den Rand unserer Grenzen und läßt uns dort zurück. Es sagt: »Du bist nicht auf das beschränkt, was sich innerhalb dieser Grenzen befindet.«

Als ob wir diese Erkenntnis bestätigen wollten, stoßen wir immer wieder an die Grenzen, die wir uns errichten. Jedesmal, wenn wir einen Standpunkt einnehmen – und es ist beinahe egal, welche Haltung wir einnehmen – trennen wir die zusammenhängende Wirklichkeit scheinbar in zwei Hälften. Nenne diese Teile, wie du möchtest: gut und böse, männlich und weiblich, hoch und tief.

Aus der Einheit machen wir Dualität. Sobald ich »ich« sage, bekomme ich das Du, was »nicht ich« bedeutet. Selbst wenn ich »wir« sage, meine ich damit »nicht sie«.

Egal wie sehr ich mein Bewußtsein erweitere, ich begegne weiterhin Menschen und Situationen, die ich nicht akzeptieren kann. Hier ziehe ich einen Strich und errichte meine Grenzen. Was sich auf der einen Seite der Grenze befindet, ist akzeptabel. Und was sich auf der anderen Seite befindet nicht.

Das ist das Wesen meiner Bewußtseinsreise. Mein ganzes Leben ist ein Prozeß des Errichtens und Niederreißens von Grenzen. Wenn ich es so sehen kann, lerne ich, mich und andere leichter zu nehmen. Ich weiß, daß die Grenzen nicht wirklich sind. Meine Anschauungen lassen sie als wirklich erscheinen. Wenn ich meine Ansichten ändere, verschwinden die Grenzen.

Ich versuche stets, mein Dasein zu ordnen und zu erklären. Je mehr ich das versuche, desto mehr verpfusche ich alles. Ich bin halt nicht besonders gut darin, mein Leben zu kontrollieren. Zu dieser Einsicht komme ich früher oder später. Irgendwann erkenne ich, daß ich mein Leben nicht kontrollieren, sondern daran arbeiten muß.

Ich kann sagen, was ich möchte. Daran ist nichts Falsches. Aber ich muß entscheiden, ob ich das bekomme, was ich möchte oder nicht.

Oft glaube ich, daß ich etwas nicht gewollt habe. Später finde ich dann heraus, daß es genau das war, was ich zu jener Zeit brauchte. Früher oder später erkenne ich, daß ich nicht weiß, was ich brauche.

Aber meine Lebenskraft weiß es. Meine Lebenskraft weiß, was ich brauche, und zieht es an. Ich habe diese Lebenskraft früher »Schicksal« oder »Gott« genannt, aber das stimmte nicht, weil ich sie damit nach außen verlagert habe.

Und dort ist sie nicht! Sie ist weder außen, noch innen, oder vielleicht ist sie doch beides. Wenn ich eine Grenze ziehe, zieht sich die Kraft so weit zurück, daß ich sie nicht finden kann oder sie dehnt sich weiter aus, als ich es mir vorstellen könnte. Oder sie ist so klein, daß sie völlig unerkannt bleibt. Wenn du in deinem Körper oder Verstand nach ihr suchst, wirst du sie nicht finden.

Wieviel wiegt ein Gehirn? Sie ist noch leichter. Wieviel wiegt die Seele? Sie ist sogar noch leichter. Die Lebenskraft ist zu leicht, um gewogen zu werden. Sie befindet sich außerhalb der Schwerkraft und doch ist sie so umfassend, daß nicht einmal das Universum sie fassen kann!

Wenn ich mir anschaue, wer ich wirklich bin, sehe ich keine Grenzen, kein Innen und kein Außen. Wenn ich mir anschaue, wer ich wirklich bin, unterscheide ich mich nicht von dir. Ich unterscheide mich nicht von Gott. Es ist alles dasselbe. Alles entspringt der gleichen Bewegung der Lebenskraft, ohne Anfang und ohne Ende.

Wenn ich mich innerhalb meiner Grenzen bewege, scheint alles wichtig zu sein. Wenn das Leben kommt und diese Grenzen niederreißt, begreife ich, daß alles, was ich für wichtig hielt, unbedeutend ist.

Jedes Niederreißen gleicht einer Reinigung, einer Auflösung der Bindungen, bedeutet, reinen Tisch zu machen mit Kritik und Bewertungen. Wie mein Freund Jim es vor kurzem im Anschluß an eine Konferenz formulierte: »Ich schwamm so sehr in Glückseligkeit, daß ich das Beurteilungsformular nicht ausfüllen konnte!«

Allmählich verlangsamen sich die wirbelnden Energien meines Lebens zu einem sanften Tanz. Das ist ungewöhnlich! Ich beginne zu begreifen, daß mein Leben gut ist, wie es ist. Ich muß weder meine Beziehung noch meinen Job, noch meinen Wohnort wechseln, um glücklich zu sein. Ich bin hier glücklich, hier und jetzt. Das Leben kam zu mir, und ich habe es umfangen, einfach und aus der Tiefe meiner selbst.

Ich weiß nicht, was der nächste Augenblick bringen wird, aber das ist unwichtig. Was auch kommen mag, es ist gut. Denn ich habe die Angst bei meinen Werturteilen zurückgelassen. Kein Makel der Vergangenheit haftet an meiner Unschuld. Keine Zukunftserwartung trübt die Freiheit, ich selbst zu sein oder auch dich sein zu lassen. Ich lebe einfach mit der Erkenntnis, daß ich so wie ich bin, okay bin, auch du okay bist, so wie du bist. Und mein Leben ist gut, so wie es ist. Das ist meine Glückseligkeit. Das ist mein Wesenskern.

Der Rest besteht nur aus Größe und Form. Der Rest ist nur die Hülle, die zu dem Staub zerfällt, aus dem sie entstand.

Das Wesenlose kann das Wesen nicht enthalten. Grenzen können das Formlose nicht einschränken. Der beschränkte Geist kann den Geist Gottes nicht in sich tragen.

Aber der Geist Gottes enthält alle Dinge. Er ist ein ewig leerer Kelch. Egal, wieviel Wein wir hineingießen, er ist niemals voll. Das ist der tiefe Segen, zu dem wir alle gelangen. Er ist das Gebet auf unseren Lippen, das vergessene Lied, an das wir uns erinnern, wenn wir einander die Herzen öffnen. Er läßt uns einfach wissen: »Willkommen, Kind Gottes. Der Platz, den du hinterlassen hast, blieb leer und wartete auf deine Rückkehr. Willkommen zu Hause.«

»Willkommen, Kind Gottes. Der Platz, den du hinterlassen hast, blieb leer und wartete auf deine Rückkehr. Willkommen zu Hause.«

Neunter Schritt

Die Lektion annehmen

Das Leben bringt mir nie das, was ich erwarte. Wenn es das täte, würde ich nichts lernen. Meine Erwartungen müssen unweigerlich enttäuscht werden, damit ich zu einer tieferen und umfassenderen Wahrheit gelangen kann.

Jede Lektion dient meiner Erweckung, nicht meiner Bestrafung. Solange ich glaube, daß Gott oder das Universum mich strafen will, bin ich unfähig, die Lektion zu akzeptieren und aus ihr zu lernen.

In Wahrheit erhalte ich jede Lektion, um zu wachsen. Wenn ich auf Stützen stehe, kann sie mich zu Boden stürzen, bevor sie mich inspiriert. Aber es ist immer ihr Ziel, mich zu erheben.

Natürlich interpretiere ich in eine Lektion stets das Gegenteil hinein. Auf der Ebene des Egos kann ich ihre Lehre einfach nicht begreifen. Sie führt mich immer über das Ego hinaus.

Wenn ich Bestätigung für mein Ego suche, erhalte ich sie nicht von Gott. Dennoch mache ich meinen Glauben an Gott davon abhängig, ob mein Ego genügend Bestätigung erhält!

Kein Wunder, daß ich enttäuscht werde. Sobald ich glaube, mich von meinen alten Begriffsvorstellungen befreit zu haben, stecke ich wieder mittendrin.

Um die Lektionen zu lernen, brauche ich viel Mitgefühl mit mir selbst. Ich muß mir darüber klarwerden, daß ich meine Wahrnehmung der Wirklichkeit nicht so leicht verändern kann. Könnte ich das, brauchte ich keine Lektionen zu lernen.

Ich muß also geduldig sein. Ich muß mich in meiner eigenen Geschwindigkeit entwickeln. Es besteht kein Grund zur Eile. Die meisten Lektionen sind nicht leistungsorientiert, sondern wahrnehmungsorientiert. Weder brauche ich mich zu verändern, noch muß ich andere oder die Welt verändern. Ich muß lediglich meine Selbsteinschätzung und die Art ändern, in der ich die Welt wahrnehme.

Wenn ich glaube, die Lektion verlange von mir, anders zu sein, als ich bin, oder etwas zu geben, was ich nicht geben kann, habe ich sie falsch verstanden. Spüre ich Angst, soll ich sie überwinden. Wenn mir etwas eine Last ist, soll ich es ablegen.

Wie die Lektion auch lauten mag, sie ist für mich genau die richtige. Sie fordert mich zu eben den Veränderungen auf, die ich erbringen kann. Sie verlangt niemals mehr, als ich geben kann. Dadurch entsteht Vertrauen.

Je stärker ich einer Lektion vertraue, desto enger arbeiten wir zusammen und desto besser kann ich lernen.

Ich begrüße das Unbekannte anstatt ihm mit Mißtrauen zu begegnen. Ich erkenne, wie es mich erweitert und der Liebe einen größeren Platz einräumt.

Selbstverständlich ist das nicht so einfach, wie es sich anhört. Wenn mein Leben schmerzhaft verläuft, verspanne ich mich automatisch. Ich widersetze mich den Schmerzen, ich bekämpfe den Schmerz, ich beklage mich über den Schmerz. Nur selten nehme ich den Schmerz an und frage nach seiner Botschaft. Ich widersetze mich dem Schmerz aus der Vorstellung heraus, daß der Schmerz mich angreift. Daher versuche ich, ihn auszumerzen. Auf diese Weise vertieft sich der Schmerz lediglich. Ich lerne aus Erfahrung, daß der Weg aus dem Schmerz über Annahme und nicht über Widerstand führt.

Das ist ein ehrfurchteinflößender Widerspruch. Meine Schmerzen lassen sich nur dann auflösen, wenn ich mich nicht länger darum bemühe. Solange ich versuche, die Schmerzen loszuwerden, bleiben sie bestehen.

Der Schmerz ist keine Strafe sondern ein Gespräch. Er zeigt mir, daß etwas schiefläuft. Er fordert mich auf, etwas zu verändern. Er fordert mich auf, ein neues Bewußtsein zu entwickeln.

Auf dieselbe Weise fordert mich jede Lektion auf, mein Herz und meinen Verstand auf neue Weise zu öffnen. Alte Verteidigungsmechanismen, die für mein Überleben nicht länger notwendig sind, müssen aufgegeben werden. Zentimeter um Zentimeter muß sich der Bereich, der von Angst besetzt ist, für die Umarmung der Liebe öffnen.

Dieser Prozeß geht langsam vonstatten. Niemand verlangt von mir, daß ich mich sofort öffne. Solange ich Fortschritte mache, arbeite ich an meiner Lektion.

Das bedeutet nicht, daß ich keinen Widerstand spüre. Ich stoße immer wieder auf Widerstand. Mein Ziel sollte es nicht sein, keinen Widerstand zu spüren, sondern ihn zu bemerken, sobald er auftaucht und sobald er verschwindet. Auf diese Weise beginne ich zu verstehen, wie meine Gedanken, Gefühle und Vorstellungen mein Leben beeinflussen.

Immer deutlicher erkenne ich, daß es nicht um die Ereignisse in meinem Leben geht, sondern darum, wie ich auf sie reagiere. Wenn ich mich verstärkt um die Verhaltensweisen kümmere, auf die ich Einfluß habe, gebe ich mir Kraft, mit den vielen herausfordernden Situationen des Lebens kreativ umzugehen.

Ich bin nicht länger irgendwelchen unangenehmen, äußeren Kräften ausgesetzt, sondern ein Hauptdarsteller, der den Ausgang der Ereignisse durch seine vertrauensvolle, hoffnungsvolle und überzeugte Einstellung positiv beeinflussen kann. Wenn etwas geschieht, das meinen Frieden beeinträchtigt, erkenne ich, daß meine Lebenseinstellung einen Dämpfer erhalten hat. Wenn ich mir Zeit nehme, um nach innen zu schauen und dabei mein Herz erhebe, erblicke ich um mich herum eine anmutigere und entgegenkommendere Welt.

Im Gegensatz zu unserer alten Vorstellung sind die Ereignisse in unserem Leben niemals festgelegt. Sie bedeuten auch nie das, was wir glauben. Alles ist im Fluß, auch unsere Gedanken und Gefühle. Wenn wir also wirklich verstehen wollen, was in unserem Leben geschieht, müssen wir eine Zeitlang »in der Situation« bleiben. Wenn ich mir Zeit nehme, mich in das Geschehen einzufühlen, habe ich eine bessere Chance, angemessen zu reagieren.

Das Schlimmste, was mir bei einer Lektion passieren kann, ist, mir direkt Gedanken darüber zu machen, was sie bedeuten soll. Wir müssen in der Situation bleiben, ohne sie zu bewerten oder zu deuten. Wir müssen sie fühlen, ein Gespür dafür bekommen, und sehen, was sich ändert, wenn unsere Gedanken und Gefühle sich verändern.

Bei diesem Prozeß hören wir nach innen. In dem Buch *Focusing* beschreibt Eugene Gendlin eine hilfreiche Schritt-für-Schritt-Methode zur Einstimmung auf unsere tiefe Gefühlsempfänglichkeit. Meditationstechniken können ebenfalls eine Hilfe sein.

Wenn wir uns in einer Problemsituation befinden, versuchen wir nicht, sie zu analysieren oder sie logisch zu betrachten. Denn so versuchen wir, das Problem auf der Ebene anzugehen, auf der es besteht. Das funktioniert nicht. Wir müssen in unseren Körper eintauchen und uns erden. Wir müssen uns von unserem »denkenden Verstand« zu unserem »fühlenden Verstand« hinbewegen.

Der fühlende Verstand erfaßt die ganze Situation. Er sucht sich nicht nur einen Teil auf Kosten eines anderen aus. Er versucht nicht zu wählen, denn eine Entscheidung würde den Konflikt nur verschärfen. Er versucht nur, alle Aspekte, alle Gegensätze und alle Widersprüche zu erfassen. Er umfaßt die Situation als Ganzes, ohne sie zu bewerten. Der gesamte Zustand bleibt im Bewußtsein erhalten.

Das zuzulassen ermöglicht eine subtile Veränderung des Bewußtseins. Es geht dann nicht mehr darum, »das Problem zu lösen« oder zwischen zwei gegensätzlichen Standpunkten zu »wählen«, sondern darum, diese Gegensätze zu überbrücken, indem man nicht mehr glaubt, sie schlössen sich gegenseitig aus.

Dieser Vorgang gleicht den Verhandlungen zwischen zwei zerstrittenen Menschen. Oft bedarf es einer dritten Person, wenn zwei Menschen ihre Probleme lösen wollen. Diese Person – sei es ein Schiedsmann oder ein Therapeut – wird damit beauftragt, eine gemeinsame Grundlage zu finden, auf der beide Menschen angehört und ihre Bedürfnisse berücksichtigt werden können.

Dieser Vermittler verändert den Ausgangspunkt vom »entweder/oder« in »beides zusammen«. Der Vermittler hilft beiden, ein »Wir-Bewußtsein« aufzubauen. Alle Probleme werden im Raum des »wir« gelöst. Tatsächlich existiert das Problem in diesem Raum des »wir« gar nicht mehr. Es wurde nur zum Problem, weil beide es aus der Sicht des Ego betrachtet hatten.

Dasselbe gilt auch für das Bewußtsein selbst. Probleme können nicht von der konfliktgestörten, engen Wahrnehmung des Ego gelöst werden, sondern nur in der erweiterten Sicht des Geistes, die alle Gegensätze einschließt.

Bei einem Problem zu verweilen erfordert eine Wandlung vom »denkenden Verstand« zum »fühlenden Verstand«. Dazu gehört auch, sich von einer polarisierenden Geisteshaltung zu lösen, um eine Haltung des Nebeneinander zu entwickeln, die nichts ausschließt.

Frieden – sei es im Geiste, zwischen zwei Individuen oder zwischen zwei Nationen – basiert auf den gleichen Grundsätzen. In allen Fällen gehört dazu die Änderung des Ziels und der Aufmerksamkeit wie auch eine Bewußtseins- und Wahrnehmungsänderung.

Wenn ich gegen eine Lektion ankämpfe, mache ich sie mir zum Feind. Wenn ich sie annehme, wird sie mein Freund. Ich gehe eine Beziehung mit ihr ein, die darüber entscheidet, ob ich ihrer Lehre widerstehe oder daraus lerne und weiterkomme.

Eine Lehre, die das Lernen aus Erfahrung nicht zuläßt, ist keine spirituelle Lektion, sondern eine Form der Indoktrination. Wir lernen alle Lektionen, indem wir Herz und Verstand öffnen. Es geht nicht um starre Konzepte und sittenstrenge Vollkommenheit. Die Grundlage aller Lektionen ist Erfahrung.

Unser Leben ist also ein Lernlabor. Die geistige und emotionale Erfahrung ist das Klassenzimmer, in dem wir lernen, Schuld zuzuschreiben oder Segen zu sprechen, etwas abzulehnen oder anzunehmen, etwas zu kontrollieren oder es gehenzulassen.

Wir müssen uns von
unserem
»denkenden Verstand«
zu unserem
»fühlenden Verstand«
hinbewegen.

Zehnter Schritt

Erkennen, daß alles in Ordnung ist

In *Ein Kurs in Wundern* werden wir aufgefordert, »noch einmal zu wählen«. Wir werden ermuntert, unsere Wahrnehmung zu ändern und die Dinge anders zu betrachten. Wir werden gebeten, Ungleichheit zu erkennen und Gleichheit zu wählen. Wir werden angehalten, unsere Angst zu erkennen und zu begreifen, daß wir uns Liebe wünschen.

Wenn wir unsere Wahrnehmung nicht ändern können und deshalb nicht erkennen, daß wir uns nach Liebe sehnen, dann werden wir nur gebeten, uns dessen bewußt zu sein. Es reicht aus, es zu erkennen. Es geht um die Erweiterung unseres Bewußtseins.

Solange ich mir bewußt bin, daß ich die Wahl habe, ist es unwichtig, wenn ich mich nicht für die Liebe entscheiden kann. Kannst du das annehmen?

Das Ego möchte sagen: »Du schlechter Mensch. Du hast es wieder vermasselt. Du hast vergessen, dich für die Liebe zu entscheiden. Du wirst es niemals schaffen.«

Wir alle kennen diese Stimme. Aber es gibt dahinter noch eine andere Stimme, die sagt: »Es ist in Ordnung. Mach dir keine Sorgen. Sei einfach nur aufmerksam. Du machst das gut.«

Wir erkennen sie als Stimme des Geistes, weil sie uns und jeden anderen in diesem Theaterstück respektiert. Weder baut uns der Geist auf Kosten anderer auf, noch macht er uns nieder, um andere aufzuwerten. Er sagt einfach: »In Ordnung. Du hast ihn kritisiert. Er nahm es persönlich und griff dich an. Du hast ihn ebenfalls angegriffen. Nun fühlt ihr euch beide fürchterlich. Sei dir einfach bewußt, was passiert ist. Bewertungen sind überflüssig.«

Wenn es nach dem Geist geht, muß ich nicht alles richtig machen, um liebenswert zu sein. Ich bin liebenswert, wenn ich Fehler mache. Ich bin liebenswert, auch wenn ich denselben Fehler zwei- oder dreimal mache. Das gilt gleichermaßen für meine Mitmenschen.

Es gibt einen allgemeingültigen Maßstab, der lautet: »Fehler gehören ebenso zum Lernprozeß wie Vergebung.« Wertung und Schuldzuschreibungen sind falsche Auslegungen des Geschehens und dessen, wofür es steht.

Alles, was in unserem Leben geschieht, geschieht aus dem einzigen Grund, die »Hindernisse aus dem Weg zu räumen, die der Allgegenwart der Liebe im Wege stehen«. Jede Mühsal, jeder Kampf dient nur der Erwekkung. Sie erinnern uns daran, eine neue Entscheidung zu treffen.

Wann immer wir Wut spüren, wann immer wir das Gefühl haben, daß wir zu Unrecht bestraft oder ausgenutzt wurden, müssen wir uns daran erinnern. Es gibt immer etwas zu lernen, etwas loszulassen, etwas, wofür wir dankbar sein können.

Wie kann Liebe ein Angriff sein? Wenn die Grundlage der Schöpfung Liebe ist, muß es auch Liebe geben, wenn wir uns angegriffen fühlen. Inmitten unseres Leidens ist Frieden möglich. Wir leben ständig in einem Zustand, der uns auffordert, eine Geste der Vergebung zu vollziehen. Jedesmal, wenn wir uns selbst oder einen anderen kritisieren, jedesmal, wenn wir uns fürchten oder angegriffen werden, und jedesmal, wenn wir jemanden angreifen wollen und wir uns zwingen, es nicht zu tun, jedesmal, wenn wir unseren Angriff oder unsere Verteidigung rechtfertigen, werden wir aufgefordert zu vergeben. Aber was bedeutet das?

Es bedeutet, daß ich zuerst meine Gefühle erkennen soll, wie sie auch sein mögen. Vielleicht kenne ich das Gefühl aus der Vergangenheit. Dadurch wird der Augenblick nicht wirklicher als er es damals war.

Wenn ich die Vergangenheit zur Rechtfertigung meines Ärgers hinzuziehe, verstärke ich ihn dadurch umso mehr. Ich muß die Vergangenheit ruhen lassen.

Ich kann die Vergangenheit nicht in die Gegenwart tragen, und ich kann die Gegenwart nicht in die Zukunft tragen. Ich nehme die Gegenwart einfach so, wie sie ist. Das ist Vergebung.

Das ist kein wirklichkeitsfremdes Verhalten. Ich lasse einfach geschehen, was ist. Ich kämpfe nicht dagegen an. Ich versuche nicht, es zu ändern. Ich lasse es einfach zu. Ich gestatte mir, bei mir selbst zu sein, und ich erlaube mir, in der Situation zu sein.

Ich gleiche einem Winzer. Meine Erfahrung ist der Wein. Ich fülle sie in ein Faß der Akzeptanz und lasse sie altern. Mit der Zeit reift die Akzeptanz zu Verständnis. Mit der Zeit wird meine Erfahrung zu einer lebendigen Wahrheit, die mich begleitet und andere inspiriert.

Das verlangt eine Menge Geduld. Es bedeutet, daß ich akzeptieren muß, daß ein reifer Wein wesentlich besser schmeckt. Vereinnahme ich sie zu früh, das heißt, bevor ich damit gelebt habe, kann ich nichts aus meiner Erfahrung lernen. Dadurch werden nur die Lehren der Vergangenheit verstärkt, die vielleicht schon bedeutungslos geworden sein können.

Ich muß erkennen, daß Veränderung nichts Schlechtes ist. Sie ist ein Reifungsprozeß. Wenn ich mich nicht verändere, würde ich nicht reifen. Wenn ich nicht bei meiner Erfahrung bliebe, könnte ich nichts daraus lernen.

Solange ich damit beschäftigt bin, alles so zu erhalten, wie es war, kann ich aus den Lektionen keinen Gewinn ziehen, mit denen mich das Leben immer wieder versorgt. Ich muß bereit sein, mich zu ändern. Aber ich muß mich nicht stolz in dem Glauben wiegen, ich würde die Richtung der geforderten Veränderung kennen.

Denn ich kenne sie nicht. Ich darf sie nicht kennen. Sie kommt aus dem Unbekannten, hinter mir oder tief aus meinem Inneren. Ich erkenne sie nicht. Sie geht durch mich hindurch und verwandelt mich dabei.

Zu wissen, daß alles in Ordnung ist, bedeutet, dem Prozeß zu vertrauen, was er auch bringen mag. Es bedeutet, daß ich mir der Liebe meines Schöpfers bewußt bin und weiß, daß er mich bei all meinen Seelenqualen nicht verläßt. Die Schöpferkraft mischt sich nicht in meine Lektionen ein, weil sie sie nicht angeordnet hat.

Sie ist einfach bei mir, und ich bin bei ihr. Nicht mehr und nicht weniger.

Alles, was in unserem Leben geschieht, geschieht aus dem einzigen Grund, die »Hindernisse aus dem Weg zu räumen, die der Allgegenwart der Liebe im Wege stehen«.

Elfter Schritt

Blick in den Spiegel

Egal wohin wir uns wenden, wir sehen unseren eigenen Schatten. Manchmal blickt er uns durch das Gesicht unserer Mitmenschen an. Manchmal hüpft er vor uns her, wenn wir mit voller Geschwindigkeit in den Wind hineinrennen.

Unsere Schatten verschwinden nicht. Sie bleiben bei uns. Menschen, die an Geister glauben, liegen gar nicht so falsch. Denn Geister sind Schattenfiguren.

Alles, wovor wir uns fürchten, nimmt irgendeine Form an. Und doch gehört es zu uns. Alles, was sich außerhalb unseres Körpers und Verstandes befindet, bestätigt eine innere Wirklichkeit.

Nimmst du die innere Wirklichkeit ohne ihre Spiegelung im Außen, hast du den Zustand des Todes, einen Zustand ohne Projektion, ein Zustand, in dem Interaktion unnötig wird, weil die Teile des Ganzen nicht länger voneinander getrennt sind.

Aber in dieser Welt gibt es ein Innen und ein Außen. Es gibt ein Bild und seine Spiegelung.

Es gibt einen denkenden und einen fühlenden Verstand. Der fühlende Verstand spiegelt den denkenden Verstand, weil jedes Gefühl die Spiegelung eines Gedanken ist. Oft ist es schwer, das Gefühl vom Gedanken zu trennen, da sie so dicht aufeinander folgen.

Die Psyche gleicht einer Anordnung von Gedanken- und Gefühlsgebilden, die aufs feinste miteinander verflochten sind. Alle Bewußtseinsbereiche überschneiden sich und wirken sich auf die anderen aus. Dadurch verkompliziert sich das Bild nur noch mehr. Es ist sogar unmöglich, die einzelnen Bestandteile der vielfältigen Beziehungen zueinander zu erfassen.

Wir können dagegen erfassen, daß alles, was wir im Außen erblicken, eine Spiegelung unseres inneren Bewußtseinsfeldes bzw. der einzigartigen Ordnung von Gedanken- und Gefühlsgebilden ist. Das Außen wird zu unserem Spiegel. Mancher Blick in den Spiegel kann schmerzhaft sein, aber er ist nicht annähernd so schmerzhaft wie das Wegschauen.

Jeder Mensch, der bei uns auf einen bestimmten Knopf drückt, ist nur eine Verkörperung unseres Schattens. Dieser Mensch hat in unserem Leben keine unabhängige Bedeutung. Häufig tun wir ihm den Gefallen und drücken auch auf seine Knöpfe. Unser Umgang miteinander ist vollkommen befangen. Er gleicht der Beziehung zweier Schatten.

Nur wenn ein Mensch erwacht und begreift, daß es bei dieser Interaktion um seinen eigenen Schatten geht, also zeigt, was er haßt, nicht akzeptieren kann oder wovor er sich fürchtet, dann hört die Spiegelung auf. Dieses Bewußtsein entfernt den Stachel, es zerstört die Projektion. Eine solche Wechselwirkung kann nur mit dem (in der Regel unbewußten) Einverständnis beider Parteien fortgesetzt werden.

Wir blicken nicht in den Spiegel, um dort zu lernen, uns zu hassen, sondern um unsere unterdrückte Kritik zu erkennen. Diese Kritik unterminiert unsere Fähigkeit, uns auch in Beziehungen als Ganzes zu fühlen. Daher ist der Abstieg in die Dunkelheit unserer eigenen Psyche für den Heilungsprozeß wesentlich. Ohne diesen Abstieg können wir nicht zu Lichtträgern werden.

Interessanterweise erfolgen der Abstieg in die Dunkelheit und der nachfolgende Aufstieg ins Licht nicht in linearer Reihenfolge. Die Reise verläuft entlang eines Kreislaufs. Zuerst stelle ich mich der Angst, die ich zuvor verleugnet habe, und bringe sie ans Licht. Schon steigt weitere Angst auf. Klingt das vertraut? Auf jeden Sieg folgt eine neue Herausforderung, die sich aus dem Sieg ergibt.

Wir erweisen uns selbst einen schlechten Dienst, wenn wir unsere spirituellen Prozesse durch die Augen des

Egos betrachten. Aus Sicht des Egos und der Welt sind wir alle klägliche Versager. Ein lineares, schrittweise vorgehendes, zielorientiertes Denken kann die Bedeutung von sich in Kreisläufen abwickelnden Prozessen nicht erfassen. Nur der intuitive, fühlende Verstand begreift die Konzepte der Polarität und der Veränderung.

Insgesamt sind die östlichen Traditionen mit dem fühlenden Verstand viel vertrauter. Aus der taoistischen Lehre stammen das I-Ging, das Tao Te King und andere Meisterwerke spiritueller Erkenntnis, die uns tiefe Einsichten in den Wandlungsprozeß ermöglichen.

Taoisten betrachten die Welt als sich bewegende Energie. Selbst Ideen, die ihren Höhe- oder Tiefpunkt erreicht zu haben scheinen, bewegen sich in Richtung ihres entgegengesetzten Pols. Für den östlichen Verstand entspricht das Leben einem Pendel, das sich vor und zurückbewegt, es ist keine lineare Reise in eine Richtung.

Diese Sichtweise hilft uns bei der Einsicht, daß unser spiritueller Fortschritt nicht daran gemessen wird, wie viele Lehren wir erhalten oder gar wie viele dieser Lektionen wir lernen, sondern an unserer Bereitschaft, in den Spiegel zu blicken, wenn er uns gereicht wird. In *Ein Kurs in Wundern* heißt es, daß dieses »bißchen Bereitschaft« genügt.

In dieser Hinsicht schließen wir jedesmal, wenn wir Bereitschaft zeigen, alle unsere Lektionen gleichzeitig mit ein. Jedesmal, wenn wir unsere Herzen öffnen, bekommen wir einen Vorgeschmack davon, wie es ist, wenn wir wirklich offen sind.

Daher ist jede Lektion eine Erweiterung und Vertiefung des Bewußtseins. Der Verstand dehnt sich über seine begrifflichen Grenzen und das Herz über seine emotionalen Beschränkungen hinaus aus. Unbewußtes wird ins Bewußtsein gerückt, alte Wunden können heilen und neuer Glauben und neues Vertrauen entstehen.

Ein Erfolg bringt neue Herausforderungen mit sich. Ein Mißerfolg zieht eine Gelegenheit für eine neue Entscheidung nach sich. Darin ist keinerlei Wertung enthalten.

Persönliche Prozesse besitzen auf der Zeitschiene keinen Anfang und kein Ende. Es fällt uns schwer, das zu verstehen und zu akzeptieren. Aber es ist eine grundlegende Erkenntnis, die wir benötigen, wenn wir immer wieder in den Spiegel blicken wollen, ohne entmutigt oder deprimiert zu werden.

Wenn wir dann oft genug in den Spiegel geblickt haben, entwickeln wir einen »kosmischen Sinn für Humor«. Wir versuchen nicht länger, vollkommen zu sein und unser gesamtes Arbeitspensum rechtzeitig zu erledigen. Wir sind mit dem zufrieden, was das Leben uns bringt. Einfach nur mit dem umzugehen, was kommt, ohne uns selbst oder andere dafür fertigzumachen, ist Herausforderung genug.

Und wir sind schlau oder erfahren genug zu wissen, daß wir immer wieder einmal Fehler machen werden. Das heißt, daß wir alles, was wir gelernt haben, vollkommen vergessen und uns völlig unvernünftig verhalten. All unsere schlimmsten Ängste werden wahr. Wir werden beschämt, schockiert und unser Innerstes wird nach außen gekehrt. Und irgendwie werden wir es überleben und vielleicht sogar als Geschenk ansehen.

Dann wissen wir wirklich, daß die Reise sich immer im Kreis bewegt. Wir wissen, daß wir in Ordnung sind, egal wo wir scheinbar gerade stehen oder was auch passieren mag. Das führt uns zum letzten Schritt, der, wie wir inzwischen wissen sollten, auch der erste ist.

Jedesmal, wenn wir unsere
Herzen öffnen,
bekommen wir einen
Vorgeschmack davon,
wie es ist,
wenn wir wirklich
offen sind.

Zwölfter Schritt

Öffne dein Herz

Der einfachste Weg, dein Herz zu öffnen, besteht darin, jemanden um Hilfe zu bitten oder Hilfe anzubieten. Wenn du Schwierigkeiten hast, bitte um Hilfe. Frage einen Freund. Bitte einen Fremden. Wende dich an Gott. Bitte.

Die Tür zu deinem Herzen kann sich nicht öffnen, wenn du es ihr nicht erlaubst. Wenn du jemanden bittest, ist das eine Erlaubnis. Es ist eine Einladung an den Heiligen Geist, dir zu helfen, die Dinge anders zu betrachten. Es bedeutet eine Einladung für deine Mitmenschen, dich mit Liebe und Verständnis zu überschütten.

»Bitte, und dir wird aufgetan.« Dein tiefempfundener Wunsch wird stets erfüllt. Die Antwort mag nicht in der Form erscheinen, die du erwartest, aber sie ist da, wenn du bereit bist, hinzusehen. Das Hinsehen allein eröffnet dir den Weg, die Antwort zu finden.

Suchst du nach Liebe? Dann wirst du sie finden. Wenn du sie nicht sofort findest, suche weiter. Wenn die Liebe nicht deinen Erwartungen entspricht, trenne dich von deinen Erwartungen. Die Liebe ist da, irgendwo. Ändere jede Vorstellung oder Empfindung, die deiner Erkenntnis der allgegenwärtigen Liebe im Weg steht, und du wirst sie sicherlich finden.

Denke daran, daß du keine Liebe finden wirst, wenn du nicht nach ihr suchst. Also halte dich nicht zurück.

Wenn du dein Herz öffnen willst, biete jemandem deine Hilfe an. Es ist egal, ob du dich einem Freund oder einem Fremden näherst. Lasse dich von deiner inneren Stimme lenken. Irgendwo dort draußen ruft jemand nach deiner Liebe. Es geschieht nicht offensichtlich, sondern unauffällig. Und du wirst erkennen, wer es ist.

Biete deine Liebe bedingungslos an. Biete deine Hilfe an, ohne eine Gegenleistung zu erwarten. Das wird dein Herz öffnen. Und es wird die Herzen anderer öffnen.

Jeder von uns besitzt den Schlüssel zur Erlösung. Und wir können ihn einander mit einer Geste des Trostes, einem sanften Wort der Ermutigung reichen. Wir können ihn einander anbieten, indem wir jeden Angriff als Ruf nach Liebe betrachten.

Das Herz öffnet sich, wenn wir uns selbst mit all unseren Gegensätzen, unseren Verpflichtungen und unseren Kämpfen annehmen. Das Herz öffnet sich, wenn wir einen anderen Menschen mit all seinen Kümmernissen und Problemen akzeptieren. Das Herz öffnet sich, wenn wir einfach Liebe anbieten, wie wir es bei einem verletzten Kind tun würden. Und das Herz öffnet sich, wenn das verletzte Kind in uns nach der Liebe greift, die ihm angeboten wird.

Das Öffnen des Herzens ist kein Geheimnis. Es geschieht durch Annahme.

Das Verschließen des Herzens ist kein Geheimnis. Es geschieht durch Kritik. Das Herz ist ein spiritueller Muskel. Er öffnet und schließt sich. Je mehr er arbeitet, desto stärker wird er.

Verurteile dich nicht, wenn du spürst, wie sich dein Herz zusammenzieht. Das geschieht lediglich, damit es sich wieder öffnen kann. Du mußt es ihm nur gestatten.

Lasse den Schmerz kommen und gehen. Lasse alles durch dich hindurchfließen. Atme tief ein und aus. Lasse die Luft hinein und heraus. Sei ein Kanal für das Leben. Widersetze dich dem Einatmen nicht, und halte den Atem nicht an. Lasse den Atem kommen und gehen.

Lasse die Höhen und Tiefen des Lebens an dir vorbeiziehen. Halte an nichts fest. Fürchte dich vor nichts.

Es wird dir nicht gelingen, das Auf und Ab des Lebens zu verändern, wie sehr du dich auch darum bemühst. Es geht weiter, gleichgültig, ob du daran festhältst oder es losläßt.

Wenn du an etwas festhältst, ziehen sich die Muskeln zusammen, wenn du losläßt, entspannen sie sich. Bist du jetzt angespannt? Das ist in Ordnung. Sei dir nur dessen bewußt. In der Erkenntnis selbst liegt die Entspannung.

Um dein Herz zu öffnen, mußt du bereit sein, dem Auf und Ab, dem Zusammenziehen und der Entspannung zu folgen. Erwarte nicht, auf den Wellenkämmen zu reiten, ohne in die Wellentäler zu geraten.

Um dein Herz zu öffnen, mußt du bereit sein, im Hier und Jetzt zu sein. Du mußt nichts »tun«. Du mußt einfach nur »sein«. Sei bei dir. Sei bei anderen. Sei bei Gott. Das reicht.

Akrobatische Übungen sind schön anzusehen, aber sie sind nicht nötig. Um Liebe zu bekommen, mußt du keine akrobatischen Leistungen vollbringen. Du mußt nur bereit sein, sie zu empfangen. Du mußt nur dazu bereit sein, Liebe zu geben.

Du entscheidest nicht, woher die Liebe kommt, oder wohin sie geht. Sie kommt einfach und du läßt sie herein. Sie kommt einfach und du läßt sie los. Das Bewußtsein ist ein Kanal für die Liebe, nicht ihr Ursprung.

Je stärker du zu einem Kanal für die Liebe wirst, desto eher erkennst du das. Liebe ist die einzige Macht. Alles, was sich jenseits der Liebe befindet, kann nur ein Gefäß für sie sein.

Liebe ist wirklich. Der Körper und der Verstand bilden nur eine Leitung. Ihre Wirklichkeit besteht in der Erfüllung ihres Zwecks.

Für sich allein genommen sind Körper und Verstand nur eine Ansammlung von Ängsten und Befürchtungen, Erwartungen und Werturteilen. Sie sind eine vorübergehende, selbstzerstörerische Erscheinung. Der Körper wird mit dem Verstand geboren. Er leidet. Und er stirbt. Er erfüllt keinen eigenen Zweck.

Sein einziger Zweck besteht darin, ein Gefäß für die Liebe zu sein. Der Körper gehört der Liebe, der Verstand gehört der Liebe, die Sprache gehört der Liebe, und die Handlungen gehören der Liebe. Der schweigenden und der tanzenden Liebe.

Wenn wir uns durch Annahme unseres Selbst und anderer öffnen, beginnen wir, das zu verstehen.

Während wir um Hilfe bitten und sie anbieten, beginnen wir zu begreifen, daß unser Körper und Geist ein Gefäß für eine unglaublich mächtige Energie bilden. Diese Energie kann nicht gelenkt oder kontrolliert werden. Sie kann aber erfahren werden.

In unserer spirituellen Entwicklung kommen wir an einen Punkt, wo wir diese Konzepte nur zu gut begreifen. Wir brauchen keine weiteren Bücher zu lesen oder neue Workshops zu besuchen. Wir müssen einfach nur unser Wissen im Alltag anwenden.

Auf einer sehr tiefen Ebene stellt dies den Augenblick dar, in dem wir uns unserem spirituellen Weg verpflichten. Alles, was bis zu diesem Punkt geschah, war nur eine Vorbereitung auf diesen Augenblick der Hingabe. Das ist die Feuertaufe, von der Jesus sprach. Es ist der Augenblick, wo wir im Geist wiedergeboren werden.

Nun wird jeder Tag zu einer lebendigen Lehre. Wir verlieren das Bedürfnis nach besonderen Lehrern und besonderen Büchern. Alle unsere Mitmenschen sind unsere Lehrer. Jeder Augenblick unseres Lebens ist die Entfaltung einer tiefgründigen Schrift.

Unsere Freunde sind entgeistert, wenn wir aus all unseren spirituellen Büchern ein Freudenfeuer entfachen. »Weißt du wirklich, was du da tust?«

Die äußere Hülle fällt weg. Das innerste Wesen erblüht. Taten sprechen lauter als Worte.

Wir alle kommen an diesen Punkt, an dem wir einfach in aller Pracht ins Herz eintauchen. Und wir wissen, daß nicht mehr unsere Worte zählen, sondern die Art und Weise, wie wir sie aussprechen. Und es zählt nicht länger, was wir tun, sondern wie wir es tun. Wir wissen, daß all unsere Überzeugungen überhaupt nichts bedeuten, wenn wir nicht durch die Augen, Lippen und Wesenszüge der Liebe sehen, sprechen und handeln.

An diesen Punkt gelangen wir nicht nur einmal, sondern immer wieder. Zuerst fühlen wir uns hier unbehaglich und eilen zurück in die Sicherheit unserer Konzepte und Ziele. Doch mit der Zeit sind wir in der Lage, ein wenig hier zu verweilen und uns emotional wieder aufzuladen. Und schon bald sehnen wir uns nach diesem Ort zurück, wo wir nicht kämpfen müssen. Und wenn wir dort angekommen sind, wollen wir ihn nicht mehr verlassen.

Das ist in Ordnung. Unser Heim ist kein Ort, wo wir immerzu leben. Es ist ein Ort, von dem aus wir losgehen und zu dem wir zurückkehren. Immer und immer wieder.

Unser Heim ist hier, wo wir ohne Unbehagen und unnötige Worte beisammen sein können. Willkommen Bruder. Willkommen Schwester. Ich grüße dich, wenn du eintrittst. Ich grüße dich, wenn du gehst.

Möge es dir gutgehen. Möge dein Leben gesegnet sein.

Vierter Grundsatz

Die Erinnerung an Gottes Liebe

Im Leben gibt es immer wieder Begebenheiten und Umstände, die uns verblüffen, die uns den Boden unter den Füßen wegziehen und uns aus der Geborgenheit reißen. Wir verlieren unsere Arbeit, es stirbt jemand, oder eine Beziehung geht zu Ende. Wir fühlen uns angegriffen, enttäuscht und niedergeschlagen. Wir haben das Gefühl, versagt zu haben.

Jedes scheinbar negative Ereignis in unserem Leben verursacht uns zunächst Schuldgefühle. Und bevor wir es merken, versinken wir in einem gefühlsmäßigen schwarzen Loch. Dort sind wir nichts wert. Gott liebt uns nicht. Keiner kümmert sich um uns. Unser Leben ist leer und bedeutungslos.

Wer war nicht schon einmal an diesem Ort? Dort hausen nicht nur die unerfüllten Erwartungen, sondern auch die existentielle Trauer; es ist der Ort außerhalb des Gartens, wo unsere Tränen im Schatten dessen, was hätte sein können, lang und ausdauernd fließen. Dies ist der Ort der alten, allen gemeinsamen Wunden.

Wir wissen es nicht, aber es ist unsere Nähe zum Göttlichen, um die wir trauern. Unsere Verbindung zu Mutter/Vater ist ausgedünnt und verschlissen. Unser Gefühl der Trennung verstärkt sich, je stärker wir versuchen, unser Leben zu beeinflussen. Solange wir uns auf den scheinbar leeren Teil unseres Lebens konzentrieren, zerstückeln wir uns weiter.

Wir rufen aus unserer Einsamkeit heraus und erwarten nicht, gehört zu werden. Und doch wendet sich genau in diesem Augenblick der Verletzung und des gepeinigten Schweigens unsere göttliche Mutter/unser göttlicher Vater uns zu. Wir sind leer, bereit zuzuhören. Wir kommen gedemütigt und greifen nach ihnen. Wir kommen hoffend, aller Hoffnung zum Trotz. Wir kommen mit der Erkenntnis, daß es hier etwas geben muß, aber wir wissen nicht, was es ist.

Wenn du diesen Ort nicht kennst, kann ich ihn dir nicht beschreiben. Wenn du dort gewesen bist und nicht gespürt hast, wie sich durch den Schmerz hindurch etwas in deinem Inneren geregt hat, eine Wärme und ein Flügelrauschen, dann kann ich dir nicht helfen.

Dies ist ein Ort, an den sich jeder von uns alleine begeben muß. Dies ist der Raum, den keiner verläßt, ohne verwandelt zu werden.

An diesem Punkt des Zusammenbruchs werden die Flügel geschient. Alte Schmerzen werden geläutert. Der bodenlose Kelch der Schuld wird ausgeleert. Die Dunkelheit wird zur Mitternacht und dann zur Morgendämmerung. Auf der Haut zeigt sich der Blutfleck der im Herzen verschlossenen Wunde. Ein Körper erscheint am Kreuz.

Männer und Frauen sind nicht auf Erden, um zu leiden, sondern um das Leid loszulassen. Manche glauben, dies ließe sich durch Verweigerung erreichen. Sie werden herausfinden, daß das unmöglich ist.

Der Weg zur Freude führt durch das Leid. Auf diesem Weg stolpert man unverhofft über das einzige Werkzeug, das sich auf dieser Reise anbietet. Zu Anfang verstehen wir nicht einmal, daß es sich um ein Werkzeug handelt.

In meinen Schmerzen finde ich Vergebung. In meinen Schmerzen finde ich Gottes Liebe. Das geschieht erst, wenn ich es zulasse. Das kann lange Zeit dauern, aber wenn ich danach greife, erkenne ich die mögliche Erlösung. Wenn ich dieser unsichtbaren Gegenwart mein Herz öffne, spüre ich, wie sie sich mit mir vereint. Ich spüre, wie sie mir auf die Füße hilft. Ich spüre, wie sie mir zur Seite steht und neben mir geht und mich auf meiner Reise führt.

Manche finden dieses Werkzeug nie. Sie enthalten anderen das vor, was sie sich selbst geben sollten. Sie schauen in den Spiegel, ohne das Bild zu erkennen, das ihnen entgegenblickt. Und sie enthalten sich selbst das vor, was sie anderen geben sollten. Sie zerbrechen den Spiegel und benutzen die Scherben, um sich ihren Weg freizuschneiden.

Aber Freiheit kann man nicht mit Krallen erringen. Zu jeder Kralle gehört ein Flügel, an den wir uns undeutlich erinnern, ein Flügel, der darauf wartet, in der Abgeschiedenheit des Herzens erprobt zu werden. Jede Seele hat eine Verabredung mit Gott.

Von dem Augenblick an, in dem diese Begegnung stattgefunden hat, wissen wir endlich, daß wir nicht alleine sind. Wir erkennen, daß all unser Schmerz, unser Getrenntsein, unsere Schuldgefühle und unsere Scham nur Selbsttäuschung ist. Wir wissen, daß wir geliebt werden und daß wir immer geliebt wurden.

Dann entfernen wir uns aus der Intensität dieses Augenblicks. Unser Leben wird wieder überschaubar. Unser Horizont verengt sich. Wir ziehen die ausgestreckten Hände zurück. Unsere Aufmerksamkeit wandert. Wir sind ruhelos. Wir sind gelangweilt. Wir müssen eine neue Krise heraufbeschwören. Wir müssen aufs Eis gehen, damit wir erneut zu Boden stürzen können.

Wir müssen dieses Spiel nicht zu Ende spielen. Aber wir tun es. Unsere »kleine Bereitschaft« ist an unsere Schmerzen gebunden, wir vergessen, daß es unmöglich ist, unser Leben zu kontrollieren. Wenn wir nicht tief in unserem Innersten berührt werden, hören wir nicht auf zu glauben, daß wir alles unter Kontrolle haben und daß wir wissen, was wir tun.

Nichts könnte von der Wahrheit weiter entfernt sein. Das ist die Lektion aus all unseren Schmerzen und Leiden. Das ist die Lektion der Täuschung. Wir scheinen alles zu kontrollieren, aber wir tun es nicht. Wir glauben zu wissen, was wir brauchen, aber das tun wir nicht.

Alles, wonach wir streben, alles, was wir wahrnehmen,

ist voll mit der Leere, die wir mitbringen. Wir suchen nach Fülle, aber finden sie nicht, weil sie nicht außerhalb von uns selbst existiert. Und sie ist auch kein Teil unserer Ego-Mentalität. Sie ist kein Teil der Suche und der Gesetze der Suche. Sie gehorcht den Gesetzen der Leere nicht.

Begreifst du allmählich? Jeder Verlust, jeder Schmerz führt dich zu der leeren Stelle, an der Gott wohnt und auf uns wartet. Wenn wir diese Stelle füllen wollen, wird die göttliche Gegenwart dem immer nachkommen. Jede Sucht, jede Erwartung oder jede Überzeugung, die sich zwischen uns und Gott stellt, fordert diesen Ort der Stille. Wenn wir bei Gott sein wollen, müssen wir mit leeren Händen und freiem Kopf an diesen Ort kommen, wo wir uns aufhalten und zuhören können. Mit der Zeit begreifen wir das. Dieser Ort, so wird uns klar, ist kein Platz im Außen, sondern in unserem Innern.

Wir finden ihn weder in einem Meditationsraum noch in der Kirche, sondern in dem kurzen Augenblick, der durch unsere Absicht geweiht wird. Lassen wir es zu, öffnet er sich, wenn wir bestürzt sind und um Hilfe bitten. Wenn wir aus unserer Routine herausgekommen sind, herausgeworfen, umgeworfen, bereit für Hilfe sind, dann steht der Tempel offen.

In dem Augenblick der emotionalen Umwälzung, wenn wir aus irgendeinem Grund unseren inneren Frieden verloren haben, müssen wir nur alles hinter uns lassen und eintreten. Wir müssen nur unsere kritischen Gedanken, die Versuchung, etwas zu bewerten, oder das, was wir sehen, zu deuten, zurücklassen. Wir müssen nur unsere Wahrnehmungen hinter uns lassen und eintreten.

Denn »nichts von dem, was wir erblicken, bedeutet etwas. Wir selbst versehen alles mit der Bedeutung, die es für uns hat«. Wir glauben zu wissen, was es ist, aber wir wissen es nicht. Wir glauben zu wissen, wer wir sind, aber wir wissen es nicht. Wir wissen gar nichts. Wir wissen nichts. Nackt begeben wir uns ins Herz. Mit leeren Händen und freiem Kopf betreten wir den Ort des Schweigens.

Im Bewußtsein von Gottes Liebe zu leben heißt, sich damit auseinanderzusetzen, daß wir vollkommen unfähig sind, etwas selbst zu verstehen. Es bedeutet, unseren Wunsch nach Kontrolle aufzugeben. Es bedeutet, darauf zu vertrauen, daß alles, was uns widerfährt, einen Grund hat, auch wenn er nicht zu erkennen ist. Alles, was in meinem Leben geschieht, ist ein stiller Segen, auch wenn ich nicht in der Lage bin, ihn als solchen zu empfinden.

Wenn ich verletzt bin, laßt mich der Liebe Gottes gedenken. Laßt mich nicht bewerten, beurteilen oder glauben, ich wüßte warum. Laßt mich weder angreifen noch verteidigen, weder leugnen noch rechtfertigen. Laßt mich einfach der Liebe Gottes gedenken. Das ist alles, was ich brauche. Mehr gibt es nicht.

Anstelle der Täuschung laßt mich diese einfache Wahrheit erkennen. Angesichts von Gottes Macht in mir, verblaßt alles andere. Alles, wonach ich mich sehne, wird angesichts dieser alles durchdringenden Liebe, die mich und dich und alle, die sich ihr öffnen, erfüllt.

Anstelle von Machtspielen gebe ich mich dieser einfachen Wahrheit hin. Gott liebt dich und mich zu gleichen Teilen. Wie kann es da für einen von uns Sieg oder Niederlage geben?

Anstelle des Spiels mit Schuldgefühlen, laßt mich daran denken, daß ich genauso unschuldig bin wie du. Was ich auch getan habe, was du auch mir getan hast, wird vergeben. Vor den Augen Gottes hat es sogar niemals stattgefunden. Es war nur die Illusion unseres Spiels.

Angriff, Mord, Vergewaltigung, Mißbrauch jeglicher Art – glaubt ihr, daß Gott diese Dinge versteht? Glaubt ihr, daß solche Verzweiflungstaten für den König der Liebe wirklich sind?

Wenn dem so wäre, würde er mit Vergeltung antworten, er würde Feuer auf uns regnen und uns das Fleisch herausreißen lassen, um uns für unsere Sünden zu bestrafen. Wenn er das täte, wäre er kein Gott der Liebe mehr. Die Wahrheit wäre relativ. Gewalt gehörte zu Gott, und wir würden sein Erbe antreten.

Sind wir die Kinder eines zornigen Gottes? Falls ja, könnten wir aus diesem Tal der Tränen nicht erlöst werden. Falls ja, gäbe es nur die Täuschung.

Was du von Gott glaubst, glaubst du von dir selbst und deinen Mitmenschen. Das muß klar erkannt werden.

Wenn du das Böse in Gestalt Gottes über dich erhebst, stellst du es in Form von Sünde, Schuld- und Schamgefühlen unter dich und wirst es in allen Gesichtern, die dir in deinem Leben begegnen, wiederfinden.

Möchtest du mit dem Bösen gehen oder mit dem Guten? Diese Entscheidung triffst du selbst. Die eine Wahl bestätigt die Täuschung, die andere durchdringt den Schleier und bringt dich zur Wahrheit.

Im Bewußtsein von Gottes Liebe zu leben bedeutet, daß dir niemals etwas Schlechtes widerfährt, denn wie sollte der Tochter oder dem Sohn Gottes etwas Schlechtes widerfahren? In Wahrheit ist das unmöglich.

Es geschehen Dinge, die schlecht aussehen, aber ich weiß nicht, was sie bedeuten. Ich bin nicht in der Lage, sie zu beurteilen. Ich bin unschuldig und frei. Denn derjenige, der es weiß, führt mich durch diesen Tag, diese Stunde, diesen Augenblick der Tränen oder der stillen Trauer.

Etwas Schlechtes scheint zu geschehen, und ich ertappe mich dabei, daß ich die Schuld dafür auf mich nehmen oder sie dir zuschieben möchte. Aber dann erkenne ich, daß mein Verstand auf Autopilot geschaltet hat und abzuschätzen versucht, was weder gut noch schlecht ist. Daher lasse ich es einfach zu. Ich leugne nichts. Ich rechtfertige nichts. Ich erlaube den Dingen, einfach so zu sein, wie sie sind. Und ich sage: »Zeige mir den Weg nach Hause. Ich habe meinen Frieden verloren.«

Mein Leben ist ein Gebet um Frieden. Mein Leben ist ein Gebet um Wahrheit. In der scheinbaren Abwesenheit der Liebe rufe ich nach ihr, ohne mich zu schämen. Denn was ich möchte, ist Liebe, und was ich brauche, ist Liebe.

Jeder von uns sei gesegnet, denn wir gehen langsam in Richtung Licht. Wir gehen durch die dunklen Stellen. Wir gehen durch unseren Schmerz hindurch. Wir gehen durch unsere Trauer, unsere Schuldgefühle und unser Leiden.

Das ist unsere Reise durch die Dunkelheit. Wir nähern uns dem Augenblick des ersten Lichtes mit dem Vertrauen, das ihn ins Leben ruft. Der Liebende ruft nach der Geliebten und die Geliebte erscheint. Sie trägt uns auf dem Rücken zu ihrem und unserem Vater, dem Träger des Lichts, und sie führt uns aus der Dunkelheit heraus.

Fehler bleiben bestehen, aber werden schließlich vergeben. Makel werden von der Flut der Annahme und Liebe reingewaschen. Das ist die »Reise ohne Entfernung«, die »Reise ohne Anfang und Ende«, die »Reise, die nicht verurteilt«, sondern uns daran erinnert, daß wir immer frei waren. Frei zu lernen und frei zu vergeben.

Es kommt nicht auf die äußere Schale an, sondern auf das, was sich darin befindet. Und in der Form befindet sich eine sanfte Gegenwart, die sagt: »Dies ist mein Sohn oder meine Tochter, mit der ich sehr zufrieden bin.« Innerhalb dieser Form befindet sich jene bedingungslose Liebe, die das Universum zusammenhält, die Blumen in der Frühlingsluft erblühen und die Wellen immerfort an den Strand spülen läßt. Innerhalb dieser Form befindet sich, was sich über sie hinausdehnt, wie ein Atem, der uns atmet, uns liebt, uns uns selbst hingibt.

Es gibt nur eine Blume, nur einen Ozean, einen Gedanken. Und wir gehören dazu, jetzt und in Ewigkeit. Laßt uns daran denken.
Erinnern wir uns daran.

Namaste

Besuchen Sie Paul Ferrini auf seiner Website:
www.paulferrini.com

Miracles Community Network
Das Netzwerk der Wunder

Das Netzwerk der Wunder (*Miracles Community Network, MCN*) ist ein gemeinnütziger Verein mit dem Ziel, Schüler von »Ein Kurs in Wundern« in einer Gemeinschaft und zu einem Dialog der Herzen zusammenzuführen. Zu diesem Zweck sponsert MCN Konferenzen, Seminare und Retreats, die *Miracle*-Schüler und -Lehrer aus der ganzen Welt zum Gedankenaustausch zusammenbringen. Dabei werden auch Geschichten von Wundern erzählt, die unser Wissen vertiefen und den Prozeß der Vergebung verdeutlichen.

Das *Miracles Community Network* begrüßt als Mitglieder alle Schüler und Organisationen, die sich einer offenen und liebevollen Diskussion der Themen unserer weltweiten Gemeinschaft widmen. MCN schätzt die Vielfalt unserer Gemeinschaft und begrüßt sie. Es lehnt die Vorstellung ab, daß es nur »einen richtigen Weg« gibt, den *Course in Miracles* zu erleben und zu praktizieren. Gerade durch die Vielzahl von Perspektiven in den Publikationen und Veranstaltungen der Gemeinschaft bietet MCN seinen Schülern die nötigen Informationen, anhand derer sie ihre eigene Wahl treffen können, wie sie den Weg beschreiten wollen.

Das *Miracles Community Network* unterstützt seine Mitglieder in der Zusammenarbeit bei einer großen Bandbreite verschiedener Projekte, die den Einsatz ihrer Fähigkeiten und schöpferischen Begabungen ermöglichen. Schriftsteller, Musiker, Fotografen, Programmierer, Körpertherapeuten, Designer, Tänzer u.a. haben bereits an Veranstaltungen und Projekten des MCN teilgenommen. Viele Mitglieder haben gemeinsame Lieder, Artikel, Bücher und Kassetten verfaßt. Der schöpferische Ausstoß und der wunderbare Prozeß des Teilens sind überwältigend.

Wir laden euch ein, an unseren Projekten und Gemeinschaftsarbeiten mitzuwirken.

Weitere Informationen:
The Miracles Community Network
P.O. Box 418
Santa Fe, NM 87504-0418

Zu diesem Buch Was wissen wir eigentlich von Afrika und den Afrikanern? Auf der Schule hören wir allenfalls von den Taten – und Untaten – des weißen Mannes auf afrikanischem Boden. Das Afrika der Afrikaner bleibt der dunkle Kontinent im Bewußtsein der meisten, ursprünglich bevölkert von primitiven Negerstämmen, dann Tummelplatz der Sklavenhändler und Kolonialherren, heute Krisenherd der Weltpolitik – ein riesiges Entwicklungsland, zersplittert in über 50 politische Einheiten auf der Suche nach afrikanischer Einheit.

Dieses Buch bringt Licht in die dunklen Jahrtausende afrikanischer Geschichte von den ersten Kulturen am Nil bis zum Zeitalter des europäischen Imperialismus zwischen Kairo und Kapstadt.

Der Erdteil Afrika ist sechsmal so groß wie Europa; aber dort leben auf 1 km^2 nur 11 Menschen, hier dagegen 92! Der Leser dieses Buches erobert sich eine gewaltige Terra incognita und tilgt die weißen Flecken in seinem Geschichtsbild vom schwarzen Kontinent.

Die Erde ist klein geworden. Afrika ist heute Europas Nachbar. Wir können es uns nicht länger leisten, unsere afrikanischen Partner fast gar nicht zu kennen. Erst wenn wir Europäer mehr wissen von Afrika und seinen Menschen, können wir die Probleme dieser weiträumigen Landmasse verstehen.

Der Autor Basil Davidson ist ein bekannter englischer Afrikaforscher und Schriftsteller, der seit 1951 immer wieder den afrikanischen Kontinent bereist hat. Zu zeitgeschichtlichen Problemen hat er in den Büchern «The African Awakening» und «Which Way Africa?» Stellung genommen; zu seinen historischen Werken gehören «The Lost Cities of Africa, Black Mother» («Vom Sklavenhandel zur Kolonialisierung», rowohlts deutsche enzyklopädie Nr. 266/267), «The African Past, Africa: History of a Continent» und «The Africans» («Die Afrikaner», Gustav Lübbe Verlag).

Der beratende Mitarbeiter Leonard Krieger – ehemals Professor für Geschichte an der Yale-Universität – ist Professor an der Universität von Chicago.

Umschlagfoto Arnold Newman. Bronzeplastik der Königinmutter von Benin. Ihr hoher, perlenbehangener Kopfschmuck und die vielen Halsreifen sind Symbole ihrer königlichen Stellung.

Afrika

Stämme, Staaten, Königreiche

von
Basil Davidson
und der Redaktion der
TIME-LIFE-BÜCHER

Einführung
von Rolf Italiaander

rororo

Rowohlt

Titel der Originalausgabe: ‹African Kingdoms›
Aus dem Englischen übertragen von HOLLE KUSCHEL
Für die Taschenbuchausgabe eingerichtet und bearbeitet
von Jürgen Volbeding
Layout Hermann Becker
Umschlagentwurf Werner Rebhuhn

Veröffentlicht im Februar 1972 mit freundlicher Genehmigung
TIME-LIFE BOOKS, Time Inc., New York

Original English language edition published by Time Inc.
in the United States
Deutsche Taschenbuchausgabe:
Rowohlt Taschenbuch Verlag GmbH, Reinbek bei Hamburg
Satz: Alfred Utesch, Hamburg
Druck: Mühlmeister & Johler, Hamburg
Umschlagdruck und buchbinderische Verarbeitung:
Clausen & Bosse, Leck/Schleswig
Printed in Germany
ISBN 3 499 18028 6

Inhaltsverzeichnis

Einführung

Jahrhundertelang wurden Afrikaner leider als Kreaturen angesehen, welche wie die Affen in den Bäumen wohnen. Dann kamen die Missionare und leuchteten in das afrikanische Leben mit dem Licht der Nächstenliebe hinein. Das wirkte sich auch in Europa aus. Nun wurden die «Nigger» oder «Kaffern» als gutmütige, aber törichte Menschen registriert. Jedenfalls wurden die Afrikaner jahrhundertelang nicht für vollwertig angesehen.

Gewiß gab es im Westen auch Menschen, die in den Afrikanern gleichberechtigte Nächste gesehen haben. Einer von ihnen war der Holländer Olfert Dapper (Afrika-Monographie *‹Umbständliche und eigentliche Beschreibung von Afrika Anno 1668›*). Unter den Forschungsreisenden war es u. a. der Deutsche Heinrich Barth, der die Afrikaner keineswegs als minderwertig ansah.

Einer der ersten, der die Wahrheit über die Hintergründe der Diffamierung der Afrikaner geschrieben hat, war der Kulturmorphologe Leo Frobenius. In seiner *‹Kulturgeschichte Afrikas›* (1933) schrieb er: «Aus den Berichten der Seefahrer vom 15. bis 17. Jahrhundert geht ohne Zweifel hervor, daß das vom Sahara-Wüstengürtel zum Süden sich erstreckende Neger-Afrika damals noch in der vollen Schönheit harmonisch wohlgebildeter Kulturen blühte. Eine ‹Blüte›, die europäische Konquistadoren, soweit sie vorzudringen vermochten, zerstörten. Denn das neue Land Amerika brauchte Sklaven; Afrika bot Sklaven. Der Menschenhandel war jedoch niemals ein leicht zu verantwortendes Geschäft. Es erforderte eine Rechtfertigung. So wurde der Neger zu einem Halbtier ‹gemacht›, zu einer Ware.»

Im Zeitalter des Kolonialismus, Imperialismus und Militarismus gingen Weiße nach Afrika und glaubten fälschlicherweise, sie könnten sich hier alles erlauben. Als ein Beispiel mögen jene Kongogreuel stehen, die unter König Leopold II. von Belgien stattfanden: Kinder wie Erwachsene wurden grausam bestraft, wenn sie nicht genügend Gummi ablieferten. Die deutsche Verwaltung in Ostafrika unter Karl Peters war gleichfalls nicht zartfühlend; auch hier gab es Blutbäder.

Nur langsam besannen sich die Weißen, daß Afrikaner Menschen sind. Die Afrikaner mußten genauso wie die Afro-Amerikaner vor allem selber dazu beitragen, daß sie ihre Identität wiederfanden. Während des Zweiten Weltkrieges zeigte es sich immer deutlicher, daß Kolonialismus und Imperialismus an ihrem Ende angelangt waren. Schnell hintereinander wurden, vor allem in den sechziger Jahren, afrikanische Kolonialländer autonom. Übrigens hatte das auch eine Auswirkung auf die amerikanischen Neger. Als immer mehr afrikanische Staatsmänner und Politiker in Washington im Weißen Haus oder in New York in der UNO feierlich empfangen wurden, besannen sich die Afro-Amerikaner auf ihre afrikanische Abkunft und bekannten sich zu ihr. Afrikanische Geschichte wird nicht mehr negiert, sondern studiert und beschrieben.

Im vorliegenden Buch schildert mit viel Einfühlungsgabe der Engländer Basil Davidson einige Epochen afrikanischer Geschichte. Auch wir Weißen müssen viel mehr von der Vergangenheit Afrikas wissen. In einigen Gebieten war sie glanzvoll und ruhmreich. Wenn sie uns bisher so wenig bekannt war, so lag es, wie erwähnt, einerseits daran, daß wir sie aus schlechtem Gewissen wegleugneten, andererseits daran, daß zur afrikanischen Geschichte nur wenige schriftliche Dokumente vorhanden sind.

Dieses Buch mit seinen großartigen Abbildungen kann nur einige Ausschnitte aus der Geschichte afrikanischer Kulturen behandeln. Aber auch diese Auswahl hilft uns, das herrliche und reiche Afrika in einem klareren Licht zu sehen und diesem Kontinent mehr die wohlverdiente Gerechtigkeit widerfahren zu lassen. Das ist unbedingt notwendig, wenn wir mit den Afrikanern der Gegenwart und der Zukunft Bündnisse als Freunde und Partner im Sinne eines neuen Weltethos eingehen wollen.

Rolf Italiaander

So stellen sich viele das «typisch» afrikanische Dorf vor.

DESCRIPTION ET RECIT HISTORIAL DV RICHE ROYAVME D'OR DE GVNEA,

aultrement nommé, la coste de l'or de MINA, gisante en certain endroict d'Africque: auecq leurs foy, persuasions commerces ou trocs costumes langaiges, & situations du pais, Villes, Villages, Cabannes, & personnes, ses ports, haures, & fleuues selon qu'iceulx ont esté recognuz iusques a ceste heure.

Pareillement vng brieff deduict du passaige que les nauires prennent pour y naviguer, passant au trauers des Isles de Canarie, Cabo verde le loing de la Coste de Manignette iusques au Cap des Trespunctas ou que ladicte coste commence: en oultre quelque description aussi des riuieres quon visite en singlant de ladicte Coste, vers le Cap de lopo Consalues, d'ou quon se depart, pour retourner de par deca, le tout diligement & exactement descript par l'autheur qui par diuerses fois y a esté.

P.D.M.

A AMSTERDAMME.

Imprime chez Cornille Claesson demourant sur leau au liure d'escripture

Anno M.VIC.V.

Im 16. Jahrhundert verbreitete sich die Nachricht, in Afrika gebe es begehrte Handelswaren wie Gold, Elfenbein und Gewürze. Händler aus Europa und dem Orient nahmen Verbindung mit den afrikanischen Handelsplätzen auf. Oben wird ein europäischer Reisender von einem afrikanischen König empfangen (Titelseite eines Buches über Guinea).

1. Verborgene Städte

Während vieler Jahrhunderte erschienen Afrika und seine Bewohner der übrigen Welt geheimnisvoll und fremdartig. Generationen von Kaufleuten ankerten mit ihren Schiffen entlang der schimmernden Brandungslinie dieses Kontinents und entsandten ihre Karawanen über die trockenen und öden Ebenen. Sie wußten Afrikas Gold und Elfenbein zu schätzen, das Land selbst jedoch blieb ihnen ein Rätsel. Woher stammten die Afrikaner? Warum waren sie so anders als andere Menschen? Wie erklärten sich ihre eigenartigen Sitten und Gebräuche, die denen der Europäer so fremd waren?

Man fand viele Antworten auf diese Fragen, aber die meisten von ihnen waren nur dazu angetan, das Dunkel noch zu vertiefen, welches das Bild Afrikas umgab. Schließlich nahm Europa seine Zuflucht zu einer recht simplen Lösung — einer Lösung, die seine Unfähigkeit beweist, andere Kulturen anders als nach den eigenen Wertmaßstäben zu beurteilen. Afrikaner, so entschied man, sind Wilde, niedere Geschöpfe, und zwar seit eh und je.

Diese einfältige Antwort auf das Rätsel Afrika hat sich bis in die neueste Zeit gehalten. Erst allmählich wird Afrika — in einem der großen geistigen Abenteuer des 20. Jahrhunderts — von der Wissenschaft wiederentdeckt. Die Erforschung der dunklen Vergangenheit Afrikas hat faszinierende Erkenntnisse gebracht. Afrika war danach keineswegs ein Land der ungebändigten Wildnis und des Chaos. Vielmehr hat seine Bevölkerung im Laufe einer langen, bewegten Geschichte einen eindrucksvollen Beitrag zur Beherrschung dieser Erde durch den Menschen geleistet. Kulturen und Zivilisationen wurden begründet, Regierungssysteme und Denksysteme erschaffen, und man mühte sich um das Wesen des Geistigen mit so verzehrender Leidenschaft, daß Kunstwerke höchster Vollendung Form gewannen.

Die frühen Entdecker begegneten gelegentlich diesen Tatsachen. Sie erlebten eine Welt, deren Vorhandensein die Menschen nach ihnen wieder vergaßen. Im Jahre 1498 waren Vasco da Gama und seine portugiesischen Seeleute froh, als sie — nachdem sie ihre schwachen Schiffe glücklich über den Südatlantik und um das Kap der Guten Hoffnung gesteuert hatten — an der Küste Ostafrikas auf große und wohlhabende Städte stießen. Sie gingen an Land und fanden dort Menschen vor, die über Seekarten und Kompasse genausoviel wußten wie sie selbst und die in manchem kultivierter waren.

Erste authentische Berichte. 1518 erfuhr Papst Leo X. von einem gefangenen Mauren, daß die legendäre Stadt Timbuktu, weit hinter dem südlichen Horizont, so viele Gelehrte besaß, daß die dortigen Kaufleute mit Büchern bessere Geschäfte machten als mit allen anderen Artikeln. Holländische Kaufleute erreichte Kunde von anderen Städten. Ihre Beauftragten, die sich, mit hohen Schnürstiefeln versehen, schwitzend durch die Regenwälder Nigerias gearbeitet hatten, stießen auf die glanzvolle Zivilisation der Stadt Benin. Die Straßen dort, so berichteten sie später ihren Handelsherren, seien so breit wie die Straßen Amsterdams, und der König lebe in einem Palast «von der Ausdehnung der ganzen Stadt Haarlem».

Nachrichten dieser Art fanden fortlaufend den Weg nach Europa. Allerdings drangen die ersten Reisenden selten wirklich tief in das Land ein, und ihre Beschreibungen waren immer nur fragmentarisch. Oft schmückten sie ihre Erzählungen mit Fabeln und Ungeheuern aus dem europäischen Sagenschatz. Ebensooft berichteten sie von merkwürdigen Bräuchen, die ihnen mangels vernünftiger Erklärung nur noch sonderbarer vorkamen. Wenige Reisende verstanden irgendeine der afrikanischen Sprachen gut genug, um Fragen zu stellen oder um die Antworten zu begreifen. Mit der Zeit wurden ihre Berichte vergessen oder dienten als billige Sensationen auf Jahrmärkten. Und da die meisten Nacherzähler vor allem an Schauergeschichten interessiert waren, erschien der ferne Kontinent nur immer geheimnisumwitterter und seine Menschen immer merkwürdiger. Afrikaner wurden zu Ungeheuern, mit Seelen so schwarz wie ihre Haut. Es wurde ernsthaft berichtet, daß sie einander kochten und äßen, daß sie wie Hunde in der Streu zur Welt kämen und daß sie teils gar nicht wie Menschen aussähen. Ein Bericht spricht von Afrikanern «ohne Kopf . . . mit Augen und Mund auf der Brust».

Befreit von diesem unsinnigen Beiwerk, enthalten die Erzählungen der frühen Reisenden aber auch Tatsachen. Zusammen mit dem sich ständig mehrenden Informationsmaterial über Afrika gewinnen sie neue Bedeutung. Vasco da Gama und seine Männer glaubten, auf maurische Städte gestoßen zu sein, aus unerklärlichen Gründen an dieser unwirtlichen Küste errichtet. Tatsächlich aber waren sie den Erben einer großen, schon viele Jahrhunderte vorher begründeten afrikanischen Kultur begegnet, einer Kultur, deren lebendige Kraft abhängig war vom Handel mit anderen ebenso festgefügten afrikanischen Kulturen weit im Landesinnern.

Der gefangene Maure, der den Papst mit Erzählungen über den Buchhandel Timbuktus ergötzte, erfand nicht etwa Geschichten, um seiner vornehmen Zuhörerschaft zu gefallen. Was er erzählte, war vielen Menschen durchaus bekannt, nur nicht den Menschen in Europa. Timbuktu war zu der Zeit, als jener Maure es sah, schon über 100 Jahre lang ein Zentrum des Handels und der Wissenschaften, und es war nur eine unter vielen gleichen Städten in einer Gruppe großer und machtvoller westafrikanischer Königreiche. Zwei der zahlreichen Gelehrten, die Timbuktus Buchhandel zur Blüte verhalfen, haben über diese Reiche sorgfältige Chroniken angelegt, die unentbehrliche Quellen zur Erforschung der Geschichte Westafrikas darstellen.

Kurz, die Erzählungen der frühen Reisenden sind heute Bestandteil eines umfangreichen Materials, das auf viele Quellen zurückgeht, zum Beispiel auf die Grabungen der Archäologen in einem Dutzend afrikanischer Staaten, auf das große Reservoir ungeschriebener, aber in der Erinnerung haftender Geschichte vieler afrikanischer Völker und auf geschriebene Berichte, die vor langem in Afrika selbst, in arabischen Städten des Mittleren Ostens, in christlichen und islamischen Städten Europas und sogar in so entfernten Ländern wie China entstanden sind.

Schon dieses heute noch lückenhafte Material erhellt, daß der afrikanische Kontinent eine lange und fruchtbare Geschichte gehabt hat. Unter oft primitiver Oberfläche hat sich eine bedeutende kulturelle Entwicklung abgespielt. Weit entfernt von hilfloser Unkenntnis, hatten die Afrikaner, lange ehe die ersten Europäer auf der Szene erschienen, es verstanden, ihren Kontinent in den Griff zu bekommen. Diese für das Bestehen der Völker so wesentliche Leistung beruhte auf sozialen und kulturellen Entwicklungen von beträchtlichem Alter. Die Afrikaner eroberten sich ihre Welt aus bitterer Notwendigkeit und im Kampf mit fast unüberwindlichen Hindernissen, aber sie eroberten sie keinesfalls nur mit physischen Mitteln. Wie bei allen Völkern bedurfte es geistiger Kräfte, um festgefügte Ordnungen zu begründen, ohne die sie leicht hätten zugrunde gehen können. So wurde auch Afrikas Entwicklung von den gleichen Kräften angetrieben wie diejenige aller anderen Teile der Völkerfamilie.

Die Evolution des Menschen. Es gibt Anzeichen dafür, daß die Menschheit überhaupt auf dem afrikanischen Kontinent entstanden ist. Schädel- und Knochenfunde in den letzten Jahrzehnten beweisen, daß weitentfernte Vorfahren des heutigen Menschen bereits vor zwei Millionen Jahren im ostafrikanischen Hochland gelebt haben. Die berühmteste Fundstelle solcher

Zum Bild auf den beiden folgenden Seiten:
Timbuktu war über Jahrhunderte der geistige und wirtschaftliche Mittelpunkt des westlichen Sudan. Das Bild vermittelt einen Eindruck von einer mittelalterlichen afrikanischen Stadt, in der neben runden, fensterlosen Hütten der Armen größere Wohnhäuser der Wohlhabenden und reich geschmückte Paläste und Moscheen standen. Bereits im 16. Jahrhundert soll es in Timbuktu eine Universität gegeben haben. Solche Erzählungen über die «Universität» der Stadt, über ihren steinernen Königspalast und ihr geschäftiges Marktleben reizte die Einbildungskraft der Europäer — bis 1828 ein französischer Abenteurer eine Pilgerfahrt nach Timbuktu unternahm. Er stellte fest, daß zahllose Raubzüge der benachbarten Stämme die einst so blühende Stadt auf eine «Ansammlung von häßlichen Lehmhäusern» reduziert hatten.

Fossilien liegt in der Olduvai-Schlucht in Nordtanganjika. Dort lernten diese frühzeitlichen Wesen in einem Klima, das dem heutigen sehr geglichen haben muß, Werkzeuge und Waffen aus Stein zu schaffen und viele Wildarten zu erlegen. Kleinere Gruppen von ihnen scheinen vorübergehend auch in Gemeinschaften zusammen gelebt zu haben.

Man weiß sehr wenig über diese noch nicht voll menschenähnlichen Männer und Frauen und wird wohl auch nie viel über sie erfahren können. Die gegenwärtigen Kenntnisse erlauben nur den Schluß, daß sie vor etwa einer Million Jahren zahlreicher und differenzierter im Typus wurden. Von da an, bis vor etwa 60 000 Jahren, als der Mensch erstmals das Feuer zu gebrauchen lernte, verbreiteten sie und andere ähnliche Geschöpfe sich über den größeren Teil Afrikas. Damals errichteten die Fortgeschrittensten unter ihnen erste Stall- und Hüttentypen. Die Grundunterschiede in Hautfarbe und Knochenbau haben sich wahrscheinlich vor etwa 30 000 Jahren herausgebildet. Auch ergaben sich periodische Veränderungen durch den Wechsel des afrikanischen Klimas, das sich — mit der Bewegung des Polareises — von sehr feucht in sehr trocken wandelte.

Die Klimaperiode, welche die Entwicklung des heutigen Afrika beeinflußt hat, datiert aus der Zeit von 5500 v. Chr. Zwischen 5500 v. Chr. und etwa 2500 v. Chr. ging das Klima von Trockenheit in Feuchtigkeit über und verwandelte den oberen Teil Afrikas in eine wasserreiche Prärie. Die Sahara und die Trockensteppen waren einst üppig begrünt, die Berge bewaldet und Fisch und Wildbret reichlich vorhanden. Hier, in einem Gebiet von der ungefähren Größe der kontinentalen Vereinigten Staaten, stand eine der Wiegen der afrikanischen Kultur. Viele Generationen von Jägern, später von Hirten und Ackerbauern, durchzogen dieses Riesengebiet und fanden Schutz in den Höhlungen der Berge. Archäologen haben jetzt begonnen, das Leben dieser Menschen nach den stummen Zeugnissen Hunderter großartiger Felsmalereien, die jene dort hinterließen, zu rekonstruieren.

Vor etwa 4000 Jahren veränderte sich das Klima wieder. Nach und nach schwanden die Flüsse, das Weideland wich Busch und Sand, die Wälder starben. Nichts blieb davon zurück als versteinerte Saaten und eine Handvoll krüppliger Bäume in einer öden, sanddurchtosten Wüste. Die Tiere verzogen sich, und die Menschen folgten ihnen. Ihre Bräuche und ihre Gottheiten nahmen sie mit sich fort. Manche führte der Weg nach Norden in die Mittelmeerküstengebiete, wo sie sich mit den Ureinwohnern verbanden und die berberische Kultur begründeten. Andere, die später als Libyer in die Geschichte eingingen, siedelten im fruchtbaren Lande westlich des Nil. Möglicherweise stellten sie einige der Fürsten, die über das alte Unterägypten herrschten. Wieder andere drangen langsam nach Süden in das Herz des Kontinents vor und gingen dort vermutlich in den eingeborenen Völkerschaften auf. Wer diese Völker waren ist ein Geheimnis.

Buschmänner und Pygmäen scheint es seit frühester Zeit in Afrika gegeben zu haben, während sich die Vorfahren der heutigen Neger offenbar viel später entwickelten.

Das mißliche Klima der Sahara mit seinen Folgen für die menschliche Entwicklung macht es begreiflich, daß die Geschichte Afrikas seit etwa 2000 v. Chr. in zwei verschiedene Richtungen verläuft. Die Wüste wurde, außer für wenige unerschrockene Reisende, die sie weiterhin zu Pferde oder auf dem Kamel durchquerten, zu einer unüberwindlichen Barriere. Im Norden entstand die hohe Kultur Ägyptens in wechselseitig fruchtbarem Gedankenaustausch mit der übrigen Mittelmeerwelt. Im Süden rangen die Bewohner einsam mit ihrem Geschick. Ihre Geschichte zeigt Errungenschaften, wie sie nur in der Isolierung unter widrigsten Umständen entstehen können, und läßt sich nur vor dem Hintergrund der natürlichen Gegebenheiten begreifen.

Vegetation und Klima. Das Afrika südlich der Sahara umfaßt ein riesiges Gebiet: 5600 km von Norden nach Süden und 3200 km von Osten nach Westen. Aber nur der kleinste Teil ist für menschliches Leben geeignet.

Das Landschaftsbild wechselt häufig — weite Savannen, hohe Gebirge, breite Ströme, tiefe Wälder —, jedoch keine dieser Landschaften ist dem Menschen sehr nützlich. Die Grasländer bieten kaum fruchtbaren Acker- oder Weideboden, sie sind tropische Savannen. Sechs Monate von unbarmherziger Sonne gedörrt und alsdann ebenso lange von schweren Regenfällen ausgelaugt, ist die Mutterbodenschicht bald ihrer Nährstoffe beraubt und bringt nur geringe Erträge. Die Berge, die sich über den verödeten Ebenen erheben, sind trügerisch begrünt mit Dornbüschen und Gestrüpp, selten mit Gras; ihre schroffen Horizontlinien sind fast immer in einen Hitzeschleier gehüllt.

Die breiten Ströme Afrikas wälzen sich Hunderte von Kilometern in trägem Mäander dahin, um plötzlich in steilen Katarakten abzufallen, als wollten sie die Erde spalten. Wenige von ihnen sind über weitere Strecken landeinwärts schiffbar, und fast keiner bietet eine bequeme, direkte Ver-

Zum Bild auf den beiden folgenden Seiten:
Im 14. Jahrhundert war das Königreich Mali, zu dem die Stadt Timbuktu gehörte, der wohlhabendste und mächtigste Staat im westlichen Sudan. Ausländische Besucher berichteten begeistert über den Pomp der Zeremonien am Hofe des Herrschers. Das Bild zeigt eine Audienz im Königspalast. Der Herrscher sitzt auf einem Thron aus Ebenholz, umgeben von Höflingen und Reiterführern, deren Sitzposition sich nach ihrem Rang richtet. Ein offizieller Sprecher, der als Zeichen seiner Würde einen Amtsstab in der Hand hält, stellt die Verbindung zwischen Volk und Herrscher her. Auf der anderen Seite des Throns steht der Scharfrichter als Verkörperung der königlichen Macht.

bindung von einem Punkt zum andern. Die Wälder bilden eine dichte, feuchte Welt für sich, in der bis zu 2400 mm Regen im Jahr fällt und in der man tagelang streifen kann, ohne mehr als einen flüchtigen Sonnenstrahl gewahr zu werden. Das ist jedoch noch lange nicht alles. Große Teile Zentralafrikas werden seit eh und je von der Tsetsefliege heimgesucht, die bei Menschen Schlafkrankheit und beim Vieh ein ähnliches Fieber erregt. Flußufer und Niederungen sind von der Malariamücke verseucht, und außerdem grassiert das Gelbe Fieber.

Die Afrikaner überwanden alle diese Hindernisse. Sie eroberten und bevölkerten ihr unwirtliches Land und führten Leben und Kultur von einer Stufe der sozialen Entwicklung zur nächsten. Sie lernten, Metalle zu gewinnen, zu veredeln und zu verwenden. Bewaffnet mit eisernen Lanzen drangen sie durch den weglosen Urwald ins jenseitige Hügelland und in die von jagdbarem Getier erfüllten Ebenen vor. Sie erdachten neue Formen des Lebens und des Zusammenlebens und blieben an bestimmten Plätzen über längere Zeiträume und in immer größerer Zahl. So entstanden Städte, Staaten und Reiche.

Lebensformen und Sprache. Diese Entwicklung brauchte viel Zeit. Bis 500 v. Chr. lebten die Menschen südlich der Sahara im Steinzeitalter — wenige, die ständig wandernd auf Nahrungssuche waren. Die folgende Phase, etwa um Christi Geburt, war gekennnzeichnet durch die Gewinnung und Verarbeitung von Metall, vor allem Eisen. Mit eisenbestückten Werkzeugen und Waffen setzte eine Zeit des Fortschritts ein. Der Ackerbau wurde leichter, die Jagd weniger gefahrvoll. Größere und zuverlässigere Nahrungsquellen verursachten Bevölkerungszuwachs und ermöglichten ein Leben in komplexeren Gemeinschaften. Gruppen, die zu zahlreich geworden waren, um sich im alten Lebensraum zu ernähren, teilten sich und zogen aus, um neues Land zu suchen und neue Gemeinschaften zu gründen.

Bald beherrschten diese Wandervölker, die kreuz und quer durch den Kontinent zogen, aufeinandertrafen und sich verbanden, ganz Mittel- und Südafrika. Sie verdrängten die rückständigen Buschmänner und Pygmäen und hinterließen Afrika eine der gewaltigsten Sprachfamilien, das Bantu, das heute südlich des Äquators fast überall gesprochen wird. Außerdem entstand während dieses Entwicklungsprozesses eine komplizierte, vielschichtige Kultur. Die Afrikaner besaßen nicht nur mehr als tausend verschiedene Sprachen und Dialekte, sondern fast ebenso viele Lebensformen und religiöse Bräuche. Manche dieser Lebensformen brachten Gemeinschaften zur Entstehung, deren Lebensstandard — bezüglich Ernährung, persönlicher Sicherheit und Freiheit — dem der zeitgenössischen europäischen Gemeinschaften gleichkam. In einzelnen Fällen waren sie diesen sogar überlegen: die afrikanischen Gemeinschaften sorgten zum Beispiel sehr wirksam für den Unterhalt ihrer Witwen und Waisen.

Dieses Afrika – oft das alte oder historische Afrika genannt und von den Arabern im 9. und 10. Jahrhundert beschrieben – begannen die Europäer in der zweiten Hälfte des 15. Jahrhunderts zu entdecken. Statt primitiver Wildheit fanden die Ankömmlinge wohlhabende und wohlgeordnete Städte vor, die untereinander durch lebhafte Handelsbeziehungen verbunden waren. Die Einwohner – Kaufleute, Künstler, Beamte und Arbeiter – führten ein geruhsames Leben und kannten Vergnügungen, wie sie auch andernorts gebräuchlich waren: Festlichkeiten und familiäre Zusammenkünfte. Afrika war in vieler Hinsicht nicht barbarischer als Europa, das zu jener Zeit gerade den Hundertjährigen Krieg beendete und eben noch die Verbrennung der Jungfrau von Orléans miterlebt hatte.

Trotzdem kursierten wundersame und absurde Gerüchte über Afrika weiterhin in Europa, und das hatte mancherlei Ursachen. Zunächst hielten die königlichen Kanzleien und die großen Handelshäuser aus Konkurrenzangst alle Nachrichten aus dem neuen Erdteil geheim. Ferner war die Bedenkenlosigkeit der Zeilenschreiber schuld, die für ein leichtgläubiges Publikum allen erdenklichen Unsinn zusammenbrauten. Ein weiterer Grund war die entwürdigende Wirkung des Sklavenhandels. Während der Jahrhunderte der Sklavenhaltung sprach man von den Afrikanern immer wieder als von «Kindern, die niemals erwachsen werden», und von der väterlichen Güte, welche ihnen die Nicht-Afrikaner erwiesen.

Noch aus einem weiteren Grunde aber fuhr Europa fort, Afrika falsch zu sehen. Der Afrikaner war eben anders. Seine dunkle Hautfarbe, seine fremdartige Kleidung und vielleicht am stärksten seine völlig abweichenden Wertvorstellungen verwirrten den Europäer. Ihm, der gerade im Begriff stand, in die Fesseln des technischen Zeitalters zu geraten, erschienen Afrikas schlichte Arbeitstechniken als Zeichen seiner Rückständigkeit in jeglicher Beziehung. «Ein Hoch allen, die nie etwas erfanden», lautete hiergegen ein herausforderndes Wort von Aimé Césaire, dem Dichter afrikanischer Abstammung von der Insel Martinique, einem der großen zeitgenössischen Sprecher für die neuerdings unter dem Namen *négritude* bekannt gewordene Kulturbewegung.

Kultur und Geschichte. Zwar stehen die Afrikaner technisch weit hinter Europa zurück, aber man weiß heute, daß sie in vieler Beziehung sehr

Zum Bild auf den beiden folgenden Seiten:
Vom 12. bis zum 15. Jahrhundert war die reiche Inselstadt Kilwa das Haupthandelszentrum Ostafrikas und eine der lebhaftesten Handelsstädte der damaligen Welt. Vor der Küste Tanganjikas gelegen, erhielt Kilwa Waren aus dem Innern des Landes und tauschte sie gegen die Produkte fremder Länder. Täglich sah man an den Kais die Arbeiter beim Beladen der Dhaus ihrer Herren mit afrikanischem Gold, Eisen, Elfenbein und Kokosnüssen und beim Entladen von Stoffen und Juwelen aus Indien und kostbarem Porzellan aus China. Kilwas Lebensstandard konnte durchaus einen Vergleich mit Westeuropa aushalten.

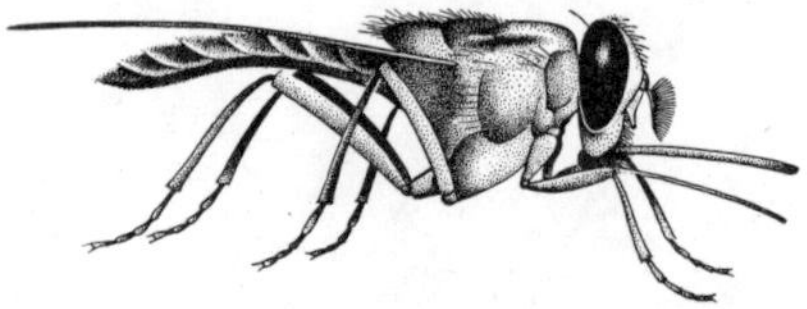

Tsetsefliege

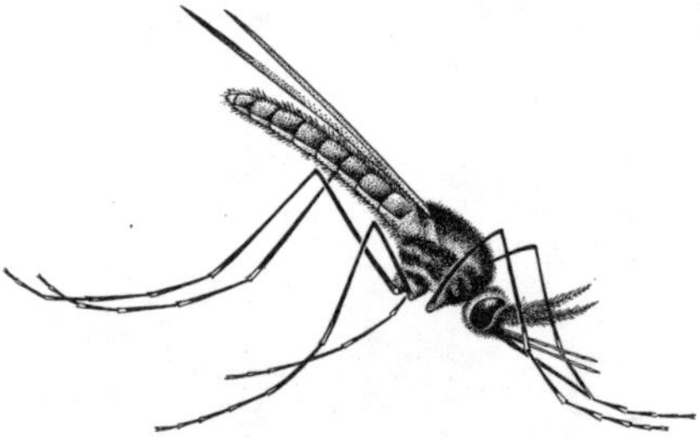

Anopheles-Mücke

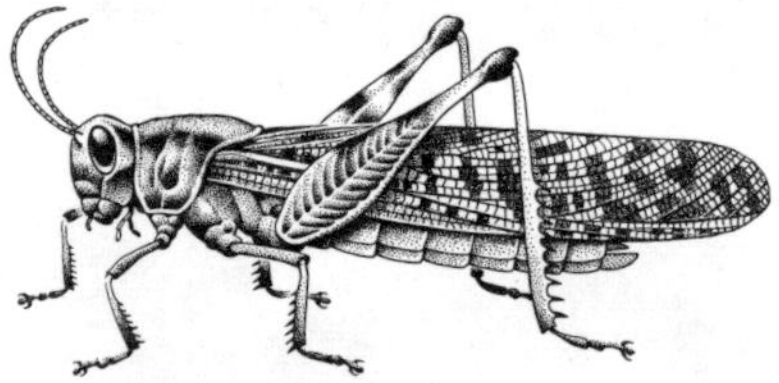

Wanderheuschrecke

Diese drei Insekten sind zum Symbol der Unwirtlichkeit Afrikas geworden.

Die Tsetsefliege ist etwa einen Zentimeter groß und nur im tropischen Afrika anzutreffen. Durch ihren Stich überträgt sie verschiedene Krankheiten, unter anderem die Schlafkrankheit. Nagana, eine oft seuchenartige, fieberhafte Krankheit, befällt nach der Übertragung Haustiere. Es war daher lange Zeit in vielen Gebieten Afrikas unmöglich, Haustiere zu halten.

Die Anopheles-Mücke oder Fiebermücke ist eine von 200 Stechmückenarten. Nur die Weibchen der Anopheles-Mücke sind Blutsauger und übertragen die Malaria. Manche Arten belästigen hauptsächlich Menschen, andere nur Tiere.

Die Wanderheuschrecke trifft man in tropischen Gebieten aller Erdteile an. Man zählt sie zu den gefährlichsten Kulturpflanzenschädlingen. In riesigen Schwärmen legen die Heuschrecken sehr große Strecken zurück und vernichten bei der Nahrungsaufnahme die Flora ganzer Landstriche (Kahlfraß).

erfinderisch gewesen sind. Sie entwickelten Methoden tropischer Feldbestellung, die bis heute kaum verbessert werden konnten. Sie waren gute Bergleute und Metallarbeiter und lieferten neben vielem anderen auch das nötige Gold für die Währungen des mittelalterlichen Europa. Sie waren gewitzte Geschäftsleute, wie mancher nichtafrikanische Kaufmann erfahren mußte. Sie erdachten politische und soziale Systeme von bemerkenswerter Durchbildung und Beweglichkeit. Schließlich waren sie hervorragende Bildschnitzer.

Dieses vielschichtige Bild Afrikas machten erst in den letzten 20 Jahren Gelehrte aller Fachrichtungen sichtbar. Nach dem Abklingen des Kolonialismus betrachteten Anthropologen, Historiker und Archäologen Afrika und seine Bewohner genauer als zuvor. Wie die Welle gewalttätiger Eroberer im vergangenen Jahrhundert das Land geographisch an sich riß, so haben jetzt gelehrte Entdecker seine Geschichte dem Dunkel der Vergangenheit entrissen und damit einen bedeutenden menschlichen Lebensraum aus dem Netz unseliger Mißverständnisse befreit.

Man fand eine Geschichte, die ein Kaleidoskop von Glaubensvorstellungen, Gedanken, Handlungen und gemeinsamem Vollbringen darbietet. Die alten Nilkulturen gehören hierher: Kusch, dessen Könige und Königinnen Ägypten bedrohten, Aksum, ein Bollwerk des Christentums seit dem 5. Jahrhundert. Hierher gehören auch die mächtigen Reiche, die während des europäischen Mittelalters jenseits der Sahara in Blüte standen: das geheimnisvolle Simbabwe, dessen massige Steinmauern die Tempelpaläste der «wegen ihrer großen Gerechtigkeit gewählten» göttlichen Herrscher umschlossen; Kilwa, eine Inselfestung, deren Handelsbeziehungen bis ins ferne Indien und China reichten; Songhai, dessen machtvolle Könige Wissenschaft und Handel in gleicher Weise förderten; Aschanti und Benin, deren Bildhauer religiöse Kunstwerke von höchster Eindringlichkeit schufen.

Indessen darf man sich nicht auf die großen politischen Reiche und deren Errungenschaften beschränken. Im Schatten ihres Glanzes steht das bescheidene, aber eindrucksvolle Leben des dörflichen Afrika. Mit Gemeinschaften, die Männer gleich Brüdern nebeneinanderstellten, mit Moralgesetzen, die das soziale Leben ordneten, mit Glaubensformen, welche die geistigen Aspekte des Lebens über die materiellen stellten, schuf das afrikanische Dorf ein soziales Gefüge, das überwiegend ohne übergeordnete Autorität funktionierte. Hier zeigt Afrika sein ganzes Genie — in seiner Fähigkeit, ein Gemeinwesen zu organisieren, eine Fähigkeit, die sich im dörflichen Bereich ebenso bewährte wie im weitläufigsten Königreich. In langen, einsamen Bemühungen bändigten Afrikas Völker mit eisernem Willen ihr weites, unwirtliches Land. Das Epos Afrika steht auf seine Weise ebenbürtig neben den anderen Beispielen menschlicher Größe in der Geschichte.

Zum Bild auf den beiden folgenden Seiten:
Gepanzerte Reiter von Bornu — fast wie mittelalterliche Ritter aussehend — terrorisierten über 200 Jahre lang den mittleren Sudan. Sie griffen in geschlossener Formation an. Schon im 16. Jahrhundert hatten die Europäer von den jährlichen Kriegszügen der Bornu gegen die schwächeren Nachbarvölker wie die Bulala (dieses Bild) gehört. Als britische Entdecker schließlich im Jahre 1823 in das Königreich von Bornu eindrangen, erwarteten sie, diese sagenhaften Geschichten widerlegen zu können. Zu ihrem Erstaunen entdeckten sie aber, daß die Negerritter — nach dem britischen Bericht — «in eiserne Kettenhemden gekleidet waren, die sie von der Kehle bis an das Knie bedeckten».

2. Die Nilkulturen

Das blendende Licht, das die erhabene Größe des alten Ägypten ausstrahlte, ergoß sich über alle Völker, die ihm nahekamen. Sogar die alten Griechen, die das Land erst zu Zeiten seines Niederganges kennenlernten, bewunderten seine Größe und erkannten es in mancher Hinsicht als Ursprungsland ihrer eigenen Kultur an. Mit wenigen Ausnahmen, vermerkte der griechische Historiker Herodot im 5. Jahrhundert v. Chr., «sind die Namen aller Götter den Ägyptern seit Anbeginn der Zeit bekannt». Dieses ehrwürdige Alter der ägyptischen Kultur und ihre eminente Bedeutung riefen bei ihren Betrachtern die Neigung hervor, Ägypten gedanklich vom übrigen Afrika abzusetzen. Was konnten die Völker Innerafrikas mit dieser glanzvollen Zivilisation zu tun haben, die alles frühe Kulturgeschehen am Mittelmeer beeinflußt hat?

Herodot hatte eine Antwort auf diese Frage. «Jedem einsichtigen Beobachter muß klar sein», so schreibt er, «daß Ägypten sowohl in seiner gegenwärtigen als auch in seiner früheren Gestalt ein Geschenk des Stromes ist und erst unlängst seinen Bewohnern zufiel.» Bis auf die starke Übertreibung des «erst unlängst» hatte er recht. Denn wenn auch viele der politischen und sozialen Vorstellungen der Ägypter aus dem Vorderen Orient stammten, war ihre Kultur doch eine ursprünglich afrikanische. Und diese Kultur verbindet sie unlöslich mit den Steinzeitmenschen, welche die Sahara während der langen Periode ihrer Fruchtbarkeit bevölkerten.

Wahrscheinlich begann sich vor etwa 10 000 Jahren bewohnbares Land am Unterlauf des Nil und in seinem Delta zu bilden. Vorher war der Strom endlos breit und von Niederungen und Sümpfen umsäumt. Als sich aus der schwindenden Wasserwüste fester Boden erhob, drangen aus den westlichen Steppengebieten Siedler ein. Sie lernten in den nun folgenden Jahrtausenden, jährliche Ernten einzubringen und einen einfachen Pflug zu gebrauchen. Wie diese frühen Ägypter aussahen, weiß niemand, aber sicherlich zeigten sie gewisse Charakteristika der Saharavölker.

Kurz nach 3400 v. Chr. entstanden zwei kleine Königreiche, das eine in den oberen Bereichen des Nil, das andere in den schlammigen Niederungen des Deltas. Einige Forscher sind der Ansicht, daß diese Neuordnung des politischen Lebens auf Einflüssen aus dem Vorderen Orient beruhte, an-

Diese 2000 Jahre alten Säulen in den Ruinen von Musawwarat zeugen von einer hochentwickelten Baukunst im Kuschreich. Die in die Säulen und Mauern gemeißelte kuschitische Schrift ist noch nicht entziffert.

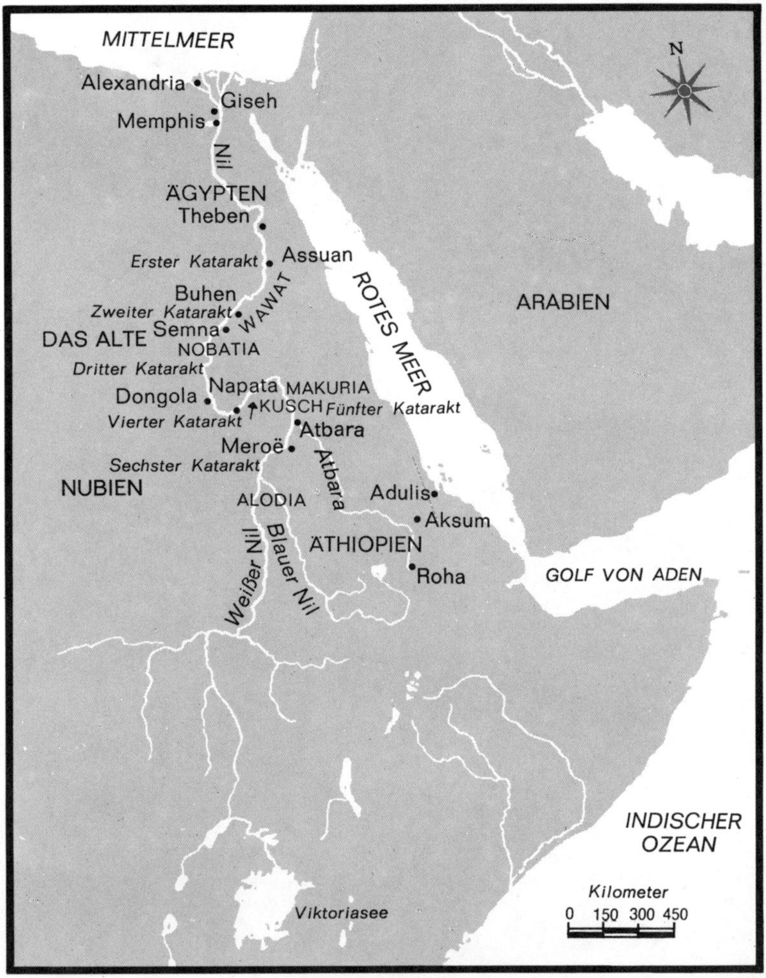

In der Zeit von 3400 v. Chr. bis 1500 n. Chr. entstanden an den Ufern des Nils machtvolle Staaten. Für die Historiker steht fest, daß am westlichen Ufer des Roten Meeres ein bedeutender Handels- und Kulturbereich existierte und daß einige der Reichtümer des südarabischen Königreiches von Saba aus diesem Teil Afrikas kamen. Der kulturelle Einfluß aus Städten wie Theben, Napata, Meroë reichte bis weit in den afrikanischen Kontinent hinein. Im 4. Jahrhundert bekehrte sich Ezana, erster König von Aksum, zum Christentum und begründete das christliche Äthiopien, das auch trotz der späteren Ausweitung des Islam in Afrika immer christlich blieb.

dere meinen dagegen, daß es sich hier um eine bodenständige Entwicklung handelte, daß nämlich die Nilbauern mit wachsendem Wohlstand und zunehmender Komplizierung ihres Lebens hierauf zugeschnittener Formen bedurft und solche entwickelt hätten. Wie auch immer es gekommen sein mag, die neue Kultur folgte unvermittelt eigenen, von denen zeitgenössischer östlicher Kulturen deutlich unterschiedenen Gesetzen. Die ägyptischen Normen des Denkens und Handelns waren von Anfang an spezifisch ägyptisch.

Der Einfluß Ägyptens. Etwa 300 Jahre später wurden diese Reiche unter einem Herrscher vereinigt, den die Überlieferung als Menes bezeichnet. Mit ihm begann die lange Reihe der ägyptischen Dynastien.

Bereits 600 Jahre später erbauten die mächtigen Herrscher der vierten Dynastie die Pyramiden von Giseh. Es ist, als wäre die ganze majestätische Kultur Ägyptens von ihren Anfängen in wenigen Jahrhunderten zu ihrer Blüte herangereift. Und doch weist der reiche Bestand an Kunstgegenständen und Inschriftenfragmenten auf die frühen Königreiche als Keimzelle dieser Kultur hin. Die Motive und Fähigkeiten, die zur Erbauung der Pyramiden führten – religiöse Vorstellungen, politischer Machtwille, mathematisches Können und Mobilisierung der Arbeitskraft –, hatten ihre Wurzeln bereits lange in vordynastischer Zeit.

Indessen hat Ägypten zurückgezahlt, was es seiner afrikanischen Vergangenheit schuldig war. Viele alte Überzeugungen und Einrichtungen im übrigen Afrika spiegeln solche Ägyptens. Die geistige Macht oder «Gottgleichheit» der Pharaonen hatte Parallelen in dem «Gottkönigtum» späterer kleinerer Herrscher weit südlich der Sümpfe, Steppen und Urwälder, die Ägypten von Innerafrika trennten. In vielen Teilen Westafrikas hielt man den Widder für ein Symbol des Göttlichen, wie es die Ägypter taten. Und bis in die Neuzeit bettete man im Kongo, Tausende von Kilometern entfernt vom Nil, den Kopf auf hölzerne Stützen, die in Gestalt und Stil denen der Ägypter äußerst ähnlich sehen.

Am einfachsten wäre es, hier von einem allmählichen Einsickern ägyptischer Ideen und Bräuche in das Herz des Kontinents zu sprechen. Die Wahrheit ist aber komplizierter. Verwandtschaften weisen zurück auf die «nährenden» Kulturen der steinzeitlichen Sahara. Und so wie vieles in der ägyptischen Kultur diesem Bereich entstammt, fluteten Einflüsse auch in umgekehrter Richtung: ägyptische Afrikaner brachten ihre neue Kultur zu ihren Brüdern in die Sahara. So zeigen die innerafrikanischen «Anklänge an Ägypten», daß das Land am Nil nicht nur ein geographischer, sondern auch ein intregrierender kultureller Bestandteil seines Mutterkontinents ist.

Im Laufe der Zeit vertiefte sich diese kulturelle Durchdringung und nahm eine andere Gestalt an. Die Pharaonen der wachsenden ägyptischen

Macht unternahmen militärische und kommerzielle Erkundungszüge nach Süden und Westen. Schriftquellen berichten von Schiffsreisen nach dem «Lande Punt» am Südende des Roten Meeres zu Zeiten der vierten Dynastie (2613 bis 2494 v. Chr.), und andere Berichte sprechen von Karawanenzügen in unbekanntes Gebiet weit im Südwesten während der sechsten Dynastie, etwa 150 Jahre später. Im Westen gerieten die Ägypter wiederholt mit Nomaden der lybischen Steppe aneinander, trieben mit ihnen aber auch Handel. Felsbilder in der Sahara zeigen ägyptische Schiffe, und es ist möglich, daß diese Boote noch um 2000 v. Chr. die Flüsse der Sahara befuhren.

Am nachhaltigsten war der ägyptische Einfluß im Süden. Die Pharaonen dehnten die Grenzen ihres Reiches um 2000 v. Chr. über den ersten Nilkatarakt hinaus aus und erbauten Befestigungen an strategischen Flußengen wie Buhen und Semna. Nach und nach eroberten sie das dahinter gelegene nubische Gebiet. Und in der achtzehnten Dynastie trieben zwei imperialistisch ehrgeizige Pharaonen, Amenophis I. und Thutmosis I., ihre Eroberungszüge noch weiter. Thutmosis schickte seine Truppen den Wasserlauf zwischen dem dritten und vierten Katarakt – bekannt als das Dongola-Stromtal – hinauf und errichtete Forts und Siedlungen im Süden, wodurch die Gebiete von Irtet, Wawat und Kusch für die folgenden 500 Jahre unter ägyptische Kontrolle kamen.

Indessen assimilierten sich die besiegten Völker trotz starker ägyptischer Einflüsse in religiösen Vorstellungen und handwerklichen Techniken niemals vollständig. Sie bewahrten ihre Traditionen, also ihre kulturelle Identität. Und als der Stern Ägyptens zu sinken begann, sahen die unterworfenen Völker alsbald ihre Chance, über ihre ehemaligen Eroberer zu triumphieren. Sie ergriffen sie kühn und ließen Ägypten nur wenig Einfluß südlich der Stromenge von Buhen. Damals begründeten die Kuschiten im Gebiet des heutigen Sudan die größte der alten Kulturen Zentralafrikas.

Die Kultur der Kuschiten. Die Kultur von Kusch ist bemerkenswert, nicht nur wegen ihrer tiefinnerlichen Verbundenheit mit Ägypten, sondern auch wegen der Fortdauer ihrer Eigenständigkeit. Ihre Geschichte zerfällt in zwei Perioden. Kusch wurde kurz vor 750 v. Chr. von Königen gegründet, die Napata am Südrand des Dongolabeckens zu ihrer Hauptstadt machten. Über 200 Jahre blieb Napata das Zentrum des Reiches. Während dieser Zeit zeigt seine Kultur noch die Färbung der ägyptischen Nachbarschaft – nicht zuletzt in der Verehrung des Gottes Ammon. Danach wurde die Hauptstadt tiefer südlich in den Sudan verlegt – nach Meroë –, und es entstand eine neue kuschitische Kultur, glänzender und harmonischer zugleich.

Zunächst erlangte das Kuschreich Napata rasch große militärische Macht.

Mit einer kühnen Wendung der tausendjährigen Vergangenheit griff es Ägypten an. Die Könige von Napata führten ihre Truppen gen Norden. «Vorwärts, greift sie an! Stürmt die Mauern! Dringt in die Häuser!» lauten die Anfeuerungsrufe einer ihrer Siegesinschriften, die den Angriff König Pianchis auf Memphis schildert, das «wie durch eine Sturmflut genommen wurde». Pianchis Vater hatte die Eroberung mit der Inbesitznahme von Theben und dem größten Teil Oberägyptens in der ersten Hälfte des 8. Jahrhunderts v. Chr. begonnen. Pianchi fügte zwischen 751 und 730 v. Chr. große Teile Unterägyptens hinzu, und Pianchis Bruder Schabako setzte die Eroberungszüge fort, stieß bis an das Mittelmeer vor und brachte zwischen 707 und 696 v. Chr. die Ländereien und Städte des Nildeltas unter kuschitische Herrschaft.

Aber der Triumph war nur von kurzer Dauer, der kuschitische König Taharka, der Nachfolger Schabakos, traf auf Gegner, die ihm überlegen waren. Die Assyrer kamen auf Beutezügen durch Israel bis in das Nildelta, verbündeten sich mit den ägyptischen Herrschern und vertrieben Taharka und die Kuschiten. «Fünfmal traf ihn die Spitze meines Pfeils», brüstet sich eine Inschrift des assyrischen Königs Asarhaddon, «danach bestürmte ich Memphis, seinen Königssitz. Ich zerstörte es, riß die Mauern ein und brannte es nieder.» Ob hier ein Hofschreiber übertreibt oder nicht, Tatsache ist, daß Taharka sich nach Süden zurückzog. Während der Herrschaft seines Nachfolgers Tanuatamun ging die kuschitische Herrschaft über Ägypten zu Ende.

Anders die kuschitische Kultur. Sie stand erst am Anfang. Nach ihrer Verlegung nach Meroë im 6. Jahrhundert v. Chr. blühte die Residenz auf. In den Ufertriften nahe dem sechsten Katarakt entstanden Städte mit steinernen Palästen und Pyramidenbauten, die – wenn auch weniger königlich als diejenigen der Ägypter – eigenen Stil und eigene Würde hatten. So wuchs schrittweise eine kraftvolle und bedeutende Kultur heran, die wir heute noch nicht annähernd überblicken.

Meroë besaß eine eigene alphabetische Schrift, die sich im späten 3. oder frühen 2. Jahrhundert v. Chr. entwickelt haben muß; jedoch ist die damit verbundene Sprache unbekannt, und die Schrift bis heute noch nicht entziffert. Andere Nachrichten über das Land sind spärlich. Griechische Schriftsteller der klassischen Zeit erwähnen Kusch gelegentlich unter der Bezeichnung Äthiopien (vom griechischen *aithiops* für dunkelhäutig), eine Bezeichnung, die ganze Generationen von Lesern irregeführt hat, denn das heutige Äthiopien steht in keiner Beziehung zum Äthiopien der

Zum Bild auf den beiden folgenden Seiten:
Die Ruinen der vor 2200 Jahren gebauten Pyramiden von Kusch stehen in einer einstmals fruchtbaren Ebene im Sudan. Kusch war eines der ältesten und größten afrikanischen Königreiche. In der Zeit von 750 v. Chr. bis 300 n. Chr. wurde das gesamte Gebiet des heutigen Sudan von den Königen des Kuschreiches beherrscht.

Elefanten, die von den Kuschiten vor allem im Krieg eingesetzt wurden, halten die Fesselstricke einer Gruppe Kriegsgefangener. Diese Szene ist auf einem Steinfries des Löwen-

Griechen. Nicht einmal Herodot, der doch so viel von der Welt seiner Zeit sah, erreichte Kusch – obwohl er mehr brauchbare Nachrichten darüber zusammentrug als irgendein anderer im Verlauf von 2000 Jahren. Erst in den letzten Jahrzehnten nimmt mit der Erforschung der Königsgräber die Geschichte von Kusch Gestalt an, und es läßt sich heute bereits erkennen, daß die Geschichte von Kusch eine großartige Geschichte gewesen ist.

Es scheint, daß Meroë bereits unter der Regierung des Königs Aspelta von 593 bis 568 v. Chr. ein bedeutendes religiöses Zentrum des Kuschreiches war. Seine wachsende Vorherrschaft gegenüber Napata hatte jedoch noch andere Gründe. Zunächst bot Meroë mehr Sicherheit. Napata hatte bereits einen empfindlichen Schlag von dem ägyptischen Herrscher Psammetichus II. erhalten und konnte jederzeit wieder betroffen werden. Meroë war weniger leicht verwundbar. Außerdem fanden die königlichen Herden, als die Sahara immer trockener wurde und die Steppe dichter an den Nil rückte, bei Napata nicht mehr genügend Weideland. Noch zwei weitere Gründe bieten aber ebenfalls eine Erklärung für den Aufstieg Meroës. Zum einen begann das Eisen im Leben der Kuschiten eine Rolle zu spielen, zum andern begann sich bei ihnen so etwas wie ein Nationalgefühl zu entwickeln.

tempels in Musawwarat dargestellt. Der Tempel soll vom kuschitischen König Scherakarer im 1. Jahrhundert n. Chr. errichtet worden sein.

Industrie und Handel. Als die Assyrer die kuschitischen Könige aus Unterägypten vertrieben, beruhte ihre Überlegenheit zum Teil auf dem Besitz eiserner Waffen. Die Ägypter und auch die Kuschiten kannten das Eisen seit langem, hatten sich aber nie näher damit befaßt. Die Nilvölker sahen keinen Grund, den durch zahllose Generationen gewohnten und bewährten Gebrauch von Kupfer und Bronze aufzugeben. Die eisernen Waffen jedoch waren härter, und es war auch leichter, sie in großen Mengen herzustellen, wenn man nur die Technik der Metallbearbeitung beherrschte. Eine der Folgen der assyrischen Invasion in das Niltal und Unterägypten, ja vielleicht die bedeutendste, war somit die Einführung des Eisens als neuen Grundstoff für die Herstellung von Waffen und zahlreichen anderen Geräten des täglichen Bedarfs.

Bei der Übernahme der neuen Technik mußten die Kuschiten feststellen, daß die Umgebung Napatas arm, diejenige Meroës dagegen reich an Eisenerz war. Meroë besaß wohl auch einen reicheren Baumbestand und also mehr Brennmaterial für die Schmelzöfen. In den nun folgenden Jahrhunderten wurde die neue Hauptstadt zu einem bedeutenden Eisenverhüttungszentrum — große Abraumhalden liegen dort noch heute — und war wahrscheinlich der Ausgangspunkt der Eisenbearbeitung im Süden und Inneren des Landes.

Doch die Industrie war nicht der alleinige Grund für den Wechsel von Napata nach Meroë. Ein wachsendes Gefühl nationaler Eigenständigkeit stand in Verbindung mit diesem Vorgang. Obgleich viel ägyptisches Bestandteil des kuschitischen Alltagslebens blieb, gewannen autochthone Ideen und Vorstellungen mehr und mehr Macht. Mit der Regierung des Königs Nastasen, 328 bis 308 v. Chr., erhielt die kuschitische Kultur einen zunehmend eigenen Akzent. Meroitische Hieroglyphen wurden gebräuchlich, gefolgt von einem meroitischen Alphabat und einer eigenen Schrift. Meroitische Götter und deren Verehrung ersetzten die ägyptischen. Ursprüngliche und neue eigenständige Stilelemente tauchten in der Architektur, in der Töpferkunst und andernorts auf. Die wenigen resistenten Spuren ägyptischer Kultur — vor allem bei königlichen Zeremonien und im Gebrauch der ägyptischen Hieroglyphen auf den Königsgräbern — blieben aus ähnlichen Gründen erhalten wie das Lateinische in der Kultur des Abendlandes.

Zu Zeiten des Königs Ergamenes, 225 bis 200 v. Chr., wurde dem angestammten Widdergott die Stellung der höchsten Gottheit von einem zuvor unbekannten Löwengott streitig gemacht, der meist mit drei Gesichtern und vier Armen dargestellt ist. Und noch ein anderes afrikanisches Tier, den Elefanten, erhoben die Kuschiten zu einer Stellung von hoher Bedeutung. Wie die Karthager zur gleichen Zeit benutzten auch die Kuschiten Elefanten im Krieg und für königliches Gepränge. Es ist sogar möglich, daß eines der großen, bekannten Bauwerke von Kusch, eine Anhäufung dicker Mauern und Rampen, nahe einem Ort namens Musawwarat, Stall und Gehege für die königlichen Elefanten gewesen ist; auf dem Mauerwerk finden sich noch kunstvolle Abbildungen dieser Tiere.

Die hervorragenden Eigenschaften der Kuschiten bestanden indessen nicht im eigenwilligen Erfinden neuer Gottheiten oder im Zähmen von Elefanten, sondern in ihrem Unternehmungsgeist und ihrer Bedeutung für den Handel. Da sie durch ein Meer von Sand und nacktem Fels von einem großen Teil der übrigen Welt abgeschnitten waren, lernten sie, selbständig zu sein und ihr Los mit allem zu verbessern, was die alte Welt des oberen Nil bieten konnte. Vieles an ihnen erinnert an die alten Griechen: Sie waren unduldsam gegen das Überlieferte und begierig auf alles Neue.

Offenbar sind sie viel herumgekommen. Im Norden trieben sie Handel mit Ägypten und besaßen eigene Häfen am Roten Meer, von denen aus sie mit Arabien, Ostafrika, Indien und vielleicht sogar China Handelsbeziehungen unterhielten. Sie stießen auf dem Weißen Nil bis an die Grenzen des heutigen Uganda vor, und Spuren ihrer Gegenwart oder wenigstens ihrer Einflußnahme haben sich im Westen noch im Gebiet des Tschadsees gefunden. Von überall, wohin sie gelangten, brachten sie neue Dinge und Ideen mit, fügten sie zu dem ihren und formten sie zu eigenem

Nutzen um. Obgleich die systematische Ausgrabung und Erforschung der Kuschstädte gerade erst begonnen hat, sind die Zeugnisse ihrer Wanderlust und ihrer Entlehnungen so mannigfaltig wie bei kaum einem anderen afrikanischen Volk. Die griechische Kultur ist in einem schönen Bronzekopf des Dionysos vertreten, der in Alexandria gegossen wurde, römische Einflüsse zeigt die Architektur jedenfalls eines der Säulentempel der alten Stadt Naga. Und die vielarmige Löwengottheit der Kuschiten weckt lebhafte Erinnerungen an den indischen Hindugott Shiwa.

Überdies reisten die Kuschiten offenbar auch aus anderen als rein kaufmännischen Erwägungen. Im 1. Jahrhundert v. Chr., nach der Eroberung Ägyptens durch die Römer, schickte Kusch Gesandte nach Rom, und Kaiser Nero entsandte später seinerseits zwei Centurionen nach Kusch – um zu sehen, ob es verlohne, das Reich dem Imperium einzuverleiben. Bald nach der Kreuzigung Christi traf ein Abgesandter der Königin von Kusch (die Bibel gebraucht das griechische Wort und sagt Königin von Äthiopien) mit dem Apostel Philippus «auf der Straße von Jerusalem nach Gaza» zusammen, wo «dieser ihm von Jesus predigte». Drei Jahrhunderte später schrieb ein griechischer Schriftsteller mit Namen Heliodoros einen Roman über eine kuschitische Prinzessin, die nach Griechenland entführt wird und einen griechischen Adligen ehelicht.

Dennoch erlosch die meroitische Kultur – trotz ihrer weltweiten Kontakte und ihrer technischen Errungenschaften – fast vollständig. Nicht einmal ein Nachklang oder Echo ihres Glanzes vermochte die Stürme der Zeit zu überstehen. Der Untergang begann um 200 n. Chr. mit der Störung der lebenspendenden Handelswege im Norden und Osten durch neue Gegner und Rivalen, hungrige Nomaden aus den verdorrenden Wüstenstrichen beiderseits des Nil. Diese Nomaden sickerten nach und nach in das Kuschreich ein, und um 300 n. Chr. war die meroitische Macht dahin. Im Jahre 320 wurde der letzte kuschitische König, der 72. Herrscher seines Geschlechtes, in einer kleinen Ziegelsteinpyramide beigesetzt; sein Name lautete wahrscheinlich Malekerebar.

Untergang des Kusch-Reichs. Nach dem Tode Malekerebars wurden die nomadischen Eindringlinge ihrerseits angegriffen, und zwar von einem König von Äthiopien. Sein Name lautete Ezana, und er hinterließ der Nachwelt in seiner Hauptstadt Aksum eine einzigartige Inschrift, die seine Invasion schildert. Die Nomaden (von Ezana Rote und Schwarze Noba genannt) verhandelten mit den Abgesandten und Boten Ezanas und stritten wegen einer Eidesverletzung: «Zweimal und dreimal hatte sie den heiligen Eid gebrochen . . .» Er beschloß, ihnen eine Lektion zu erteilen. Im Jahre 330 zog er mit seinen Truppen nordwärts, schlug die Noba «an der Furt von Kemalke» am Takaze und verfolgte sie dreiundzwanzig Tage lang heftig, bis er «die ummauerten Städte» der Kuschiten erreichte. Er erstürmte und plünderte sie zusammen mit den «Flechtwerksiedlungen» der Noba. Eine weitere Inschrift besagt, daß Ezana aus Kusch mit einer Beute von 3112 Rindern und 6224 Schafen zurückkehrte – einer schier endlosen Herde, die von einer Riesenstaubwolke begleitet in Äthiopien eintraf.

Danach war wenig mehr über das Kuschreich von Meroë zu vernehmen, bis 1400 Jahre später der schottische Reisende James Bruce dort Ruinen sah und in seinem Buch darüber berichtete – ohne allerdings bei den Lesern des 18. Jahrhunderts Glauben zu finden. Natürlich verschwand die meroitische Kultur nicht einfach. Teile davon wurden von den einwandernden Noba übernommen. Sie fanden Gefallen am städtischen Leben, gaben ihr einfaches Leben auf und ließen sich in den Überresten der gebauten Städte von Kusch nieder. Sie übernahmen eine Reihe meroitischer Bräuche und Fertigkeiten (wenn auch unglücklicherweise nicht die Schreibkunst) und begründeten eine weniger bedeutende eigene Kultur. Die Archäologen benutzen für diese übernehmende Kultur die vorsichtige Bezeichnung X-Gruppe. Sie gedieh vor allem in den nördlichen Städten von Kusch, und ihre Geschichte besteht hauptsächlich aus Kleinkriegen der örtlichen Anführer. Und doch brachte diese X-Gruppe – halb Noba, halb Kusch – ein bemerkenswertes Nebenprodukt zustande, denn aus ihr entstand im 6. Jahrhundert das glorreiche christliche Nubien.

Obschon die meisten Aufzeichnungen verlorengegangen sind, haben die drei christlichen Königreiche des alten Nubien – Nobatien im Norden, Makurien im Zentrum und Alodien im Süden – Zeugnisse ihres Wirkens hinterlassen, am schönsten in den prachtvollen Wandmalereien, die erst vor wenigen Jahrzehnten entdeckt und vor den steigenden Wassern des Assuanstaudammes in Sicherheit gebracht wurden. Sie befanden sich bei Faras und sind von einer Expedition polnischer Archäologen freigelegt worden, die ihre Arbeit auf Grund eines Hilferufes der sudanesischen Regierung aufnahm, welche die Welt um Unterstützung bei der Bergung archäologischer Kostbarkeiten in den bald überfluteten Gebieten gebeten hat. Nach Probegrabungen in den Ruinen großer religiöser Bauten und nach Abtransport des Sandes aus Kirchenschiffen und Kapellen legten die Archäologen Wandbilder frei, die noch in ihren unsprünglichen Farben leuchteten. Man schnitt sie heraus und bewahrt sie heute in Warschau und Khartum.

Die Königreiche des christlichen Nubien entstanden durch den missionarischen Unternehmungsgeist von Mönchen aus Konstantinopel, vor allem des Mönches Julian, der im Jahre 543 in das Gebiet des alten Kuschreiches kam. Seine Missionstätigkeit unter den Nubiern ist mit vielen Details von einem anderen Mönch namens Johannes von Ephesus überliefert worden, der gleichzeitig in ähnlicher Mission (um die Äthiopier zu bekehren) von Kaiser Justinian ausgesandt worden war. Eine der Hauptschwierigkeiten, denen sich Julian ausgesetzt sah, war die Hitze.

Auf dieser marmornen Grabplatte (6. Jh. n. Chr.) aus einem monophysitischen Kloster in Ägypten ist folgendes koptische Gebet zu lesen: «Oh, Gott, sei gnädig der Seele von Bruder Philotheos, dem Vater des Refektoriums.» Unter der Inschrift sieht man den Abdruck der Füße der Verstorbenen. Mönche aus Klostern wie diesem verbreiteten ihren Glauben bis Äthiopien.

Nach Johannes «pflegte Julian zu sagen, daß er von neun Uhr morgens bis vier Uhr nachmittags in Bottichen mit Wasser Zuflucht suchen müsse, worin er unbekleidet saß bis auf ein leinenes Hemd, wie es die Leute auf dem Lande tragen».

Ein Jahrhundert nach Julians Ankunft wurde Ägypten von mosleminischen Arabern überwältigt und Nubien von der übrigen christlichen Welt abgeschnitten. 600 Jahre lang blieben seine Könige und Bischöfe denen des Heiligen Römischen Reiches in Europa unbekannt; sie waren auf sich selbst angewiesen, um sich im rechten Glauben zu erhalten. Im Norden lag das moslemintische Ägypten, und es war die Nachbarschaft dieses Reiches, die schließlich den Niedergang des nubischen Königreiches herbeiführen sollte. Dabei waren zunächst die Beziehungen zwischen den beiden Nachbarstaaten nicht schlecht gewesen. Nubien hatte den südlichen Teil Ägyptens, der einmal zu dem Königreich Kusch gehört hatte, sogar als seine Einflußsphäre betrachtet.

Unter den Fatimiden duldete Ägypten die nubischen Christen ebenso, wie es die koptischen Christen innerhalb seiner eigenen Grenzen tolerierte. Im 12. Jahrhundert jedoch wurden die Fatimiden von den Sarazenen vertrieben. Diese mehr kriegerischen Moslems eroberten unter ihrem mächtigen Führer Saladin Ägypten von Syrien aus. Da sie bereits in Krieg mit den Kreuzrittern Westeuropas verwickelt waren, zogen die sarazenischen Herrscher Ägyptens alsbald südwärts, um sich auch mit den näher lebenden Christen anzulegen. Im Jahre 1276 setzten sie ihren eigenen Kandidaten auf den Thron von Nobatien, des nördlichsten nubischen Königreiches. Makurien, das mittlere Königreich, hielt ein Jahrhundert länger stand, und Alodien, das südlichste der drei christlichen Reiche, unterlag dem Islam erst im 15. Jahrhundert. 900 Jahre nachdem die ersten Missionare das Gebiet betreten hatten, in dem zuvor das versunkene Meroë geblüht hatte, war das Christentum dort wieder erloschen.

Äthiopien. Weit entfernt, am anderen Ende des Roten Meeres, lebte ein anderer Zweig afrikanischen Christentums ungestört weiter. Äthiopien, dessen König Ezana die Roten und Schwarzen Noba im 4. Jahrhundert geschlagen hatte, war mit der Bekehrung Ezanas christlich geworden. Seine legendäre Verbindung zum Christentum wurzelt allerdings in viel weiter zurückliegender Zeit, in der biblischen Geschichte der Königin von Saba, die von Äthiopien aus «mit einem sehr großen Gefolge, mit Kamelen, die Spezereien trugen, mit viel Gold und kostbaren Steinen» zu König Salomon nach Jerusalem zog. König Salomon entbrannte in Liebe zu ihr, und sie gebar einen Sohn. Dieser Sohn, Menelik, wurde ein berühmter äthiopischer Herrscher und begründete die Dynastie des «Löwen von Juda», von der sich auch der derzeitige Kaiser von Äthiopien, Haile Selassie, herleitet.

So geht die Legende. Äthiopiens tatsächliche Geschichte ist viel weniger romantisch und erheblich viel komplizierter. Etwa 500 Jahre vor Christi Geburt standen an der Südwestküste des Roten Meeres Siedlungen, deren Kultur stark von den Sabäern, einem Volk Südarabiens, beeinflußt wurde. Die Siedler waren Kaufleute, sie beteten zu Almakah, einem sabäischen Mondgott, und besaßen eine hervorragende Schrift. Allmählich verbanden sie sich mit den Eingeborenen zu einer neuen Kultur, die — wie man dies bei Mischkulturen oft findet — eine starke eigene Dynamik entfaltete.

Wie ihre kuschitischen Zeitgenossen in Meroë, waren diese frühen Äthiopier sehr unternehmungslustig. Sie empfingen Kaufleute aus dem griechisch beherrschten Ägypten, und die Hafenstadt Adulis wurde zu einem Hauptstapelplatz für Waren aus dem Mittelmeerraum, aus Arabien und den östlichen Gebieten des Indischen Ozeans. Ihre Handelsbeziehungen zogen sich an der afrikanischen Küste weit hinunter, und sie unternahmen Erkundungszüge ins Innere. Zu Beginn des 2. Jahrhunderts v.

Eine nubische Königin, geleitet von Maria mit dem Jesusknaben (koptisches Fresko, 10. Jh.). Die Nubier wurden wahrscheinlich von Mönchen aus Ägypten christianisiert. Später konnten die Moslems die Nubier allerdings zum Islam bekehren. Die Wandmalereien wurden erst vor wenigen Jahrzehnten entdeckt.

μαρια
θεοτοκου:

Chr. hatten sie im Hochland hinter der Küste einen starken Staat gegründet, dessen Hauptstadt Aksum war. Von hier aus zog König Ezana gegen die Noba.

Aksum blieb bis ins 8. Jahrhundert die Hauptmacht an der Küste des südlichen Roten Meeres. Als Zeichen seiner Größe blieben hohe, gemauerte Obelisken und feingearbeitete Goldmünzen zurück. Kaufleute aus Aksum und Adulis – berichtete ein alexandrinischer Kaufmann um 523 – trieben Handel bis ins ferne Ceylon und verkauften ihr Elfenbein in Persien, Arabien, Indien und Byzanz. Ihre Kauffahrteischiffe waren so berühmt, daß ein Dichter Mesopotamiens sie als Gleichnis benutzte, um den Zug einer Karawane zu veranschaulichen: sie zog dahin, so schrieb er, wie eines der Schiffe von Adulis, «dessen Kiel den Schaum der Wellen pflügt, wie ein Spieler mit der Hand durch den Wüstensand fährt». Im Jahre 531 wurde derselbe Julian, der die Nubier bekehrt hatte, von Kaiser Justinian an den aksumitischen Hof gesandt. Er berichtete, daß der König ihn in einem golddurchwirkten, perlenbestickten Leinengewand empfangen habe und daß der königliche Thron ein vergoldeter, von vier Elefanten gezogener Wagen gewesen sei.

Noch war offiziell Griechisch die Sprache des Hofes, aber das Aksum des 6. Jahrhunderts stand im Begriff, eine eigene Schriftsprache, Geez, zu entwickeln. Das Neue Testament war bereits in diese Sprache übertragen worden – möglicherweise von syrischen Mönchen, da der Text nicht auf die in Alexandria gebräuchliche Bibel, sondern auf eine in Antiochia in Syrien gebräuchliche Ausgabe zurückgeht.

Mit dem Aufkommen des Islam verdunkelt sich die Geschichte von Aksum. Noch gründlicher als die nördlicheren Nubier von der übrigen christlichen Welt abgeschnitten, verteidigten die Äthiopier sich gegen die Moslems und räuberische, heidnische Nachbarn. Lange Zeit hörte man nur fernen Waffenlärm. Als die Welt von Aksum wieder Notiz nahm, hatte es sich verändert. Es war zwar dem christlichen Glauben noch immer ergeben, aber dieses Christentum wurzelte nun tief im äthiopischen Boden. Im 12. Jahrhundert ließ einer seiner berühmtesten Könige, Lalibela, einige der ungewöhnlichsten Bauwerke der Welt errichten – eine Gruppe von 10 Kirchen und Kapellen mit vollkommen dunklen, von Säulen bestandenen Schiffen, die er nahe seiner Residenz Roha in den Fels der Lastaberge bauen ließ.

Dieses Äthiopien war es, das die Portugiesen im 15. Jahrhundert auf ihrer Suche nach dem legendären Priester Johannes entdeckten, von dem die Sage ging, daß er im Herzen Afrikas über ein christliches Königreich regiere.

Äthiopien besaß viel Ähnlichkeit mit den Königreichen des mittelalterlichen Europa. Es wurde von stolzen, eigenwilligen Fürsten regiert, die vom König belehnt waren und eine Hierarchie niedrigerer Adliger und

Vasallen unter sich hatten. Zuunterst folgten die grundbesitzlosen Bauern, die alle Arbeit verrichten mußten. Eine Zeitlang bestanden freundschaftliche Beziehungen zwischen beiden Königreichen. Portugal sandte eine Militärabordnung unter Führung des Sohnes von Vasco da Gama, um Äthiopien im Kampf gegen die Moslems zu helfen, und Äthiopien nahm portugiesische Missionare auf.

Die Freundschaft war jedoch nicht von Dauer. Portugals Missionare waren Rom ergeben, Äthiopien dagegen den koptischen Bischöfen von Alexandria, und die Äthiopier weigerten sich, hiervon abzulassen. Auch bestanden andere althergebrachte Bindungen. «In diesem lehnsstaatlichen Lande», schrieben zwei französische Reisende, die Brüder D'Abbadie, nach 1830, «sind die Menschen durch unsichtbare Bande fest verbunden, die in Europa für nichts gelten würden. Sie leben in einer wechselseitigen Abhängigkeit und Solidarität, die sie hoch bewerten und als Ehrensache betrachten und welche alle ihre Handlungen beeinflußt.» Ein Mann ohne feste Bindung innerhalb seiner Gemeinschaft steht «in ihren Augen außerhalb der sozialen Ordnung». Die D'Abbadie hatten damit in dem Feudalstaat Äthiopien etwas entdeckt, was allen afrikanischen Gesellschaftsordnungen eigen war: der Moralbegriff orientierte sich am Dienst für die Gemeinschaft. Jedermann hatte die moralische Verpflichtung, der Gemeinschaft zu dienen. Diese Art der Identifizierung mit der Gesamtheit war der Grundstein der Gesellschaft.

Die ersten Afrikaner

Vor ungefähr achttausend Jahren, als die Ausläufer der Eiszeit über Europa lagerten, war die heute verödete Sahara fruchtbares Land. So galt den Römern Nordafrika als Kornkammer des Reiches. Vom siebten bis zum dritten Jahrtausend v. Chr. begründeten wandernde Völkerschaften in diesen einladenden Gefilden eine Reihe zunehmend fortschrittlicher Lebens- und Siedlungsgemeinschaften, deren Alltag sie in Malereien und Ritzungen an Felswänden verewigten. Diese Felsbilder stellen den vollständigsten Bericht über die afrikanische Frühzeit und über das Steinzeitleben überhaupt dar. Um 2000 v. Chr.

begann die Sahara — wegen des abnehmenden Zustroms feuchter Luft aus Norden oder anderer klimatischer Veränderungen — zu veröden. Tiere und Menschen wanderten ab. Im Jahre 1956 begann der französische Ethnologe Henri Lhote (geb. 1903) mit der Erforschung der vergessenen Fresken von Tassili n' Ajjer; einem unwirtlichen Hochplateau 1500 km südöstlich von Algier. Nachdem er und eine Gruppe von Zeichnern 800 Bilder getreulich kopiert hatten, gelang es innerhalb von 16 Monaten, mit einem Porträt der einst grünen Sahara den Beginn afrikanischer Kultur zu rekonstruieren.

Links: Als diese Zeichnung um 4000 v. Chr. entstand, lebten gefleckte Rinder wild in der Sahara. Doch schon bald wurden sie gezähmt und grasten in riesigen Herden auf den Graslandebenen.

Oben: Die Völker der Sahara stellten mit ihren Wandmalereien auch Künstler — wie Musiker und Tänzer dar. Hier zwei Musiker, der eine spielt ein harfenähnliches Saiteninstrument, der andere hält ein Blasinstrument in Händen.

Links: Einen weiten Raum nimmt die Darstellung von Kriegsszenen in den Wandmalereien der Saharavölker ein. Man nimmt an, daß kriegerische Völker aus dem Norden die Hirten der Sahara angriffen. Das Bild zeigt einen ermatteten Krieger, der bei seiner Rückkehr ins Lager vor Erschöpfung zusammenbricht.

Die Felsbilder von Tassili stammen aus vielen Generationen. Forscher unterscheiden vier Perioden: «Jäger» (6000 bis 4000 v. Chr.), «Hirten» (4000 bis 1500 v. Chr.), «Pferde» (1500 bis 600 v. Chr.) und «Kamele» (etwa ab 600 v. Chr.). Diese Zeitrechnung zeigt, wann die Menschen die Sahara verließen. Der Jäger der mittleren Steinzeit war ein Einzelgänger, der Wurfspeere und Keulen gebrauchte, nomadisierte und von selbsterlegtem Wild sich ernährte. Obwohl er die verschiedensten Gebrauchsgegenstände, wie zum Beispiel Messer, Nadeln und Angelhaken, aus Stein und Knochen herstellen konnte, entwickelte er

noch keine sehr fortschrittliche gesellschaftliche Organisation. Der Hirte des späteren Steinzeitalters betrieb einen einfachen Hackbau und domestizierte Rinder, Ziegen und Schafe.

Die Felsbilder der Hirten sind die sorgfältigsten der Tassili-Fresken. Sie stellen Alltagsszenen und rituelle Handlungen dar. Das modern anmutende Bild oben zeigt zwei Hirten, die ein Schaf aus der Herde entfernen, um es zur Brandopferstelle zu bringen (ca. 3000 v. Chr.).

Oben: Zwei Männer beim Wasserziehen (um 1000 v. Chr.). Sie arbeiten mit den gleichen Ledereimern, die noch heute von den Nomaden der Sahara benutzt werden.

Links: Eine dörfliche Szene in unmittelbarer Nähe der Hütten, die durch stilisierte weiße Ovale angedeutet sind. Hinter einer Reihe angebundener Kälber sieht man Frauen und Kinder bei Hausarbeiten.

3. Die Tradition des Stammes

«Wer einer Elefantenspur folgt, braucht den Tau nicht vom Gras zu streifen», sagt ein altes Aschanti-Sprichwort. Und niemandem, der Ruinen des alten Ägypten sieht, muß man sagen, daß dort einst eine große Kultur bestanden hat. Aber den meisten Europäern des 19. Jahrhunderts, die in den schwarzen Erdteil südlich der Sahara vordrangen, fiel es schwer, zu glauben, daß Innerafrika überhaupt irgendeine geschichtliche Entwicklung besaß. Hier gab es keine Monumente vergangener Macht und keine Völker, die man mit einer großen Vergangenheit hätte in Verbindung bringen können. Keine Spur führte durch die offenbar ursprüngliche Wildnis.

Infolgedessen waren die ersten Europäer, die sich von Südafrika in nördlicher Richtung durchschlugen, sehr erstaunt über eine Entdeckung, die sie dabei machten. Als sie nach Überquerung des träge dahinfließenden Limpopo ins rhodesische Hochland aufstiegen, fanden sie eine Anzahl steinerner Ruinen, einige von ihnen umgeben von Mauern bis zu 10 Meter Höhe. Es war klar, daß man hier vor den Überresten einer unbekannten vergangenen Zivilisation stand. «Wir erstiegen die Mauern und liefen auf ihnen herum, bis wir an einen konischen Turm kamen», schrieb einer dieser frühen Entdecker, Willi Posselt. «Das Innere war mit dichtem Buschwerk bedeckt. Hohe Bäume ragten aus dem Unterholz, an denen Mengen von Lianen herunterhingen, mit deren Hilfe wir uns in die Ruinen hinuntergleiten ließen . . . Eine tiefe Stille beherrschte den Schauplatz.»

Posselt beschieb den großen Tempel von Simbabwe, Sitz eines blühenden afrikanischen Reiches, welches erst ein Jahrhundert zuvor zugrunde gegangen war. Die Könige von Simbabwe beherrschten große Teile von Rhodesien und Zentralmozambique. Ihren Reichtum und ihre Macht verdankten sie dem Gold. Einer von ihnen hatte die ursprünglich einfachen Bauten Simbabwes einst durch jene imposanten königlichen Anlagen ersetzt, die Posselt entdeckt hatte. Von alldem wußte Posselt indessen nichts, noch würde er es wahrscheinlich geglaubt haben. Obwohl seine afrikanischen Träger bei Annäherung an Simbabwe «sich auf den Boden niederließen und die Ruinen schweigend durch Händeklatschen anbeteten», als folgten sie einem ehrwürdigen Ritual, glaubte er nicht, daß sie Verbindung zu den Ruinen haben könnten. Für ihn und die meisten seiner

Ein Aschantischmied formt ein glühendes Stück Metall zu einem Werkzeug. Trotz der primitiv anmutenden Technik erreichte beispielsweise das Kunsthandwerk der Aschanti ein erstaunliches Niveau.

Der große Tempel in Simbabwe ist eines der bedeutendsten Zeugnisse altafrikanischer Kultur. Einstmals umgaben Steinmauern einen Komplex von Hütten, Gebetsstätten und Kornspeichern – heute meist in Trümmern. Den heiligsten Raum des Tempels beherrscht ein geheimnisvoller Rundturm aus massivem Mauerwerk (links), über dessen Funktion seit der Entdeckung Simbabwes (1868) noch Unklarheit herrscht. Auf der Übersichtskarte rechts sind die ursprüngliche Anlage und der heutige Zustand dargestellt.

Zeitgenossen waren die Afrikaner primitive Menschen, die in verräucherten Lehmhütten lebten und nichts besaßen außer ihren Speeren, ihren mageren Herden und einigem irdenen Geschirr. Simbabwe mußte das Werk eines genialen und lange verschollenen Volkes sein, das von irgendwoher über das Meer gekommen war.

Soziale Lebensformen und politische Organisationen. In der Vorstellung der Europäer des 19. Jahrhunderts glich die menschliche Ordnung einer steilen Leiter, auf deren oberster Stufe die Weißen standen und auf der untersten die Schwarzen. «Es ist etwas Wunderbares, die verwunschene Welt solcher menschlichen Geschöpfe zu sehen – halb Tiere, halb Kinder, völlig unberührt und völlig heidnisch», schrieb der britische Gelehrte Henry Drummond nach einem Besuch Ostafrikas. «Es ist aufschlußreich ... für die Bedeutung und die Geschichte der Menschheit ... es ist, als beobachtete man den Beginn ihrer Entwicklung.» Wenn sich gelegentlich eine abweichende Meinung erhob, wurde sie kurz abge-

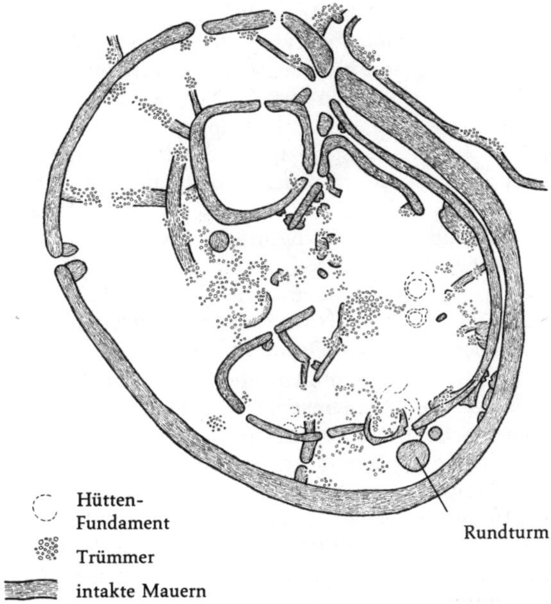

fertigt. Sir Richard Burton, der bekannte Afrikareisende, meinte: «Jedermann, der die Menschheitsgeschichte studiert hat», werde zugeben, daß die Europäer von Natur aus über den Afrikanern stünden; selbst die Afrikaner wüßten dies.

Mit besseren Kenntnissen und weniger farbigem Vorurteil haben moderne Afrikanisten bewiesen, daß jene Männer unrecht hatten. Posselts Träger können sehr wohl Abkömmlinge der Erbauer Simbabwes gewesen sein – die Einfachheit des afrikanischen Dorflebens verleitet zu Fehlschlüssen. Arm und unscheinbar mag es anmuten, aber es ist nicht «unverändert seit dem Beginn der menschlichen Entwicklung». Vor hundert Jahren stand Afrika bereits – entgegen Ansichten wie denen Posselts und Burtons – im Zenit einer langen und fruchtbaren sozialen Entwicklung, die sich – spezifisch afrikanisch – mehr mit dem harmonischen Ablauf des Zusammenlebens als mit dem materiellen Fortschritt befaßt hatte. Die Afrikaner hatten erfahren, daß es notwendig ist, die soziale Harmonie und das Wohlergehen der Gesamtheit über alle anderen Bedürfnisse zu stellen. Diese

Wertmaßstäbe bewährten sich zwar nicht immer — welche Wertmaßstäbe tun das schon? —, waren aber äußerst konstant. Sie sind noch heute lebendig in der starken Bindung der afrikanischen Völker an ihre Vergangenheit. Die Anfänge des sozialen Entwicklungsprozesses reichen über 2000 Jahre bis in die Zeit zurück, als die Afrikaner ihre steinzeitlichen Wanderungen aufgaben und sich in Gruppen niederließen. Mit dem Wachstum ihrer Siedlungen und mit zunehmend komplexeren Lebensformen schufen sie eine Vielfalt von Ordnungsprinzipien, die das Zusammenleben regelten. Viele dieser Systeme unterschieden sich fraglos von Anfang an scharf voneinander. Andere wurden aber auch erst im Laufe der Zeit verschiedenartig. Sie unterschieden sich bezüglich der Größe und sozialen Bindung des Stammes, bezüglich der Mittel, unter sich und mit dem Nachbarn Frieden zu halten, und in den Methoden, ihre Anführer zu wählen und deren Befugnisse festzulegen. Nicht zuletzt variierten sie in der Art, Mittel und Methoden unter dem Druck der Verhältnisse zu ändern.

Und doch spiegeln Vorstellungen und Gebräuche der verschiedenen afrikanischen Völker und Gemeinsamkeiten des Denkens und Handelns. Viele von ihnen glaubten daran, daß der Stamm aus den abgeschiedenen und noch ungeborenen Generationen ebensowohl wie aus den Lebenden bestehe. Viele verfuhren — auch bei beträchtlicher geographischer Entfernung — nach denselben Gewohnheiten und Regeln, z. B. bei der Landbenutzung. Und viele Formen politischer Organisation beruhten auf stammesverwandtschaftlichen Modellen, die trotz Abweichungen im einzelnen sich im Wesentlichen doch glichen. Die mündliche Geschichtsüberlieferung in Afrika wird selten mehr als zweihundert Jahre zurückreichen; afrikanische Verhaltensweisen beruhen aber auf Erinnerungen, die offensichtlich sehr viel älter sind.

Natürlich sind nicht alle diese kulturellen Ähnlichkeiten eine Besonderheit Afrikas. Andere Völker anderer Kontinente haben Gedankensysteme und Verfahrensweisen entwickelt, die enge Parallelen sichtbar machen. Anthropologen vergleichen gern afrikanische Stammesgewohnheiten mit denen amerikanischer Indianer. Historiker haben es aufschlußreich gefunden, afrikanische Vorstellungen mit mittelalterlich-europäischen zu vergleichen. Man hat Parallelen gezogen zwischen König Johann von England, der im Jahre 1215 gezwungen war, seinen Baronen für den Fall unrechtmäßiger Aktionen Vergeltungsrechte zuzugestehen, und der Behandlung unrechtübender Könige in einem ostafrikanischen Königreich. Wie der arabische Historiker des 10. Jahrhunderts el-Masudi schrieb, wurde ein solcher König, «wenn er von den Gesetzen der Gerechtigkeit abwich», getötet, und seine Erben wurden von der Nachfolge ausgeschlossen.

Nichtsdestoweniger wuchs das afrikanische Geschichtsbewußtsein, trotz aller Ähnlichkeit mit anderen Kulturen, aus Bedingungen, die dem afrika-

Drei Mauerdekorationen, völlig ohne Mörtel gefugt, zeigen den hohen Stand der frühen Baukunst im Gebiet des heutigen Rhodesien. Die Zickzackbänder (oben) stammen von den Ruinen Simbabwes. Einer der Könige Simbabwes hatte die ursprünglich einfachen Bauten durch imposante Anlagen ersetzt. Die Schachbrett- und Fischgrätenmuster, die man auf dem mittleren und dem unteren Bild erkennt, sind vermutlich Reste von den Ruinen einer Häuptlingswohnung. Sie wurden in Naletale gefunden.

nischen Kontinent eigentümlich waren. Nichts macht dies anschaulicher als die stupende Verschiedenheit der Modalitäten, unter denen die Völker dieses Kontinents ihre Existenzprobleme bewältigten. Im Kampf um das Überleben in den endlosen Ebenen, in undurchdringlichen Wäldern, in moorigen Tälern und in hohen Gebirgen, schuf jeder afrikanische Stamm seine eigenen Formen, um den Lebenskampf zu bestehen. Die Geschichte Afrikas wird von zwei Hauptthemen beherrscht: von der unaufhörlichen Bewegung der Völker und Vorstellungen über weite Entfernungen und – im seltsamen Gegensatz hierzu – von der Abgeschiedenheit und Selbstgenügsamkeit der einzelnen Stämme.

Schlaglichter fallen auf die afrikanische Geschichte, wenn eine Gruppe zu einer großen politischen Unternehmung aufbrach, welche Nachbarstämme in Mitleidenschaft zog und so in die mündliche Überlieferung einging, oder wenn gelehrte Reisende wie el-Masudi ihre Heldentaten aufzeichneten. Aber diese Schlaglichter führen leider in die Irre. Die großen und vielschichtigen afrikanischen Völker werden nur sichtbar, wenn man sie auf dem Hintergrund zahlloser kleinerer Stammesordnungen betrachtet, die im engen Bereich zeigen, wie die Mehrzahl der Afrikaner im Laufe der Jahrhunderte den Drohungen des Lebens begegnet ist. An den unscheinbaren Besonderheiten dieser kleineren sozialen Verbände enthüllen sich die spezifischen Werte der afrikanischen Kultur. Die einfachsten afrikanischen Sozialsysteme haben stets etwas von den Lebensgewohnheiten der Steinzeit bewahrt.

Vorurteile europäischer Forscher. In abgelegenen Winkeln versteckt, leben einzelne Völker noch heute nach diesen Gewohnheiten. So z. B. die Pygmäen in den regenschweren Wäldern des Kongo, ein scheues Volk, das die verschiedensten Beurteilungen erfahren hat. Für die alten Ägypter waren die Pygmäen Wunderwesen, die irgendwo hinter dem südlichen Horizont lebten. Spätere Reisende, die einen Blick auf die Pygmäen erhaschten, betrachteten sie mehr als eine Art großer Affen. Erst unsere Zeit brachte die Wahrheit über die Pygmäen ans Licht. Die Untersuchungen des österreichischen Anthropologen Pater Schebesta und die Forschungen des englischen Anthropologen Colin Turnbull erwiesen die Pygmäen endgültig als menschliche Geschöpfe. Weit entfernt vom Tierischen, hatten sie Vorstellungen über ihre Waldwelt, die nach Turnbulls Worten «ihr Leben mehr als lebenswert machten ... die es mit all seinem Ungemach, seinen Problemen und Tragödien doch mit wunderbarer Freude, mit Glück und mit Sorglosigkeit erfüllten».

Die Reisenden des 19. Jahrhunderts hatten die Pygmäen als untermenschliche Wesen angesehen, weil deren Leben so armselig, so fern von jeder materiellen Berechnung war. Derselbe Mangel rief ihr Staunen und ihre Abneigung auch gegenüber anderen Völkerschaften hervor. Auf einem

Um sich vor Nilhochwasser zu schützen, setzten die Dinkas ihre Hütten auf Pfähle.

Marsch durch die Regionen des südlichen Nil beobachtete der britische Forscher Samuel Baker in den 1860er Jahren die wohlgewachsenen, nackten Dinka, die in ihren Lehmhütten mit nur wenigen Eisenspeeren und Angelhaken ausgerüstet waren: er bezeichnete sie als unter den Hunden stehend. Sie besaßen – nach seiner Meinung – kein einziges Attribut der Zivilisation, «weder Dankbarkeit noch Mitleid, noch Liebe, noch Selbstverleugnung».

Spätere Besucher der Dinka und anderer Völker in diesem Gebiet dachten weniger abschätzig als Sir Samuel, waren aber immer noch höchst überrascht über das offenbare Fehlen jeder sozialen Ordnung und Tätigkeit. Sie fanden weder Herrscher noch Gerichtshöfe oder Verwaltungen vor, noch irgendein Zeichen materiellen Fortschritts. Die wahre Natur dieser Nilvölker studierte und begriff man erst, als die britische Kolonialverwaltung auf der Suche nach Möglichkeiten, mit ihren afrikanischen Untertanen auszukommen, Anthropologen berief, um «Autoritätspersonen» ausfindig zu machen. Aus diesen Untersuchungen, die von hervorragenden Gelehrten unternommen wurden, wuchs allmählich ein Wissen hervor, welches soziale Verhältnisse von beträchtlicher Vielschichtigkeit offenbarte.

Ein Dinka mag beispielsweise kaum Kleidung tragen, in einer Hütte aus Lehm und Flechtwerk hausen und fast nichts von Wert besitzen. Trotz-

Dicke verzierte Lehmmauern schützen die Nigerianer vor der sengenden Hitze.

dem ist sein Leben wohl organisiert. Es dreht sich um die Versorgung seiner Herde unter den Bedingungen der beiden großen Jahreszeiten, der feuchten und der trockenen. Im Juli, wenn der karge Märzregen starken Regengüssen weicht und Flüsse zu Strömen anschwellen, verläßt der Dinka seine Hütte in den niedrig gelegenen Ebenen und treibt sein Vieh auf die Höhen. Dort richtet er auf einem Hügel, den seine Familie seit Generationen benutzt hat und der buchstäblich aus ihren Siedlungsresten entstanden ist, einen *wut* ein, einen Viehpferch. Im Oktober, wenn die Regenzeit endet, kehrt er zur Ernte in die Ebene zurück. Aber schon im Januar bricht er wieder auf, um in der Trockenzeit am Fluß Wasser für sein Vieh zu suchen.

Familienbräuche. Der Viehpferch ist der Kern des Dinkalebens. Jeder *wut* ist umgeben von den *wuts* anderer Dinka, alle mehr oder weniger verbunden durch komplizierte verwandtschaftliche Bindungen, die wohl unterscheiden zwischen mütterlicher und väterlicher Abkunft. Jede Gruppe von *wuts* bildet ein *gol,* und die gesamten *gols* des Dinkalandes stellen das System dar, welches das Leben der Dinka beherrscht. Sie bilden eine Bruderschaft, die sich tatsächlich selbst regiert. In diesem System ist jeder einzelne, ob jung oder alt, verheiratet oder nicht, ein Teil eines aufeinander abgestimmten Gemeinschaftslebens. Jeder ist in der Regel durch seine Familie in einen Pflichten- und Aufgabenkreis eingeschlossen. Dem sterbenden Schmied folgen seine Söhne und Neffen. Das Amt des alten Priesters übernehmen dessen Abkömmlinge.

In dieser Gesellschaftsordnung hat alles seine feste Überlieferung; nur wenig bleibt dem Zufall überlassen. Wenn ein Dinka einen Stier oder Ochsen seinen Göttern opfert, so teilt er ihn planmäßig auf. Der Kopf gehört den Dorfältesten, der Rücken der engsten Familie des Opfernden, die Schulter den Söhnen seiner Frauen und seinen Gästen und so fort. Wäre das Dinkaleben nicht so streng geordnet, könnte die Dinkagesellschaft nicht bestehen. Ihre Regeln sind nicht willkürlich; sie sind das Ergebnis langer Experimente auf der Suche nach Lebensmöglichkeiten in den Sümpfen und Flußlandschaften des südlichen Nil.

Aber die Ökologie – das Verhältnis von Lebensumständen zu Boden, Klima und natürlichen Hilfsquellen – ist nicht der einzige Schlüssel zu der Verschiedenartigkeit afrikanischer Gesellschaftsformen. Die zahllosen Arten des Zusammenlebens resultieren nicht allein aus den äußeren Umständen. Die Njakjussa, ein Volk aus den steinigen Höhen von Tansania, müssen naturgemäß einen ganz anderen Boden bewältigen als die Dinka. Trotzdem gleichen sie ihnen in vielfacher Hinsicht und unterscheiden sich von ihnen nur auf bestimmten Gebieten. Wie das Dinkaleben sich an den Lagerfeuern der *wuts* entwickelt, so legen auch die Njakjussa größten Wert auf die Gemeinschaft am Lagerfeuer. Sie haben sogar eine besondere Bezeichnung dafür, *ukwangala,* «die Freude an guter Kameradschaft». Monica Wilson, eine Anthropologin Südafrikas, die bei ihnen lebte, sagt, daß *ukwangala* «höfliche Sitten und Freundlichkeit bedeuten, die sich in gemeinsamem Essen und Trinken kundgibt» und nicht nur «freundlicher Unterhaltung, sondern auch der Diskussion der untereinander Gleichberechtigten dient, das die Njakjussa als Haupterziehungsmittel betrachten».

Dagegen ist die Zusammensetzung der Njakjussagemeinschaft völlig verschieden von derjenigen der Dinka. Die Grundordnung der Dinka beruht auf der Verwandschaft, die der Njakjussa auf dem Lebensalter. Die Grundeinheit ist hier ein Dorf von Männern der gleichen Generation. Diese mögen zufällig Brüder oder Vettern sein, solche Verwandtschaft ist aber nebensächlich. Die Beziehung des Njakjussa zum Lebensalter beherrscht sein ganzes Leben. Die Knaben leben in abgesonderten Lagern oder Dörfern, die ihre Heimat werden, obwohl sie wirtschaftlich noch Glieder der väterlichen Gemeinschaft sind, indem sie das Vieh der Familie

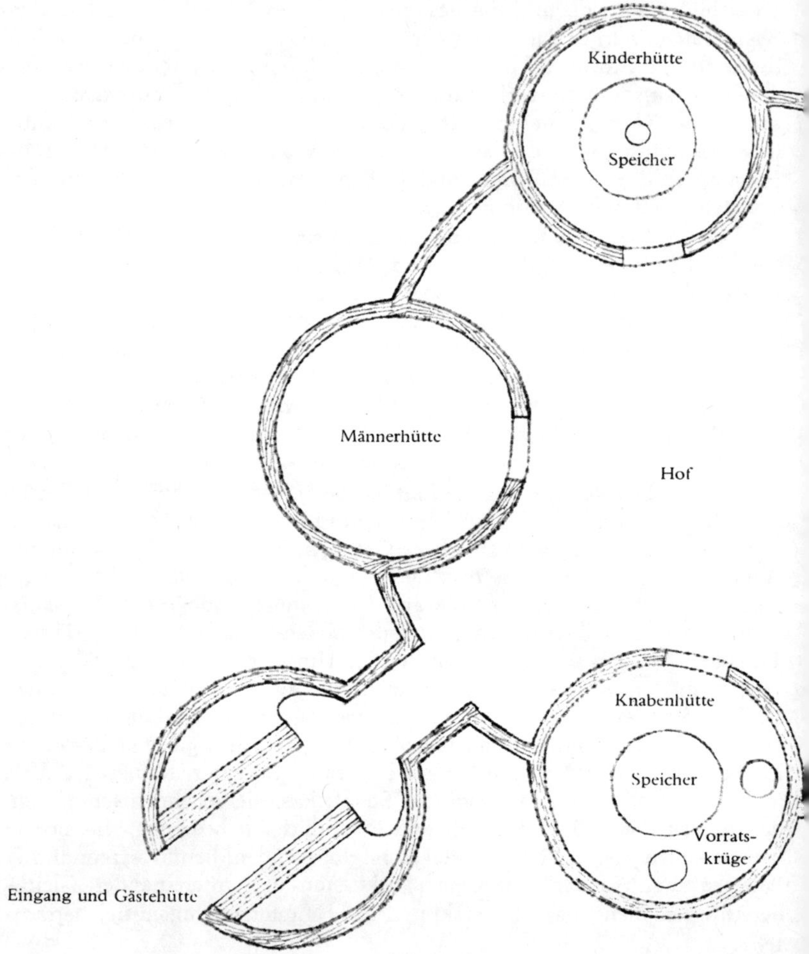

versorgen, deren Felder bewirtschaften und am gemeinsamen Lagerfeuer essen. Wenn die Bewohner eines Knabendorfes heiratsfähig werden, nimmt das Dorf einen neuen Charakter an. Die Häuser werden größer und liegen weiter auseinander, und die jungen Männer beginnen, in der Hauptsache das angrenzende Land zu bearbeiten. Suchen andere Jünglinge um Mitgliedschaft in einem solchen Dorf nach, so heißt man sie fortgehen und ein neues Knabendorf gründen.

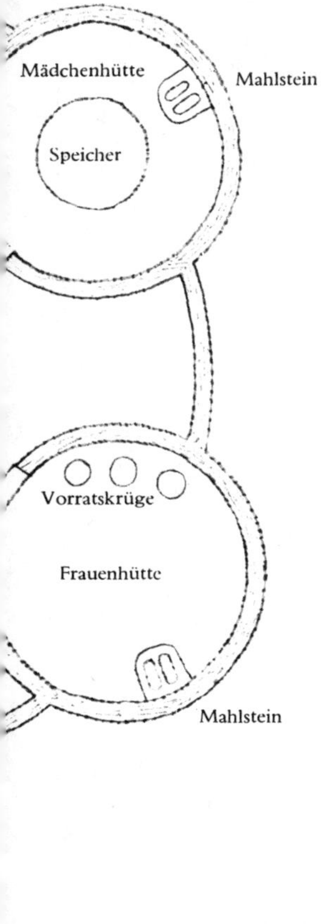

Nuba-Dorf. Ein Komplex von kreisförmig angelegten Hütten, die durch Mauern miteinander verbunden sind, soll vor wilden Tieren schützen. Die Hütten sind aus Lehm gebaut, mit Stroh bedeckt und manchmal mit Kürbissen bekrönt. Hirse ist das Hauptanbauprodukt der Nuba. Sie wird in runden, irdenen Kornbehältern gelagert. Bohnen, Bier und andere Vorräte werden in Krügen aufbewahrt. Der Haupteingang zu der Anlage ist offen. Gäste schlafen auf Liegen im Torgebäude. Der Hof ist das Lebenszentrum der Gemeinde. Hier versammeln sich die Nubafamilien zu gemeinsamen Arbeiten, zum Essen und zum Gespräch.

Andere afrikanische Stämme, die unter ähnlichen Umständen leben, halten es nicht für nötig, sich in solcher Weise aufzuteilen. Aus welchem Grunde tun es die Njakjussa? Die Antwort ergibt sich aus den Überzeugungen der Njakjussa über Recht und Unrecht, insbesondere auf dem Gebiet geschlechtlicher Beziehungen. Sie bemühen sich intensiv um die Frage des Inzestes. Jünglinge dürfen nicht ihre Mütter und Tanten begehren, Männer nicht ihre Nichten und die Frauen ihrer Söhne. «Die Verführung junger Frauen eines alternden Mannes ist ein geläufiges Skandalthema», schreibt Monica Wilson, «und den eifersüchtigen Befürchtungen eines Vaters stehen diejenigen seines Sohnes gegenüber.»

Gleichzeitig halten die Njakjussa es für völlig richtig, daß ein Mann so viele Frauen hat, wie er möchte, solange er sie nur angemessen unterhalten kann, und daß er sie heiratet, wenn sie noch ganz jung sind. Infolgedessen sind in den Njakjussagemeinschaften dauernd zu viele Junggesellen vorhanden und zu wenige attraktive, unverheiratete Mädchen. Die Lösung der Njakjussa gegenüber dieser etwas gespannten Situation ist seit altersher die, daß die Väter in einem Dorf und die Söhne in einem anderen Dorf untergebracht sind. Wie die Dinka aus ökonomischen Notwendigkeiten zu einer sozialen Ordnung fanden, so fanden auch die Njakjussa zu einer harmonischen Lebensform ungeachtet ihrer strikten Moralgesetze.

Wie aber gelang es diesen ihr Leben selbst regelnden Völkerschaften, außerhalb der unmittelbaren Stammeseinheit Ordnung zu halten? Welcher Methoden bedienten sich nicht miteinander verwandte Stämme, um Differenzen beizulegen?

Kriegerische Auseinandersetzungen. Obwohl kriegerische Auseinandersetzungen nicht ungebräuchlich waren, blieb der Krieg fast immer eng begrenzt und wurde nach streng konventionellen Regeln geführt. Die Vorstellung, daß Afrika fortwährend in Stammeskriege verwickelt gewesen sei, ist unrichtig.

Es gab bekanntlich kein Volk von so kriegerischer Angriffslust wie die Zande, die in den Hochweideländern des nördlichen Sudan lebten. Man sagte ihnen nach, daß sie mit fanatischer Wildheit kämpften, bewaffnet mit vielschneidigen Wurfmessern, und daß sie ihre erschlagenen Feinde aßen. Nur ein einziger Europäer aber hat jemals behauptet, eine solche Zandeschlacht beobachtet zu haben, und zwar der Italiener Carlo Piaggia, der das Zandegebiet in der Mitte des 19. Jahrhunderts bereiste. Spätere Besucher haben nichts vorgefunden, was diesen scheußlichen Verdacht hätte bekräftigen können. Der englische Anthropologe E. E. Evans-Pritchard, der viele Jahre mit der Beobachtung der Zande zubrachte, beschreibt ihre Kriege als sorgfältig arrangierte Begegnungen mit dem ausgesprochenen Ziel, die Verluste an Menschenleben auf beiden Seiten so gering wie möglich zu halten.

Evans-Pritchard schreibt: «Wie man mir erklärte, galt es, den Feind zum Rückzug zu veranlassen, und zwar so, daß man unter möglichst geringen eigenen Verlusten als Sieger gelten konnte. Dabei vermied man eine vollständige Einkreisung des Feindes, um ihm eine Hintertür zum Rückzug offenzulassen, damit er nicht ohne Hoffnung auf Rettung sein Leben so teuer wie möglich verkaufte.» Eine andere derartige Kriegsregel bestand darin, daß «ein Gefecht erst um vier Uhr nachmittags beginnen sollte, damit die Unterlegenen sich im Schutze der Dunkelheit zurückziehen konnten». Mit anderen Worten war das Ziel der Zandekriege nicht das Töten um des Tötens willen. Kriege dienten politischen Zwecken und wurden geführt, um einen Nachbarn für eine wirkliche oder vermeintliche Ungerechtigkeit zu bestrafen oder sich seiner Kornvorräte oder seiner heiratsfähigen Mädchen zu bemächtigen. Und viel Sorgfalt wurde darauf verwandt, die Kriege nicht blutiger werden zu lassen, als sie notwendigerweise sein mußten.

Bei anderen afrikanischen Stämmen galt Krieg als etwas zu Meidendes, und die Talensi im nördlichen Ghana betrachteten ihn sogar als Unrecht. Nur wenn ihnen schwere Unbill widerfuhr, hielten die Talensi einen Kampf für gerechtfertigt. Diese Vergeltungskriege dauerten selten länger als wenige Tage, und die Annexion gegnerischen Landes und die Gefangennahme und Plünderung des Gegners waren streng verpönt. Außerdem mußten Lebensmittel oder Vieh, die während der Feindseligkeiten beschlagnahmt worden waren, unverzüglich aufgegessen oder vernichtet werden. Dieses Verhalten resultierte aus der komplizierten sozialen Ordnung. Jeder Talensistamm war in der einen oder anderen Weise mit den Nachbarn verwandt, so daß ein Angriff immer auch einen «Bruder» treffen konnte.

Diese verschlungenen verwandschaftlichen Bindungen der Talensi stellten auch unter weniger dramatischen Umständen das Grundgesetz ihres Verbandes dar. Die Talensi sind ein hervorragendes Beispiel dafür, wie eine «primitive Gesellschaft» ohne erkennbares Oberhaupt oder eine zentrale Autorität gesetzmäßige Ordnung bewahrt. Die ersten englischen Verwaltungsbeamten, die keine Anzeichen für eine Regierungsgewalt entdecken konnten, schlossen daraus, daß bei den Talensi nichts dergleichen vorhanden sei. «Es gab niemanden», meint der Anthropologe Meyer Fortes, «der Macht über alle Talensi hatte; niemand konnte Steuern, Abgaben oder Dienste von allen verlangen.»

Wie man erst später bemerkte, verfügten die Talensi über ein Netz gesellschaftlicher Verpflichtungen, das alle Arten von Macht im Gleichgewicht hielt. Die Autorität lag bei einer bestimmten Gruppe von Männern, den Häuptlingen und Priestern, die verantwortlich waren für das religiöse, wirtschaftliche und politische Leben. Zugleich wirkten diese Machtbefugnisse aber auch als Fesseln, die gegenseitige Abhängigkeit erzeugten. Eine solche Abhängigkeit durchdrang das soziale Gefüge des ganzen Volkes und bestimmte das Verhalten der Individuen, der Stämme

Zum Bild auf den beiden folgenden Seiten:
Die Bauweise der Rundhütten und Hofanlagen hat sich seit Jahrhunderten nicht geändert. Seit jeher verwenden die afrikanischen Völker als Baumaterialien Lehm, Dung, Gras, Flechtwerk, Bambus und Baumrinde.

und der Stammesverbände. Da auch die Talensi nur Menschen waren, funktionierte das System nicht immer perfekt, gleichwohl erzeugte es eine Art von sich selbst erneuernder Stabilität, die es dem einfachen Bauernvolk der Talensi, die von der Hand in den Mund lebten, möglich machte, Konflikte zu vermeiden, die ihr wirtschaftlicher Ruin gewesen wären.

Für manche afrikanischen Stämme waren indessen die Fährnisse interner Wirtschaftskrisen nichts im Vergleich zu den Rissen im sozialen Gefüge, die der Sklavenhandel verursachte. Das chaotische Afrika, das in der Vorstellung so vieler Europäer des 19. Jahrhunderts lebte, war keine Wahnvorstellung, sondern furchtbare Wirklichkeit. Völker wurden auseinandergerissen, von ihrem Land vertrieben und in einer Art Kettenreaktion der Gewalt in Lebensformen gepreßt, die sie vorher nie gekannt hatten. Doch selbst unter diesen Umständen überlebten sie, und oft brachten sie es fertig, kraftvolle neue Stämme aus den Überbleibseln der alten zu bilden. In der Hügellandschaft, die sich in gebrochenen Zügen an den Ufern des Malawisees in Ostafrika erhebt, lebt ein beharrliches und erfindungsreiches Volk, die See-Tonga, auf die das besonders zutrifft.

Gesellschaftsstrukturen eines Volkes. Die See-Tonga kamen vor 150 Jahren in ihr «Land am See». Zum Unterschied von ihren nächsten Nachbarn, den Njakjussa, die seit Jahrhunderten fast ohne Kontakte mit der übrigen Welt gelebt hatten, waren die See-Tonga in besonderem Maße von äußerem Druck geformt worden. Wahrscheinlich kamen sie aus Nordosten, aus dem Inneren Tansanias. Der Anthropologe Jaap van Velsen, der sich mit den See-Tonga beschäftigt hat, glaubt, daß sie aus verschiedenen Wanderstämmen hervorgegangen seien, die es fertiggebracht haben, sich zu einer eigenen kleinen «Nation» zu formieren. Dies würde gut zu ihrer Wander- und Unternehmungslust passen. Die See-Tonga sind weit und breit in Südafrika bekannt, man findet sie in allen Berufen. Sie haben, nach van Velsen, «überdurchschnittlich viele Gewerkschaftsführer, Politiker und viele Männer in leitenden Positionen der afrikanischen Verwaltung gestellt».

Zweifellos beruht dies darauf, daß die See-Tonga frühzeitig von Europa beeinflußt wurden. Schon 1881 – nur wenige Jahrzehnte nach Livingstones berühmter Reise – lebten Missionare bei ihnen. Der unternehmende Charakter der See-Tonga kann aber auch das Resultat ihrer sozialen Verfassung sein: Die See-Tonga legen größten Wert auf die Freiheit ihrer Lebensäußerungen. Da es zwei Arten von Verwandtschaftsverbindungen gab – zu den Dörfern und den Verwandten sowohl des Vaters als auch der Mutter –, hatte ein See-Tonga freie Wahl zwischen beiden. Er ordnete sich nach Belieben dem einen oder anderen Verband zu und lebte jeweils dort, wo ihm die wirtschaftliche Situation reizvoller erschien. Er war auch in seinen höchst persönlichen Temperamentsäußerungen völlig frei. Zänkereien und Streitgespräche kennzeichneten in der Regel das Dorfleben und dienten, nach van Velsen, mehr der Stärkung als der Schwächung des Gemeinschaftssinnes der Tonga.

In dieser während langer Zeit tausendfach geübten, einfachen sozialen Ordnung des Dorflebens in Afrika findet man wohl die Grundwahrheit über das afrikanische Leben. Hinter seinem rauhen Äußeren verbirgt sich ein fein ausgebildeter Sinn für die Notwendigkeiten des Zusammenlebens, ein Sinn, der die Geschichte dieses Kontinents weitgehend erklärt. Oft ist sie schier unentwirrbar, reich an bemerkenswerten Erfolgen, aber auch nicht arm an krassen Fehlschlägen. Bald bietet sie das Schauspiel machtvoller Reiche, bald das tragischer Zusammenbrüche. Unaufhörlich enthüllt die Geschichte Afrikas zwei Haupteigenschaften: die Befähigung zu politischem Geschick und das Verharren in der verwandtschaftlichen Bindung. Auf diesen beiden Eigenschaften beruhte das öffentliche Leben sowohl in einfachen Darstellungen, wie denen der Dinka und Talensi, als auch in weitläufigen Reichen, wie dem von Simbabwe aus regierten Gebiet.

4. Handelsreiche

Die Lieder und Volkserzählungen Afrikas bergen manch glanzvolle Erinnerung an eine goldene Vergangenheit, an ein Zeitalter der Königreiche und Helden, Krieger, Staatsmänner und Magier. Diese Lieder und Erzählungen haben noch heute die Kraft, die alten Männer zusammenzuführen und die Jungen zu begeistern, denn sie tragen ihre Hörer zurück in ein anderes Afrika, das die menschlichen Erniedrigungen der Kolonialherrschaft noch nicht kannte.

Erst unlängst wohnte eine Gruppe von Reisenden eines Abends in einer entlegenen Herberge in der neuen Republik Guinea einem solchen Ereignis bei. Während sie im Gespräch im Herbergsraum saßen, erschien eine hübsche und selbstbewußte junge Frau mit blitzendem Filigranschmuck in Haar und Ohren in der Tür. Sie ließ sich in der Gesellschaft nieder, breitete ihre Röcke auseinander, rückte ihr Töchterchen zurecht und begann von Guineas Geschichte zu singen. Zuerst sang sie von dem Baumeister der Freiheit der jungen Republik, Sékou Touré, von seiner Energie und seinem Mut im Kampf um die Unabhängigkeit. Aber schon bald wandte sich ihr Lied über die Zeitläufte hinweg einem anderen Touré zu, dem unbeugsamen und eigenwilligen Stammesführer Samori Ibn Lafija, der im 19. Jahrhundert der französischen Invasion in Westafrika mehr als 16 Jahre lang widerstand und an den man sich mit einer Mischung von Bewunderung und Trauer erinnert. Dann wandte sie sich noch weiter zurück in die Vergangenheit, um von Askia Mohammed Touré zu singen, von Askia dem Großen, der das weite Westafrikanische Reich von Songhai im 16. Jahrhundert regierte und die reiche Stadt Timbuktu zu einem Zentrum der Gelehrsamkeit machte.

Heute ist Timbuktu eine bescheidene Provinzstadt in der Republik Mali, weit aus ihrer ursprünglichen Bahn geworfen und beträchtlich in ihrem Ansehen und Reichtum geschwächt. Nichts in dieser Stadt strahlt noch wissenschaftlichen Geist aus oder auch nur irgendeine Art von Be-

Salz war eines der wichtigsten Lebensgüter des afrikanischen Handels und ein ebenso begehrter Tauschartikel wie Gold. Man gewann Salz, indem man Höhlungen in der salzhaltigen Erde mit Wasser füllte. Das Bodensalz verbindet sich mit dem Wasser und bleibt als Rückstand übrig, wenn das Wasser verdunstet ist. Der Rückstand wird ausgeschöpft und zu Blöcken zusammengepreßt. «Männliche» und «weibliche» Becken bedecken den Boden von Tegguida N'Tisent, Quellwasser wird aus großen männlichen Becken auf kleine weibliche Tümpel verteilt.

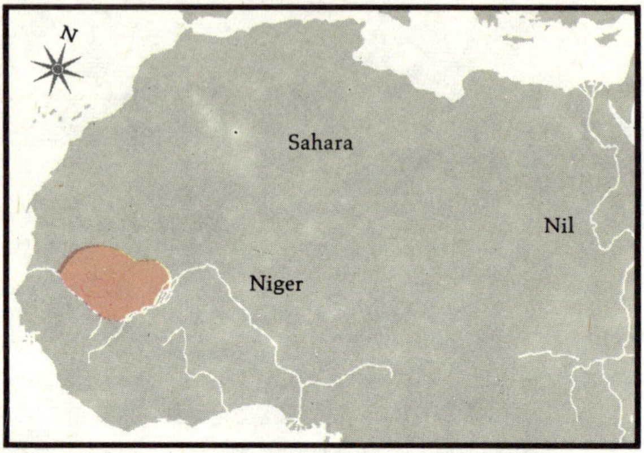

Ghana (700—1200) war das erste große sudanesische Reich.

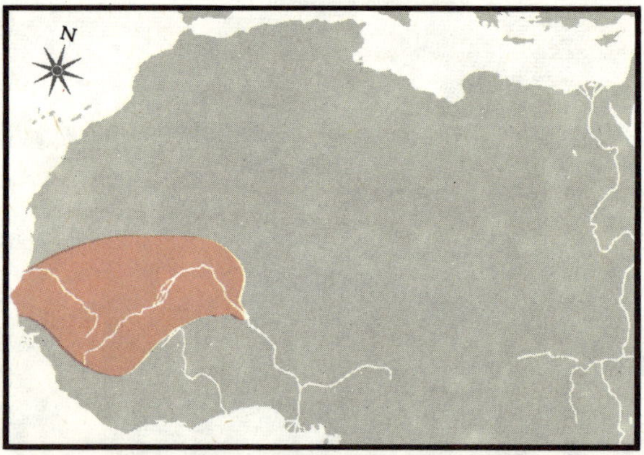

Mali (1200—1500) sog Ghana auf und dehnte sich nach Westen aus.

Vom Ende des 1. christlichen Jahrtausends bis zum Ende des 15. Jahrhunderts bildeten sich im heutigen Sudan politische Organisationen oder Reiche, nämlich Ghana, Mali, Songhai und Kanem-Bornu. Vermutlich ohne jeden asiatischen Einfluß entwickelte sich Ghana, eines der ältesten Negerreiche, das weder geographisch noch historisch mit dem modernen Staat Ghana identisch ist. Mali nahm in der Reihe der sudanesischen Staatsgebilde den Platz Ghanas ein. Nach der Legende stammt die Dynastie der Dia in Songhai ursprünglich von Eingeborenen und eingewanderten Berbern ab.

deutung. Zu Askia Mohammeds Zeiten jedoch besuchte der mosleminische Gelehrte Leo Africanus Timbuktu in diplomatischer Mission und berichtete, daß es «einen prächtigen und wohleingerichteten königlichen Hof besitzt sowie viele Handwerkerläden und Märkte, auf denen europäische Stoffe feilgeboten werden».

Andere Besucher bestätigten die Eindrücke des Leo Africanus. Einer von ihnen war Mahmud el-Kati, der im Jahre 1519 Daten für eine Geschichte sammelte, die er den *Tarikh el-Fettach*, die «Chronik des Erforschers», nannte. El-Kati war damals 51 Jahre alt. Als junger Mann hatte er das Glück gehabt, die Gönnerschaft Askia Mohammeds zu gewinnen, den er

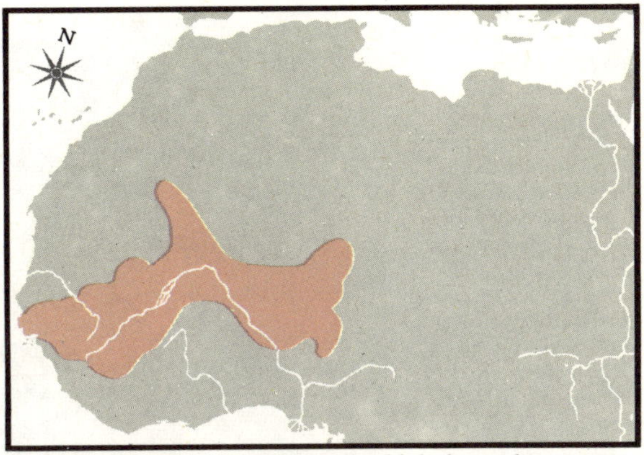

Songhai (1350–1600) usurpierte allmählich das Maliterritorium.

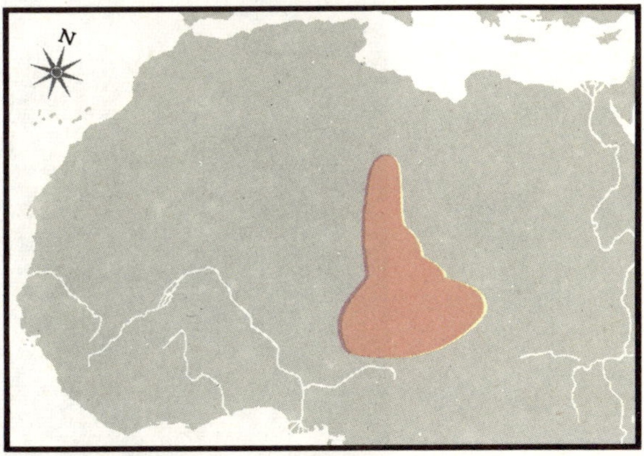

Kanem-Bornu (800–1800) entstand separat im Innern des Landes.

auf einer Pilgerreise nach Mekka begleitete. Nach ihrer Rückkehr nach Timbuktu diente el-Kati dem König in verschiedenen Ämtern, wobei er sich den ehrenvollen Titel eines *alfa* (Doktor der Rechte) erwarb. Er erreichte ein sehr hohes Alter, das, wie man an Hand der Zeugnisse vermutet, etwa 125 Jahre betragen haben muß. So erlebte er das ganze 16. Jahrhundert, als das Songhaireich auf dem Gipfel seines Ruhmes stand. El-Kati war außerdem ein Soninke, ein Abkömmling desjenigen Volkes, welches das alte Ghanareich Jahrhunderte vorher beherrscht hatte. So kannte el-Kati ebensowohl die alten Überlieferungen wie die Geschichte seiner Zeit.

Verdunstungsbecken bei Bilma, einer über 500 Jahre alten salzreichen Oase, werden von Kamelkarawanen besucht, die im Hintergrund auf Beladung warten. An einigen Stellen in Mali wurden reine Salzablagerungen gefunden, die blockweise abgebaut werden konnten. Leo Africanus, ein Gelehrter des 16. Jahrhunderts, schrieb, daß diese Salzminen ein Produkt lieferten, das «weißer als jeder Marmor» sei.

El-Kati berichtete, daß der König, der über das alte Ghana herrschte, 1000 Pferde besaß, deren jedes seine eigene Matratze, seinen eigenen kupfernen Harnbehälter und 3 Stallknechte zur Verfügung hatte. Dieser König hieß Kanissa'ai und war «einer der Herren des Goldes». Jeden Abend trat der König aus seinem Palast, um mit seinen Untertanen zu reden, aber erst nachdem «1000 Reisigbündel zu einem Feuer entfacht

worden waren, die der Bevölkerung Licht und Wärme spendeten». Die Flammen dieses Feuers erleuchteten «den Raum zwischen Himmel und Erde». Dann setzte der König sich «auf eine Empore aus rot leuchtendem Gold» und befahl seinen Dienern, «Speisen zu bringen, die für 10 000 Menschen gereicht hätten».

Vieles hiervon ist sicherlich Legende, aber wieviel mag doch Wahrheit sein? Im 11. Jahrhundert – nur wenige Jahre nachdem Wilhelm der Eroberer sich in der Schlacht bei Hastings im Jahre 1066 zum Herrn über England machte – stellte ein großer spanisch-arabischer Geograph, el-Bakri von Córdoba, sein ‹*Buch der Straßen und Königreiche*› zusammen, eine Art geographisches Lexikon über Afrika. Darin gab el-Bakri einen Bericht über das Hofzeremoniell eines Königs von Ghana, das nur wenig von el-Katis Schilderungen abweicht. Wenn der König «seinem Volk eine Audienz gewährt, um dessen Klagen anzuhören und Abhilfe zu schaffen», schrieb el-Bakri, «so sitzt er in einem Pavillon, umgeben von 10 Pferden mit goldgeschmückten Geschirren. Hinter dem König stehen 10 Leibwächter mit Schilden und goldverzierten Schwertern; zur Rechten die Söhne der Fürsten seines Reiches, glanzvoll gekleidet und mit Goldschmuck im Haar ... Die Pforte des Pavillons wird von edlen Hunden bewacht, die der König fast immer bei sich hat und die Halsbänder aus Gold und Silber tragen.»

Man kann auf die Authentizität von el-Bakris Bericht aus den statistischen Angaben seines Buches schließen, in welchen die Entfernungen zwischen Städten und Märkten angegeben werden. Viele dieser Angaben sind nachprüfbar und haben sich als recht genau erwiesen. Auch die Entdeckungen der Archäologen geben el-Bakri recht. Zum Beispiel beschrieb el-Bakri die Hauptstadt Ghanas als eine Stadt, die aus zwei auf einer Ebene gelegenen Teilen bestand. Der eine Teil wurde von mosleminischen Kaufleuten bewohnt, der andere vom König und seinem Hof. Die mosleminische Stadt besaß 12 Moscheen, ausgestattet mit besoldeten Koranvorlesern und Gelehrten. Sie war umgeben von «Süßwasserbrunnen, von denen sie trinken und bei denen sie ihr Gemüse ziehen». Die königliche Anlage, in einer Distanz von etwa 10 Kilometern gelegen, besaß «einen Palast und zahlreiche hallenartige Wohngebäude, das Ganze war umgeben von einem Wall».

Die Ruinen der vermutlich ersten dieser Siedlungen fand ein Beamter der französischen Kolonialverwaltung, Albert Bonnel de Mézières, im Jahre 1914. Sie liegen in der Nähe von Kumbi Salih, in Mauretanien, etwa 300 Kilometer nördlich der heutigen Stadt Bamako in der Republik Mali. Bei der Ausgrabung dieser Ruinen am Anfang der 50er Jahre legten die französischen Archäologen Raymond Mauny und Paul Thomassey eine Anlage von wohlgebauten Steinhäusern frei, offenbar die Wohngebäude der wohlhabenden mosleminischen Kaufleute, von denen el-Bakri spricht.

Die Legenden des westlichen Sudan beruhen also auf Wahrheit; zwar schmücken sie aus, aber sie erfinden nichts. Sie werfen Lichter auf die Geschichte einer Reihe großer Handelsstaaten, die in den ausgedehnten Steppengebieten Nordzentralafrikas vom 8. Jahrhundert bis zur Kolonialzeit blühten.

Zu Hunderten gestapelte Salzplatten liegen am Ufer des Tschadsees zur Verschiffung bereit. Boote bringen das Salz von diesem großen See am Südrand der Sahara über Binnengewässer zu Handelspartnern in die südlichen Gebiete.

Reichtum durch Handel. Das erste dieser Reiche war Ghana, das sich um 700 n. Chr. im westlichen Sudan bildete und im 13. Jahrhundert zerfiel. Das zweite war das Malireich, das Ghana im wesentlichen auf dem gleichen Territorium folgte, sich aber über weitere Gebiete ausdehnte und zu einem großen politischen System entwickelte. Nach seinem Aufstieg im 13. Jahrhundert verfiel es im 15. Jahrhundert und löste sich 100 Jahre später ganz auf. In zeitlicher Überschneidung mit Mali existierte von etwa 1350 bis 1600 ein drittes Reich, das Königreich Songhai, das sich weiter ostwärts zum Tschadsee hin ausdehnte.

Wenn moderne Folkloresänger des westlichen Sudan diese Reiche als Goldenes Zeitalter apostrophieren, so tun sie das mit gutem Grund. Reichtum und Macht dieser Reiche beruhten ganz buchstäblich auf Gold.

Es war die Stärke Ghanas und später Malis und der Grund für den Aufstieg und späteren Fall Songhais, denn es beschwor eine zerstörerische, marokkanische Invasion im Jahre 1591 herauf, die das Reich vollständig vernichtete.

Der Goldhandel durch die Sahara reicht zeitlich weit zurück bis zu den Tagen phönizischer Siedlungen entlang der nordafrikanischen Küste. Seine Blütezeit begann mit der mosleminischen Eroberung Nordafrikas im 7. und 8. Jahrhundert und dem Zustrom mosleminischer Kaufleute. Seit dem Ghanareich bauten die westafrikanischen Handelsstädte ihre vorteilhafte Mittlerstellung in diesem wiederaufgenommenen Handel aus. Sie beherrschten den Goldexport nach Norden und die Einfuhr von Salz, diesem «köstlichsten aller Güter», in die heißen und salzlosen Regionen Innerafrikas. «In den Sandwüsten dieses Landes liegt ein unermeßlicher Goldschatz», schrieb ein spanischer Reisender, Abu Hamid el-Andalusi. «Die Kaufleute tauschen es gegen Salz ein, das sie auf Kamelen aus den Salzminen holen. Sie brechen aus einer Stadt namens Sijilmasa auf ... und ziehen durch die Wüste, als ob sie sich auf dem Ozean befänden, wobei ihre Führer sie mit Hilfe der Sterne oder der Felsen geleiten ... Sie nehmen Vorräte für 6 Monate mit, und wenn sie Ghana erreichen, so wiegen sie ihr Salz und verkaufen es gegen ein bestimmtes Gewicht an Gold ... je nach der Marktlage.»

Im Laufe der Zeit sammelte sich in den Handelszentren ein ungeheurer Reichtum. Im 10. Jahrhundert schrieb der arabische Geograph Ibn Hawqal, daß ein Kaufmann in Sijilmasa seinem Geschäftsfreund in der Stadt Audaghost die Riesensumme von 40 000 Golddinaren schuldete (1 Dinar hatte das Gewicht von 72 Gerstenkörnern). Ungefähr gleichzeitig werden diese Gebiete auch vom islamischen Glauben erobert. Mit ihm breiteten sich wissenschaftliche Methoden aus, die Traditionen der Gelehrsamkeit, ein Gesetzeskodex und Währungs- und Kreditusancen. Allmählich nahmen die Bewohner der Städte urbane Gewohnheiten an. Sie

Links: Wüstendurchquerungen dauerten durchschnittlich drei Monate. Nur in Oasen wurde die Reise unterbrochen, um die Wasservorräte aufzufrischen. Die Oase Djanet in Algerien ist seit Jahrhunderten Raststätte für Karawanen.

Zum Bild auf den beiden folgenden Seiten:
Jahrhundertelang wurde Handelsware in Westafrika durch Karawanen befördert. Ohne Kamele hätten die weiten Wüstenräume der Sahara nicht durchquert werden können. Nur auf diese Weise konnten Händler Verbindungen zwischen den nördlichen Küstengebieten und Ländern südlich der Sahara schaffen. An den Aufbruchstellen sammelten sich kleinere Gruppen mit gleicher Zielrichtung – manchmal bis zu 12 000 Kamelen. Auf unsichtbaren Pfaden führen die Tuaregs ihre Dromedare durch die Wüste. Wegzeichen gibt es kaum, die Tuaregs richten sich seit altersher nach Sonne, Sternen und den Spuren des Windes im Sand.

lernten Komfort, Muße und Bildung kennen. El-Bakri beschrieb Audaghost in seinem ‹*Buch der Straßen und Königreiche*› als «eine sehr ausgedehnte Stadt mit verschiedenen Märkten, vielen Dattelpalmen und Hennabäumen so groß wie Olivenbäume ... voll stattlicher Häuser und Gebäude». Er sprach auch begeistert über den Reiz der dortigen Frauen.

Nicht alle Berichte waren so enthusiastisch. Einer der bekanntesten und eingehendsten stammt von Ibn Batuta, einem berberischen Gelehrten und Theologen aus Tanger. Ibn Batuta durchquerte die Sahara im Jahre 1352 und brachte etwa ein Jahr in Mali zu, das zu dieser Zeit gerade Ghana in seiner Führerrolle im Sudan abgelöst hatte. Auf seinem Weg nach Süden pausierte Ibn Batuta eine Zeitlang in der «Salzstadt» Tagasa, die er als «einen unansehnlichen Flecken bezeichnete, mit der Merkwürdigkeit, daß die Häuser und Moscheen aus Salzblöcken erbaut und mit Kamelhäuten überspannt sind. Es gibt dort keine Bäume, nichts als Sand. In dem Sand liegt eine Salzmine, wo sie nach Salz graben und es in dicken Blöcken finden, die aufeinander liegen, als ob sie zugeschnitten und unter die Erde gelegt worden wären.»

Im Süden der Sahara verweilte Ibn Batuta einige Zeit in dem Marktflecken Walata an der Nordgrenze des Malireiches. Er fand die Bevölkerung eigenartig und ihre Sitten vielfach beklagenswert. Er war tief entrüstet, oder behauptete das jedenfalls, über die Freiheit der körperlichen Beziehungen zwischen den Geschlechtern. «Die dortigen Frauen», schrieb er, «haben ‹Freunde› und ‹Gefährten› unter den Männern außerhalb ihrer Familien, und die Männer haben in gleicher Weise ‹Gefährtinnen› unter den Frauen anderer Familien. Eines Tages ging ich in Walata in das Haus des Richters, nachdem ich um Erlaubnis dazu gebeten hatte, und fand bei ihm eine Frau von bemerkenswerter Schönheit. Ich war entsetzt und schickte mich an, das Haus zu verlassen, aber ... der Richter meinte: ‹Warum gehen Sie fort? Sie ist meine Gefährtin.› Ich war äußerst verwundert ... denn er war ein Theologe und Pilger noch dazu.»

Ibn Batuta mißfiel auch sehr die offensichtliche Dürftigkeit afrikanischer Gastfreundschaft. In Walata von einem Magistratsbeamten zum Essen eingeladen, bekam er zerquetschte Hirse mit Milch und Honig gemischt in einer Kürbisschale serviert. «Haben uns die Schwarzen um dieses Gerichtes willen eingeladen?» fragte er, und die Antwort lautete: «Ja, nach ihrer Meinung ist dies die höchste Form der Gastfreundschaft.» Später, in der Hauptstadt von Mali, klagte er, der Sultan sei «ein Geizhals, nicht aber jemand, von dem man ein reiches Geschenk erhoffen dürfe». Anstatt der erwarteten «Ehrengewänder und Geldgeschenke» erhielt Ibn Batuta «drei Brotfladen, ein Stück in ungereinigtem Öl gesottenes Rindfleisch und eine Kalebasse mit Quark».

In Fragen von größerer Bedeutung urteilte Ibn Batuta indessen günstiger. Zu den anerkennenswerten Eigenschaften der Bevölkerung zählte er einen hohen Gerechtigkeitssinn. «Unter allen Völkern verabscheuen die Neger die Ungerechtigkeit am stärksten. Wer sich ihrer schuldig macht, findet niemals Gnade beim Sultan. Im ganzen Lande herrscht völlige Sicherheit. Der Reisende braucht dort Räuber und Diebe ebensowenig zu fürchten wie der Stadtbewohner.» Außerdem sagte Ibn Batuta, «konfiszieren die Neger nicht das Vermögen von Nordafrikanern, die in ihrem Lande sterben, selbst dann nicht, wenn es sich um große Schätze handelt. Im Gegenteil, sie geben diese Güter einem Vertrauensmann in Verwahrung ... bis die Berechtigten sich melden und Besitz davon ergreifen.»

War el-Bakri beeindruckt vom Hofzeremoniell im Ghana des 11. Jahrhunderts, so war es Ibn Batuta vom Pomp königlicher Audienzen im Mali des 14. Jahrhunderts. So wenig angemessen die Gaben des Sultans scheinen mochten, seine Autorität war unleugbar. An Audienztagen, sagte Ibn Batuta, trat der Sultan aus seinem Palast heraus, «ihm voraus seine Musikanten mit goldenen und silbernen *guimbris* [zweisaitigen Gitarren], hinter ihm 300 bewaffnete Sklaven». In eine «rote Samttunika» gekleidet, mit goldener Kappe, bestieg er eine mit Seide ausgeschlagene Plattform, der ein großer Sonnenschirm Schatten spendete, «eine Art Pavillon aus Seide, gekrönt von einem vergoldeten Vogel von der Größe eines Falken». Sein Gang zu dieser Plattform war gelassen, und er bestieg sie «in der gesetzten Weise eines Priesters, der die Kanzel einer Moschee betritt», während Trommeln und Hörner ertönten.

Eine glanzvolle Ära. Kein Bericht über das Malireich ist so anschaulich wie der Ibn Batutas. Die Nachrichten über Reichtum und Glanz des Malireiches verbreiteten sich überall, hauptsächlich infolge des Pilgerzuges Mansa Musas, des größten aller Maliherrscher, nach Mekka im Jahre 1324. Musa reiste mit einem Gefolge von 60 000 Mann, darunter 500 Sklaven, von denen jeder einen Goldbarren im Gewicht von 500 *Miskals* (fast 2 kg) trug.

Selbst wenn man eine gewisse Übertreibung unterstellt, ist es sicher, daß Musas Pilgerzug eine Sensation hervorrief. In Kairo sank der Wert des dortigen Dinars für die Dauer von wenigstens 12 Jahren durch Musas Freigebigkeit mit seinem sudanesischen Gold. Seinen ägyptischen Gastgebern blieb er aber auch wegen seines Stolzes im Gedächtnis. «Ich schlug vor», so erinnerte sich einer, «er möge den Sultan in seinem Palast aufsuchen. Aber er sagte: ‹Ich kam als Pilger und zu keinem anderen Zweck.› Ich begriff wohl, daß ein solcher Besuch ihm zuwider war, weil er den Boden vor dem Sultan oder dessen Hand hätte küssen müssen.» Schließlich willigte Musa dennoch in diese Formalität ein, erklärte aber beim Küssen des Bodens, «ich beuge mich zur Erde nieder vor Allah, der mich erschuf und in die Welt rief».

Seine widerspenstige Haltung ist verständlich. Mali war immerhin weit größer als Ägypten, und sein Reichtum war sehr viel bedeutender — wenigstens gemessen am Gold. Musas Herrschaftsgebiet erstreckte sich von den Fluten des Atlantik entlang der Nordküste des heutigen Senegal bis an die Grenzen des heutigen Nigeria und von den Säumen der Regenwälder im Süden bis zu den Oasenmärkten der zentralen Sahara. Nach dem Mongolenreich in Asien war es der größte Staatsverband seiner Zeit.

Erst im Jahre 1500, als Malis Macht bereits der Songhais hatte weichen müssen, lieferte ein anderer berühmter Reisender eine detailliertere Beschreibung von Mali. Leo Africanus, der spanische Moslem, dessen wirklicher Name Hassan Ibn Mohammed lautete, beschrieb die Hauptstadt von Mali als eine Stadt von 6000 Wohnhäusern und verschiedenen Moscheen und Koranschulen. Seine Bürger waren geschickte Handwerker und Kaufleute, die mit den verschiedensten Produkten handelten und «allen anderen Negern an Klugheit, Lebensart und Fleiß» überlegen waren.

Leo Africanus war es auch, der Timbuktu beschrieb, als diese Stadt das Kulturzentrum des Songhaireiches war. Zu Leos Zeiten besaßen Städte wie Timbuktu und Dschenne wegen ihrer Gelehrsamkeit und Gastfreundlichkeit gegenüber Gelehrten einen Ruf in der ganzen mosleminischen Welt. Gebildete Moslems reisten dorthin, um ihren Begriffen weitere Dimensionen hinzuzufügen. Viele afrikanische Gelehrte hatten ihr Wissen in Kairo empfangen, aber sie entwickelten durchaus eigene Vorstellungen. Sie versammelten Studenten und Schüler um sich und verfaßten ein reiches Schrifttum in den herkömmlichen Formen islamischer Literatur — Biographien und Geschichtswerke, theologische Kommentare und rechtliche Abhandlungen, worüber Richter und Könige korrespondierten. Teile ihres Werkes erlangten fast klassische Autorität und genießen sie in den Koranschulen des westlichen Sudan noch heute. Die Bibliotheken dieser Gelehrten gaben Leo Anlaß zu der Bemerkung, daß der Buchhandel in Timbuktu profitabler sei als irgendeine andere Handelssparte.

Leos Berichte erregten Aufsehen in der Handelswelt ganz Europas, obwohl sie erst ein halbes Jahrhundert später allgemein bekannt wurden. Einige Zeit nach seiner Rückkehr aus dem Sudan wurde Leo von christlichen Piraten auf dem Mittelmeer gefangen und als ein sonderbarer und besonders bemerkenswerter Gefangener nach Rom gebracht. Dort wurde er von Papst Leo X. empfangen, der von der Gelehrsamkeit des Mauren so angetan war, daß er ihn mit seinem eigenen Namen taufte und ihm Bezüge gewährte, die ihm erlaubten, seine Berichte über Afrika niederzuschreiben.

Europäer suchen Handelsbeziehungen. Auf verschiedene Weise war Kunde von dem Reichtum und den Handelsunternehmungen der afrikanischen Reiche zu den mittelalterlichen Handelsstädten Südeuropas gelangt. Besonders Marseille, Genua, Florenz und Venedig hatten schon lange Ver-

Mansa Musa hält eine große Goldkugel – Symbol für den Wohlstand seines Königreiches Mali – in der Hand (Katalanische Karte, 1375).

suche unternommen, die islamische Barriere in Nordafrika zu durchstoßen und Handelsbeziehungen mit den Kaufleuten des westlichen Sudan anzuknüpfen. Hin und wieder hatten diese Städte versucht, die afrikanischen Reiche auf dem Seewege zu erreichen. Im Jahre 1346 stach ein katalani-

واقنعي بالنشح عند المورد

Afrikas Handel war bereits in vorkolonialer Zeit so gut durchorganisiert wie ein modernes Handelsnetz. Schiffe aus Spanien, Portugal und Italien legten regelmäßig in den Mittelmeerhäfen Afrikas an, wo europäische Ladungen (Tuche, Pferde und Fertigwaren) gelöscht und Datteln, Oliven, Kolanüsse, Baumwolle, Kupfer und vor allem Gold, das Hauptprodukt der afrikanischen Wirtschaft, geladen wurden. Afrikanische Erzeugnisse erreichten ihre Märkte auf unterschiedliche Weise: auf den Rücken von Eseln und Kamelen, auf den Köpfen von Trägern, in den Laderäumen von Barken und Seglern. Die Afrikaner unterhielten nicht nur ihren lebhaften Binnenhandel, sondern auch ein florierendes Überseegeschäft mit Indien und dem Orient. Arabische Händler, wie dieser auf einer Miniatur des 13. Jahrhunderts, durchquerten die Sahara, um zu den großen Königreichen des westlichen Sudan zu gelangen.

scher Kapitän namens Jacme Ferrer mit einer Galeere von Mallorca aus in See, um den «Goldfluß» zu suchen, von dem man annahm, er liege irgendwo weit unten an der atlantischen Küste. Aber Ferrer kehrte niemals zurück. Europa besaß damals weder das nötige Geschick noch die erforderlichen Instrumente für ozeanische Reisen.

Im Jahre 1375 stellte ein anderer Mallorquine, der Kartograph Abraham Cresques, eine Karte des «unbekannten Kontinents» her, die wahrscheinlich auf Informationen seiner jüdischen Glaubensbrüder beruhte, denen die Moslems anders als den christlichen Kaufleuten häufig erlaubten, das Gebiet von Nordafrika zu bereisen. Cresques' Karte zeigte unter anderem den mächtigen «Herrn der Neger» auf seinem Thron in Mali, wie er eine Art goldenen Reichsapfel hochhält. Ein weißverschleierter Kaufmann reitet über die endlosen Kamelrouten der Sahara zu ihm hin, um mit ihm Handel zu treiben.

Einige Jahrzehnte später läßt ein anderes Ereignis vermuten, daß einige wenige Mutige tatsächlich dem von Cresques vorgezeichneten Weg gefolgt sind. Im Jahre 1413 kehrte Anselm d'Isalguier wohlbehalten nach Marseille und Toulouse zurück, begleitet von einer afrikanischen Prinzessin, die er zur Frau genommen hatte, und einem Gefolge von afrikanischen Dienern, von denen einer sich als Arzt niederließ und die medizinische Welt Frankreichs nicht wenig in Aufregung versetzte, als er keinen geringeren als den Dauphin von Frankreich behandelte, den Erben des französischen Königsthrons.

Die nachhaltigsten Anstrengungen, Afrika auf dem Landwege zu durchdringen, machten indessen die italienischen Stadtstaaten. Nicht lange nach d'Isalguiers Rückkehr gelang es den Genuesen, einen Mann namens Antonio Malfante in der Oasenstadt Tuat zu etablieren. Etwas später war das große florentinische Bankhaus Portinari sogar noch erfolgreicher. Sein Agent, Benedetto Dei, gelangte bis nach Timbuktu und stellte geschäftliche Kontakte her. Die Bankiers und Kaufleute hielten indessen ihre Informationen so sorgfältig geheim, daß die meisten Berichte ihrer afrikanischen Agenten der Nachwelt völlig verlorengingen.

Unterdessen begannen die Portugiesen, mit Hilfe besserer Segel und besserer Instrumente bald nach 1430 an der langen Atlantikküste hinunter vorzustoßen in der Absicht, auf eigene Faust von See her Kontakte mit Afrika aufzunehmen. In den Jahren nach 1440 erschienen portugiesische Schiffe in den westafrikanischen Gewässern. Aber wiederum wurden die meisten Informationen der Schiffsbesatzungen als Staatsgeheimnisse betrachtet und verschwanden in den königlichen Archiven. Erst im Jahre 1550 wurde der europäischen Öffentlichkeit ein detaillierter Bericht über die westafrikanischen Reiche allgemein zugänglich. In diesem Jahr publizierte Giovanni Battista Ramusio den Bericht, den Leo Africanus für Papst Leo X. angefertigt hatte.

Der Reichtum von Gao: Ein Entdeckerbericht

Zu der Zeit, als Kolumbus die Neue Welt entdeckte,
besuchte der maurische Forscher und Gelehrte Leo Africanus
die Königreiche Westafrikas.
Sein Hauptwerk, «Die Geschichte und Beschreibung Afrikas»,
enthält den folgenden Bericht über die blühende Hauptstadt von Songhai:

«Gao ist eine sehr große Stadt ähnlich Kabara, ungerechnet die Umwallungen. Die Stadt liegt ungefähr 650 km südöstlich von Timbuktu. Die meisten Häuser sind häßlich. Indessen sind die wenigen, in welchen der König und sein Hofleben, sehr stattlich. Die Einwohner der Stadt sind reiche Kaufleute, die beständig mit ihren Waren im Land umherziehen. Viele Schwarze bringen Gold in die Stadt, um europäische und berberische Waren einzuhandeln. Aber sie finden niemals genügend Ware, um all ihr Gold dafür auszugeben, und nehmen deshalb stets die Hälfte oder zwei Drittel davon wieder mit nach Hause.

Die Stadt ist im Vergleich zu Timbuktu wohlverwaltet. Brot und Fleisch gibt es im Überfluß, aber Wein und Früchte sind nicht aufzutreiben. Es gibt Melonen, Gurken und hervorragende Kürbisse in Mengen, und sie haben große Mengen Reis. Die Süßwasserbrunnen der Stadt sind sehr zahlreich. Es ist auch ein großer Marktplatz vorhanden, wo man an Markttagen zahllose . . . Sklaven verkauft. Ein 15jähriges Mädchen ist etwa sechs Dukaten wert und ein junger Mann kostet ungefähr ebensoviel. Kleine Kinder und ältere Sklaven kosten dagegen nur die Hälfte dieses Betrages.

Der König verfügt über einen besonderen Palast für Frauen, Konkubinen und Sklaven und für die Eunuchen, welche die Frauen bewachen. Er hat . . . eine Leibwache von Berittenen und Fußsoldaten, die mit Bögen bewaffnet sind. Zwischen dem öffentlichen Tor und dem privaten Eingangstor zum Palast ist ein großer Hof angelegt, der von einer Mauer umgeben wird. Die Bogengänge auf jeder Seite des Hofes werden für die königlichen Audienzen benutzt. Obwohl der König seine Staatsgeschäfte selbst besorgt, dienen ihm zahlreiche Beamte, wie Sekretäre, Ratgeber, Offiziere und Verwalter.»

Für Ramusio und bald auch für andere war die Losung klar: Europas Kaufleute sollten «sich aufmachen zu Geschäften mit dem König von Timbuktu und Mali». In diesem Gebiet würden sie Gastfreundschaft und ergiebige Märkte finden. Leo sprach von Städten, wie Gao, Timbuktu, Katsina und Kano, die bereits über nordafrikanische Zwischenhändler mit europäischen Tuchen und Metallwaren handelten. Offensichtlich waren diese Städte Zentren mächtiger Staaten. In Guangara beispielsweise, sagte Leo, verfüge der König über ein Heer von 7000 Bogenschützen und 500 Berittenen, ziehe reichliche Steuereinkünfte aus dem Handel und herrsche über «viele reiche Leute». Außerdem, so fügte Leo hinzu, sei Guangara nur eine von vielen afrikanischen Städten, die europäische Waren zu schätzen wüßten und Dinge wie Gold und Elfenbein günstig anböten.

Ende des 16. Jahrhunderts bestätigten europäische Seefahrer Leos Bericht. Portugal kaufte Gold an verschiedenen Plätzen längs der westafrikanischen Küste, und im Jahre 1555 ankerte eine erfolgreiche englische Expedition in der Themse mit einer Ladung von 4000 Pfund Gold und 250 Elfenbeinzähnen, wodurch sie das investierte Kapital glücklich mehrfach wieder hereinbrachte. Alsbald folgten andere Engländer und kehrten mit ähnlich günstigen Ergebnissen zurück. Später, im Jahre 1561, beteiligte Königin Elisabeth I. sich selbst am afrikanischen Handel und erzielte bei einer einzigen Reise einen Reingewinn von 1000 Pfund.

Es ist dabei eine Tatsache, daß die Prosperität der afrikanischen Handelsreiche zwischen dem 13. und 16. Jahrhundert in hohem Maße auf dem wachsenden Goldbedarf Europas beruhte. Teils durch die Zunahme des Handels, teils durch den Fortfall traditioneller Hilfsquellen erschöpften sich die Goldreserven Europas.

Die Händler, die afrikanisches Gold einkauften, wußten niemals genau, woher es kam. Diejenigen, welche mit Karawanen vom Norden eindrangen, wußten nur, daß es von irgendwoher südlich von Timbuktu und Gao stammte. Denjenigen, welche vor der Küste ankerten, wurde erzählt, daß es von irgendwoher aus dem Norden käme. In Wirklichkeit gab es zwei große Goldvorkommen. Das ältere, aus der Zeit des Aufstiegs von Ghana und Mali, lag im nördlichen Teil des heutigen Guinea. Gegen 1400 beschleunigte der wachsende Goldbedarf das Aufblühen eines zweiten und vielleicht noch wichtigeren Goldvorkommens in den Wäldern des heutigen Ghana.

Die technische Entwicklung des Goldbergbaus und der Goldbearbeitung waren rein afrikanisch. Keine der Schürfmethoden war von außen impor-

Afrikanische «Währungen». Mit Glasperlen oder Lanzenspitzen konnte man Nahrung und Kleidung, mit einer bestimmten Anzahl von Muscheln oder Ziegen eine Frau kaufen. Mit Kauri-Muscheln schmückten sich ursprünglich indische Eingeborene. Nach der Einführung der Muscheln nach Afrika wurden sie zu einem wichtigen Zahlungsmittel.

Lanzenspitze

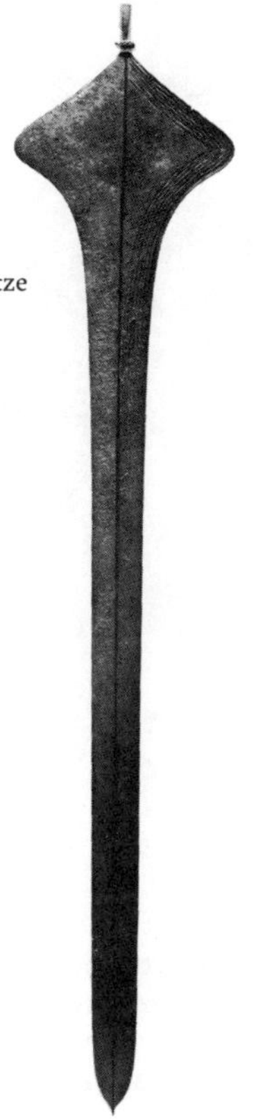

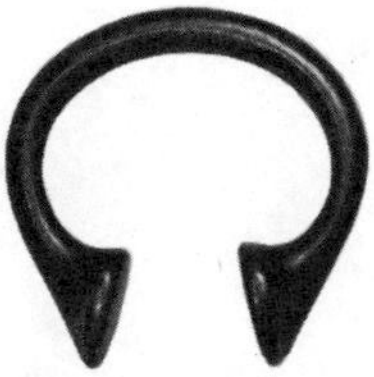

«Manilla»-Währung

Kupferbarren

Eisenkette

Kauri-Muscheln

Brautgeld

Elfenbein, Gold und Salz waren drei der Hauptprodukte Afrikas. Elefantenzähne (links) von der Ostküste lieferten fast das gesamte Elfenbein der Welt. Goldmünzen (Mitte) waren

tiert worden. Teils handelte es sich um Flußgold, das ohne Schwierigkeiten gewonnen werden konnte. Viel Gold lag aber auch in Flözen und mußte geschürft werden. Hunderte von Schächten wurden niedergebracht, von wenigen bis zu 30 Metern Tiefe, die letzteren durch Gesteinsgänge und Stollen verbunden. Die Arbeitsmethoden waren unzweifelhaft äußerst primitiv – das Erz wurde von Hand ausgebrochen und zerkleinert –, aber die Resultate waren eindrucksvoll. Das Gesamtgewicht des seit der Antike bis etwa 1500 abgebauten Goldes schätzt man auf 3500 Tonnen.

Nicht alles afrikanische Gold wanderte nordwärts durch die Wüste oder westwärts zur Atlantikküste. Weit im Osten erhob sich ein anderes, wohl florierendes Gefüge von Handelsstaaten mit großem Bedarf, nicht nur an Gold. Arabische und indische Kaufleute beluden ihre Schiffe entlang der Küsten des heutigen Somalia, Kenia und Tansania mit Gold, Elfenbein, Eisen, Schildpatt und Sklaven. Dieser Ostküstenhandel hatte ebenfalls in weit zurückliegenden Zeiten begonnen. Im 2. oder 3. Jahrhundert veröffentlichte ein anonymer Verfasser ein Seglerbrevier in griechischer Sprache, das sich mit den Küsten im Roten Meer und im Indischen Ozean bis zu denjenigen des heutigen Tansania beschäftigt. «Man verlädt in diesen Häfen viel Elfenbein», sagte der Autor, «und auch Rhinozeroshörner und Schildkrötenschalen.»

Internationaler Handel. Der Handel dehnte sich – hauptsächlich durch unternehmende, mosleminische Kaufleute – aus, obwohl es Anzeichen

die Währung des afrikanischen Nordens. Salzzylinder (rechts), in der Sahara gewonnen, wurden weit in den afrikanischen Süden exportiert.

dafür gibt, daß mindestens auch zwei große chinesische Flotten ihre riesigen Schiffe vor den Küsten Ostafrikas ankern ließen. Dieser Handel rief wohlhabende Städte ins Leben, und Kilwa zählte zu ihren reichsten. «Kilwa ist eine der schönsten und bestgebauten Städte der Welt. Alles an ihr wirkt elegant», schrieb Ibn Batuta, derselbe Batuta, der später Mali besuchte. Und im Jahre 1961 fand der englische Archäologe Neville Chittick Beweise für Kilwas einstigen Reichtum und Bildungsstand. Unter dem dichten Gewirr abgestorbener Bäume und vertrockneten Unterholzes stieß er auf die geisterhaften Ruinen des königlichen Palastes, Husuni Kubwa, einer riesigen Anlage von über 100 Räumen mit Säulengängen, Höfen, sorgfältig angelegten Waschräumen und einem Süßwasserbadebecken.

Kilwas Funktion war — ebenso wie die seiner Schwesterhandelsstädte — die eines Vermittlers. Ihre königlichen Kaufleute (die sich Sultane nannten) kontrollierten den Güteraustausch zwischen Innerafrika und den arabischen und indischen Handelsschiffen, welche die Küste anliefen. Für sich und ihre afrikanischen Handelspartner kauften die Kaufleute von Kilwa Gewebe, Perlen, Porzellan und andere Luxuswaren aus dem Osten. Umgekehrt verkauften sie Gold, Elfenbein, Kupfer und Eisen. Landeinwärts erreichten Kilwas Handelskontakte den Njassasee; sie haben sich vielleicht sogar bis nach Mali erstreckt, das heißt bis zum anderen Ende des Kontinents. Längs der Küste beherrschte Kilwa den Handel bis hinunter zu dem 1400 Kilometer entfernten Sofala.

Hirten und Kaufleute bevölkern bei einer Viehauktion den Viehmarkt von Goulimine in Marokko. Hier verhandeln Karawanenführer über Kamele, Bauern über Ziegen und Schafe.

Mit dem ersten Tageslicht nehmen die Kaufleute und Händler aus allen Gegenden Nordafrikas ihre zugewiesenen Plätze ein.

Händler und Bauern verhandeln über die Kornpreise auf dem Markt von Marrakesch. Ihre Sprache, Gebräuche und Tauschverfahren sind heute noch im wesentlichen dieselben wie vor Hunderten von Jahren. Der Marktbezirk von Marrakesch ist seit je her der Mittelpunkt der Stadt, sozusagen das Kommunikationszentrum, denn neben dem Handel spielt sich hier auch ein wesentlicher Teil des geselligen Lebens ab.

Kilwa besaß eine Münze, die erste in Afrika, und auf der Höhe seines Wohlstandes ließen seine Sultane Münzen von wahrscheinlich sechs verschiedenen Werten prägen. Außerdem schröpfte die Stadt die arabischen und indischen Händler unerbittlich durch hohe Zölle und Abgaben. Ein Teil dieser Einkünfte wurde zur Verstärkung der Macht über Nachbarstaaten verwandt, aber Kilwa gebrauchte seinen Reichtum auch zur Verschönerung seines Alltagslebens. Als die Portugiesen im Jahre 1500 unter dem Kommando von Pedro Alvares Cabral in den Hafen von Kilwa einliefen, bewunderten sie die prächtigen Häuser aus Korallenstein, von denen viele drei bis vier Stockwerke hoch waren, «wie die der Spanier». Die Portugiesen staunten auch über die Bevölkerung: «In diesem Lande gibt es reiche Kaufleute», bemerkte ein anonymer Schreiber im Gefolge Cabrals, «und es gibt viel Gold und Silber, Bernstein, Moschus und Perlen. Die Einwohner tragen Kleidung aus feiner Baumwolle und Seide und viel Schmuck, und sie haben eine schwarze Haut.»

Trotz ihrer rigorosen Handelsbräuche leisteten die Kaufherren von

Kilwa – und von anderen Märkten der Ostküste, wie Mombasa, Malindi, Kisimani-Mafia und Mogadischu – wertvolle Dienste. Ebenso wie der Transsaharahandel das westafrikanische Hinterland zu machtvollen Reichen verband, so half der Küstenhandel am Indischen Ozean diejenigen Völker zu stärken und zu verbinden, die auf dem weiten Plateau Zentralafrikas von Zambia bis Rhodesien hinunter lebten.

Von diesen innerafrikanischen Königreichen waren zwei am erfolgreichsten, die nacheinander in dem Gebiet bestanden, in dem Simbabwe zu einem bedeutenden Handelsplatz und religiösen Zentrum wurde. Das erste dieser Reiche gelangte im Jahre 1440 zur Macht unter der Herrschaft des Königs Mutota, dessen Ehrentitel Monomotapa dem Reich seinen Namen gab. Die Portugiesen kannten Simbabwe unter den Monomotapa-Herrschern als Hauptsammelplatz für den Goldexport zur Küste. Im Jahre 1518 berichtete ein portugiesischer Agent, Duarte Barbosa, der Monomotapa-Herrscher sei «ein großer Fürst mit vielen ihm unterstellten Königen». Später wurde dieses Reich von einer anderen Fürstendynastie, den Rosswi, regiert. Diese waren es, die den großen Tempel von Simbabwe errichteten, eine königliche Anlage mit Mauern bis zu 10 m Höhe. So blieb im 16. Jahrhundert kein Gebiet Afrikas unberührt von den Folgen der ökonomischen und politischen Kräfte, die der Außenhandel aktiviert hatte.

5. Waldkönigreiche

Als die Portugiesen zuerst an der unbekannten Küste Afrikas nach Süden vorstießen, trafen sie nur einzelne Dörfer an, aus denen sie plündernd und raubend ihren Bedarf deckten. «Sobald unsere Leute nahe genug herangekommen waren», so erzählt ein Bericht über eine frühe portugiesische Expedition, die 1441 das Land südlich von Marokko durchstreifte, «griffen sie [die Dörfer] an und riefen so laut sie konnten ‹Portugal!› und ‹Santiago!›, was die Gegner so in Furcht versetzte, daß sie völlig durcheinander gerieten.»

Diese Taktik war aber nur kurzlebig. Die Portugiesen begriffen bald, daß die Küstendörfer inländische Beschützer hatten, Königreiche nämlich, deren Namen die Portugiesen niemals vernommen hatten, deren Reichtum und Macht aber unleugbar war. So änderte man das Vorgehen. Anstatt die Afrikaner zu bekämpfen, suchte man sie zu Geschäftspartnern und Verbündeten zu machen. Der König von Portugal nannte sich «Herr von Guinea», allerdings nur um seine europäischen Konkurrenten einzuschüchtern. Seine «königlichen Vettern» in Afrika erkannten eine solche Herrschaft weder an, noch hatte er sie darum ersucht. «Höchst mächtiger und erhabener König von Kongo» schrieb König Manuel im Jahre 1512, «wir übersenden Euch unsere Grüße, versichern Euch unserer Liebe und Achtung und bitten Gott, daß er Euch ein langes Leben und Gesundheit schenken möge, so wie ihr selbst es Euch wünscht.» In seiner Antwort und ebenso in den meisten seiner 22 Briefe nach Lissabon redete Nzinga Mbemba, der König von Kongo, Manuel an: «Erhabener und höchst mächtiger Fürst, mein königlicher Bruder . . . »

Solche Ausdrücke waren mehr als bloß Formalitäten. Die Portugiesen waren beeindruckt von den Handelsmöglichkeiten, die sie an Afrikas Küste fanden, und sie waren nicht weniger beeindruckt von der militärischen Stärke ihrer Verbündeten. Der König des Woloff-Stammes im westlichen Senegal «kann eine Armee von etwa 10 000 Berittenen und 100 000 Kriegern ins Feld schicken» schrieb ein portugiesischer Ex-Gouverneur, der in Elmina an der Goldküste residiert hatte, während der König von Mali im westlichen Sudan «über 20 000 Berittene und unzählige Krieger verfügt».

Die Königinmutter von Benin, einem afrikanischen Staat, der im 12. Jahrhundert n. Chr. gegründet wurde, mit hohem kulturellem Niveau, ist in dieser Bronzeplastik des 16. Jahrhunderts dargestellt.

Diese sicherlich übertriebenen Zahlen machen doch die Reaktion der Portugiesen auf ihre neuen Handelspartner deutlich.

Es war jedoch die Machtfülle eines anderen Königreiches – und seiner Hauptstadt –, welche den Charakter der politischen Beziehungen zwischen Europa und Afrika im späten 15. und 16. Jahrhundert bestimmte. Königreich und Stadt hießen beide Benin. Die Küste dieses Landes wurde schon in dem Jahrzehnt nach 1470 entdeckt, aber erst nach 1486 drang ein portugiesischer Abgesandter, João Affonso d'Aveiro, in das Innere ein. D'Aveiro versuchte, diplomatische und Handelsbeziehungen anzuknüpfen, und noch im selben Jahr wurden Pfefferproben aus Benin «unverzüglich ... nach Flandern und anderen Orten versandt, und alsbald erzielte der Pfeffer hohe Preise und wurde sehr geschätzt». So die königlichen Annalen in Lissabon.

D'Aveiros Mission war so erfolgreich, daß der König von Benin ein Interesse daran gewann, einen Gesandten nach Lissabon zu schicken. Hierfür wurde Ohen-Okun ausgewählt, «ein Mann von großer Redegewandtheit und natürlicher Klugheit», schrieb ein zeitgenössischer portugiesischer Chronist. Ohen-Okun war Priester am Schrein des Gottes Olokun – der örtlichen Meeresgottheit – und gelangte wohlbehalten im Jahre 1486 oder kurz darauf nach Portugal und kehrte mit Geschenken für seinen König und auch für sich selbst und seine Frau zurück. Danach bestanden mehr als 100 Jahre diplomatische Beziehungen zwischen Portugal und Benin.

«Die Gunst, welche der König von Benin uns gewährt», schrieb der portugiesische Agent in Benin etwa 30 Jahre nach d'Aveiros erstem Besuch, «hat ihren Grund in seiner Zuneigung zu Eurer Majestät. Der König von Benin erweist uns große Ehre und läßt uns mit seinem Sohn speisen, und alle Türen in seinem Palast stehen uns offen.» Die Kaufleute von Benin lernten häufig die Grundzüge des Portugiesischen, und ein englischer Händler, der Benin im Jahre 1553 besuchte, berichtete, daß der König «portugiesisch seit seiner Kindheit sprach».

Viele Verhältnisse bei ihren afrikanischen Geschäftspartnern überraschten die Europäer. Sie staunten über die Menge und Verschiedenartigkeit des Warenangebots und über die Geschäftstüchtigkeit der Afrikaner. «Alljährlich», so schrieb Duarte Pacheco Pereira im Jahre 1506, «bezogen die Händler aus dem Gebiet zwischen dem Senegal, wo man die ersten Neger findet, und Sierra Leone mehr als 3500 Sklaven, viele Elefantenzähne, feine Baumwollwaren und zahlreiche andere Produkte.» Der Handel war gut organisiert. Wenn ein Europäer nach dem Begriff eines Afrikaners die Regeln des geschäftlichen Anstandes verletzte, so mochte es geschehen, daß der Afrikaner mit Boykott und anderen harten Vergeltungsmaßnahmen antwortete. Der Diebstahl einer «Moschuskatze» durch ein Besatzungsmitglied eines englischen Handelsschiffes im Jahre 1555 unterbrach den Handel bis zur Wiedergutmachung des Schadens.

Lange bevor die Europäer Afrika bereisten, bestand im heutigen Nigeria das Königreich Benin. Die Hauptstadt, die man ebenfalls Benin nannte, ist heute nur noch eine kleine Provinzstadt. Auf einem Bronzefries, mit dem der König seinen Palast schmücken ließ, werden Schildwachen und Fächerträger dargestellt. Diese prächtigen Reliefs sind Ausdruck einer spezifisch afrikanischen Kultur.

Handelsstreitigkeiten. Die Afrikaner machten sich die Rivalitäten zwischen ihren Partnern zunutze. Sie fanden rasch heraus, daß die europäischen Händler keineswegs einig waren, mochten sie sich auch noch so sehr gleichen. Die Memoiren eines englischen Kapitäns im Afrikahandel berichten von einem typischen Beispiel. Am 23. März 1557 sichtete Kapitän Towerson auf der Rückreise von der Guineaküste «ein Schiff auf unserer Luvseite, einen Franzosen von 90 Tonnen, der ... beim Näherkommen bemerkte, daß wir eine lange Reise hinter uns hatten. Er schloß daraus auf unsere Schwäche und hoffte, bei uns längsseit kommen zu können ... Daraufhin gaben wir ihnen etwas von unseren Vorräten zu kosten, Querriegel, Kettschüsse und Pfeile, einen solchen Hagel, daß ihnen die Takelage ihres Schiffes um die Ohren flog.»

Die Afrikaner sahen in diesen Rivalitäten ein Mittel, den Versuchen der verschiedenen europäischen Mächte, den Handel allein in die Hand zu bekommen, zu begegnen, und strebten danach, sich alle europäischen Mächte zu Verbündeten zu machen. Sie spielten die Engländer und Franzosen gegen die Portugiesen aus und die Holländer gegen die drei anderen. Aber sie benutzten diese Allianzen auch, um ihre internen Ziele zu erreichen. Nach dem Logbuch der ‹Jesus›, eines englischen Kaperschiffes unter dem Kommando von Kapitän John Hawkins, sandten im Jahre 1562 zwei afrikanische Könige Emissionäre zu Hawkins, während dieser in einer Bucht von Sierra Leone ankerte. Sie erbaten von ihm militärische Hilfe gegen zwei andere Könige und versprachen, ihm als Gegenleistung einige ihrer Kriegsgefangenen zu überlassen. Hawkins war einverstanden und wurde angemessen belohnt mit 260 Gefangenen, die er nach Westindien brachte.

Aus den Logbüchern solcher Schiffe wie der ‹Jesus› geht hervor, daß die Stämme, die entlang der Guineaküste und weiter landeinwärts in den Regenwäldern wohnten, ein ebenso fortschrittliches politisches Leben führten wie ihre nördlichen Nachbarn in den Savannen des westlichen Sudan. «Ich habe mit 6 von ihren Königen oder Mansas gegessen und getrunken», schrieb Richard Jobson im frühen 17. Jahrhundert und fügte hinzu, daß diese Könige «Beziehungen zu größeren Königen unterhielten, die weiter landeinwärts lebten ...» Aber die beiden Gebiete unterschieden sich in mehrfacher Hinsicht. Das eine gehörte dem Islam an. Vom 9. bis ins 11. Jahrhundert hatte sich der mosleminische Einfluß von Nordafrika nach Süden ausgebreitet und den Städten des westlichen Sudan Gelehrsamkeit, Währung, Kreditwirtschaft und Bürokratie gebracht, was die Entwicklung der großen sudanesischen Reiche beträchtlich förderte. Weiter im Süden war nichts von alldem geschehen. Abgesehen von dem gelegentlichen Erscheinen eines reisenden mosleminischen Kaufmanns, drang der Islam nicht vor dem 16. Jahrhundert in die Wald- und Küstenkönigreiche vor. Bildung und Wissen verbreiteten sich nicht eher, als bis die ersten Europäer dorthin kamen. Nichtsdestoweniger waren diese Küstengebiete Afrikas schon etwa 100 Jahre vor dem Erscheinen der Portugiesen zu einer gewissen Reife gediehen.

Zwei der schöpferischsten afrikanischen Küstenstämme hatten ihre

Malaguetta, ein grobkörniger Pfeffer, war vom 15. bis 18. Jahrhundert ein wichtiger Exportartikel der Westküste Afrikas. Der Pfefferhandel im heutigen Liberien war so dominierend, daß man das Gebiet seinerzeit die Malaguetta-Küste nannte.

Zentren in Ife und Benin. Angeblich sollen die Bewohner Ifes aus dem westlichen Sudan gekommen sein und vielleicht sogar eine gewisse Verbindung mit dem alten, metallbearbeitenden Lande Kusch unterhalten haben. Wer auch immer ihre Vorgänger waren, jedenfalls haben die Bildhauer Ifes etwa um 1200 (zufolge einleuchtender Vermutungen der Archäologen) wundervolle Bronzeköpfe und Figuren zu Ehren ihrer Könige geschaffen. Irgendwann in den nächsten beiden Jahrhunderten haben sie ihre Bronzegußtechnik an die Benin weitergegeben, deren Hauptstadt um die Mitte des 15. Jahrhunderts zur Residenz eines mächtigen Königreiches wurde.

Einer der erfolgreichsten Herrscher Benins war Ewuare der Große, der von 1440 bis 1473 den Thron innehatte. Mündliche Überlieferungen besagen, daß er ein fähiger Magier, Arzt, Krieger, ein tapferer und kluger Mann war. Er soll 201 Dörfer und Städte unter seiner Herrschaft vereinigt und Benin zu einer berühmten Stadt gemacht haben. Die Entdeckung Benins durch die

Portugiesen geschah während seiner Regierung. Indessen stammen die besten Beschreibungen über die Stadt von den Holländern, die dort erst im 17. Jahrhundert auftauchten und ein großes Talent für genaue Detailschilderungen entfalteten.

Vielseitige Geschäfte. 1602 konnten Amsterdamer Geschäftsleute eine ‹*Beschreibung von Guinea*› kaufen, die von Pieter de Marees nach den Berichten zahlreicher Reisender zusammengestellt worden war. Unter ihnen war ein Beobachter D. R., wahrscheinlich Dierick Ruyters, der sich kurz in Benin aufhielt, und zwar während der Herrschaft eines Königs namens Ehengbuda. Die Stadt, so schrieb er, war «sehr groß; man betrat eine breite, ungepflasterte Straße, sieben- oder achtmal so breit wie die Warmestraat in Amsterdam, sie führte geradewegs in die Stadt und hatte keine Biegungen». Seine Unterkunft, sagte Ruyters, befand sich «mindestens eine Viertelstunde zu Fuß vom Tor aus gerechnet. Ich konnte immer noch nicht das Ende der Stadt sehen.»

Die Häuser an diesen Straßen, fuhr Ruyters fort, «reihten sich wohlgeordnet aneinander wie die Häuser in Holland. Die vornehmeren hatten zwei oder drei Eingangsstufen als Aufgang und eine Art gedeckte Säulenhalle entlang der Front». Der König lebte in einem weitläufigen Gebäudekomplex. «Der königliche Hof ist sehr groß und birgt viele weite Plätze mit Säulengängen rundherum, die mit Wachen besetzt sind. Bei einem Gang im Innern passierte ich vier solcher Plätze, und wohin ich mich auch wandte, sah ich ein Tor nach dem andern, das sich auf immer neue Höfe öffnete.»

60 Jahre später veröffentlichte ein anderer Holländer, Olfert Dapper, sein Buch ‹*Umbständliche und Eigentliche Beschreibung Afrikas Anno 1668*›, wobei er u. a. die Berichte eines gewissen Samuel Blomert benutzte. Diese bestätigen und erweitern Ruyters Beobachtungen. Der königliche Palast, schrieb Dapper, war ein Komplex von Gebäuden, der «so viel Raum in Anspruch nimmt wie die Stadt Haarlem und der von Mauern umgeben ist. Es gibt dort zahlreiche Wohnungen für die königlichen Beamten und prächtige Säulengänge, die meisten von ihnen ebenso stattlich wie die der Amsterdamer Börse. Sie werden von hölzernen, bronzeverkleideten Säulen gestützt, auf denen die Siege Benins dargestellt sind und die sorgfältig gepflegt werden.» Diese Bronzeverkleidungen, die man später nach Europa schaffte, wurden von den «Hofarchivaren» als Gedächtnisstützen benutzt, die ihnen bei der Rekonstruktion der Geschichte Benins dienten. Heute stellen diese Bronzen eine malerische Erinnerung an die Geschehnisse in Benin während des 16. und 17. Jahrhunderts dar.

«Diese Neger», schrieb Dapper über die Einwohner Benins, «sind viel zivilisierter als die anderen Bewohner dieser Küste. Es sind Leute mit guten Gesetzen und einer wohlorganisierten Polizei. Sie leben in guten Beziehungen mit den Holländern und anderen Ausländern, mit denen sie Handel

Die Mutter des Königs von Benin (oben) lebte mit Dienerinnen und Leibwächtern außerhalb der Stadt – weit genug, um sie von der Einmischung in die Politik fernzuhalten. Eine ihrer Aufgaben war es, den Thronfolger zu erziehen und ihn auf seine Aufgaben als Staatsoberhaupt vorzubereiten. Der König von Benin war ein absoluter Herrscher und bezeichnete sich selbst als göttlich.

treiben und denen sie unablässig Freundschaftsbeweise geben.» Indessen mußte jeder Ausländer, der Erfolg haben wollte, sorgfältig darauf achten, daß er nur mit offiziellen Agenten in Verbindung trat und dabei alle Formen des Protokolls beachtete. Benins Handel stand unter der Kontrolle des Königs, dessen Agenten «prächtig gekleidet mit Halsschmuck aus Jaspis oder Koralle» zum Hafen kamen.

Erst am folgenden Tag wandte man sich den Geschäften zu, aber dann «handelte man so hartnäckig wie möglich, manchmal monatelang». Was die Holländer hauptsächlich aus Benin bezogen, waren «gestreifte Baumwollgewänder, die sie an der Goldküste weiterverkauften, und blaue Tuche,

Zum Bild auf den beiden folgenden Seiten:
Ein Benin-Häuptling in zeremonieller Gewandung steht vor seinem Wohnhaus, bevor er zu dem jährlichen Fest zu Ehren des Obas – des Vaters des Königs – aufbricht. Das Schmuckschwert trägt der Häuptling als Symbol seiner Macht.

die nach Gabun und Angola gingen, Jaspis, Leopardenfelle, Pfeffer» und gelegentlich «weibliche Sklaven, denn sie weigern sich, Männer zu verkaufen». Umgekehrt verkauften die Holländer an Benin «Gewebe in Rot und Silber, Trinkgefäße, alle Arten von feiner Baumwolle, Leinen, roten Samt, bestickte Seide, groben Flanell, kandierte Orangen, Zitronen und anderes frisches Obst, Messingarmbänder, vergoldete Spiegel, Eisen in Barren und indische Kaurimuscheln, die dort als Zahlungsmittel dienten».

Sklavenhandel. Der Handel mit Europa war ein mächtiges Stimulans für das westafrikanische Wirtschaftsleben und mittelbar natürlich auch für sein politisches und soziales Leben. Ebenso wie der Transsaharahandel des westlichen Sudan und der Indienhandel Ostafrikas die Bildung großer politischer Verbände und ein feines organisiertes Sozialleben in diesen Gebieten hervorrief, so begünstigte der Handel mit Europa die Königreiche der Küstenwälder in Westafrika, die sich erweiterten und wohlhabender wurden.

Es gab aber bereits damals Anzeichen für Schwierigkeiten in dieser hoffnungsvollen Entwicklung. Wenn die Anwesenheit der Europäer in Afrika auch materiellen Wohlstand schuf, so brachte sie auch ein Übel mit sich, den Sklavenhandel. Im Jahre 1526 hatte Nzinga Mbemba, derselbe König von Kongo, der so hervorragende Beziehungen zu Portugals König Manuel unterhielt, Anlaß, an Manuels Nachfolger, Johann III., in ganz anderem Tone zu schreiben. Er beklagte die «übertriebene Freiheit, welche Eure Agenten und Beamten Händlern und Kaufleuten eingeräumt haben, die in unser Land kommen durften». Täglich «rauben diese Leute unsere Untertanen, die Söhne der Landbevölkerung ebenso wie die Söhne unserer Edelleute, Vasallen und Verwandten ... und lassen sie verkaufen. Und sie sind so korrupt und zügellos, Majestät, daß unser Land bereits in äußerstem Maße entvölkert ist.» Im Jahre 1680 konnte der portugiesische Historiker Cadornega errechnen, daß seine Landsleute im vorhergehenden Jahrhundert «fast eine Million Seelen aus Westkongo und dem nördlichen Angola versklavt hatten». Und natürlich wirkte nicht Portugal allein bei diesem Unternehmen mit.

Genaugenommen war der afrikanische Sklavenhandel übrigens keine ausschließlich europäische Erfindung. Gewisse Formen der Sklaverei haben unter den Afrikanern schon seit Jahrhunderten existiert. Kriegsgefangene

Wenigstens einmal im Monat feierten die Bürger Benins einen oder mehrere Tage lang andauernde Festlichkeiten. Adlige versammelten sich am Hofe des Königs, wo sie Bambuswein tranken, tanzten, spielten und mit den Frauen des Hofes scherzten. Binimusikanten spielten auf Glocken, Kürbisrasseln und Elefantenzahntrompeten. Hier eine Plastik eines Trommlers. Rechts oben ein Behälter für Kolanüsse, die man als Stimulans kaute. Die heutigen Kolagetränke enthalten dieselben Bestandteile.

Ein wilder Krieger beim Speerwurf. Sein ornamentierter Schild aus dünnem Bambus bot wenig Schutz gegen direkte Treffer, konnte wahrscheinlich aber Streifschläge gut abgleiten lassen. Sein reichgeschmückter, aus Fasern gewebter Rock war so fein wie Seide.

und dingfest gemachte Verbrecher wurden oft als «unbezahlte Arbeitskräfte behandelt», die man kaufen und verkaufen konnte. Indessen gab es hier einige wichtige Unterschiede. Sie waren nicht Gegenstände, wie sie es in den amerikanischen Bergwerken und Plantagen wurden. In Afrika gab es keine klare und scharfe Trennung zwischen Freien und Unfreien. Jeder Afrikaner war ein arbeitendes Mitglied irgendeiner Familiengruppe, in der Regel durch Verwandtschaft gebunden. Der Sklave war ebenfalls ein arbeitendes Mitglied der Gruppe, aber da er kein Verwandter war, hatte er einen niedrigeren Status. Das mußte allerdings nicht für alle Zeiten so bleiben. Ein Sklave konnte sich heraufarbeiten, er konnte sich freikaufen mit dem Ertrag des Landstückes, das ihm zur Bearbeitung zugewiesen war. Er konnte auch durch glückliche Umstände aufsteigen, etwa durch Erbschaft oder durch Heirat der Tochter seines Brotherrn. Infolgedessen war es nicht ganz ungewöhnlich, daß unter entsprechenden Umständen Sklaven zu Macht und Einfluß kamen.

Aber in vielen Fällen war es dieses in Afrika schon bestehende Reservoir von «Arbeitsgefangenen», das dem überseeischen Sklavenhandel die Tore öffnete. Die afrikanischen Häuptlinge und Könige verkauften ihre Sklaven an Europäer ebenso, wie sie sie von jeher unter sich gehandelt hatten. Und sie verhielten sich in dieser Hinsicht nicht anders als Völker anderer Kulturen. Jahrhundertelang hatten die starken Völker Europas ihre schwächeren Brüder gekauft und verkauft: selbst während der vergleichsweise aufgeklärten Renaissance hatte der Papst mehr als einmal Veranlassung, venezianische und Genueser Kaufleute zu exkommunizieren, weil sie christliche Gefangene in mosleminische Sklaverei nach Algier und in den Nahen Osten verkauft hatten.

Wenn der afrikanische Sklavenhandel niemals über die Grenzen interner Bedürfnisse Afrikas und Europas hinausgegangen wäre, wäre er vielleicht nie so außer Kontrolle geraten. So aber erließ der spanische Thron nur 9 Jahre nach Kolumbus' erster Reise über den Atlantik eine Proklamation, die den Import von Sklaven nach den spanischen Kolonien in Amerika legalisierte. Schon bald wurden Sklaven zu einem Haupthandelsartikel der westlichen Welt. Erschreckende Zahlen menschlicher Wesen wurden in verrottete und lecke Schiffe geworfen, und die Gewohnheiten der Sklavenhändler nahmen bald die diesem Geschäft eigentümliche Grausamkeit an. Geradeso wie die europäischen Unternehmer nichts Unrechtes im Kauf gefangener Menschen zum Abtransport auf dem Seewege sahen, so erschien es den afrikanischen Machthabern bald als ganz in der Ordnung, sie zu diesem Zweck zu verkaufen. Die wenigen afrikanischen Herrscher, die wie Nzinga Mbemba dieser Entwicklung Einhalt zu gebieten suchten, waren nicht stark genug und wurden bald zur Seite geschoben.

Aus diesem scheußlichen, aber einträglichen Geschäft entstanden neue politische Gebilde. Die Stadtstaaten des Nigerdeltas, ehedem nur Fischer-

Ein nigerianischer Reiter. Sein federgeschmückter Kopfputz läßt vermuten, daß er zur Leibwache eines Emirs aus Nordnigerien gehörte. Die so ausgerüsteten Reiter gaben den Handelskarawanen des Emirs Geleitschutz.

dörfer, wurden reich und bildeten ein hochorganisiertes Handelsnetz aus, das fast ausschließlich auf den Export von Männern und Frauen gegründet war, die man aus den Niederungsgebieten des Niger flußabwärts schaffte. Auch in den Jahren nach 1820, als der Sklavenhandel endgültig aufhörte, verschifften die Staaten des Nigerdeltas noch annähernd 20 000 Menschen jährlich. Selbstverständlich ging dieser neue Wohlstand an der Küste oftmals zu Lasten der Wirtschaftskraft älterer binnenländischer Reiche. Der Erwerb europäischer Güter wurde allmählich abhängig von dauernden Sklavenlieferungen, welche die einzelnen Reiche zu ständigen Angriffen und Gewaltakten untereinander zwangen – Aktionen, die nach 1700 häufig mit Hilfe europäischer Feuerwaffen durchgeführt wurden. Manche Stämme wurden schwer bedrängt, einige gar völlig ausgerottet, während andere weit aus ihrer angestammten Heimat fortwanderten.

Das Königreich Aschanti. Und doch darf der Schaden nicht allzu hoch bewertet werden. Einige afrikanische Reiche innerhalb der Sklavenhandelsgebiete wurden davon kaum berührt. Zum Beispiel erging es so dem großen Königreich der Aschanti, das nach 1800 mehr als die Hälfte des heutigen Ghana umfaßte sowie Teile der Nachbarstaaten der Elfenbeinküste und Togos. Das Aschantireich war bei weitem am erfolgreichsten unter allen Reichen der präkolonialen Spätzeit. Anfänglich hatten die Aschanti ihre Macht aus dem Goldhandel mit dem westlichen Sudan gewonnen: Bei ihnen entsprang der Goldstrom, der sich durch die sudanesischen Handelsreiche auf die nordafrikanischen Märkte ergoß. Nicht umsonst war das Symbol ihrer Königswürde ein goldener Sessel, der nach der Überlieferung der Aschanti, «vom Himmel herabschwebte» und etwa im Jahre 1695 sanft auf den Knien ihres halbgöttlichen Gründers Osai Tutu landete.

Die Aschanti nahmen sich alsbald des Sklavenhandels an. Sie betrachteten die Anwesenheit europäischer Kaufleute an der Küste als eine neue Handelsgelegenheit und als weiteres Mittel zur Stärkung ihrer politischen Macht. Zu diesen Mitteln gehörten auch Gewehrimporte aus dem fernen Birmingham. Niemals europäischem Druck unterworfen, spielten die Aschanti geschickt die Holländer gegen die Engländer aus und entwickelten eine gut funktionierende eigene Sklavenhandelsorganisation, die von einer Bürokratie ausgebildeter Angestellter gehandhabt wurde und über Truppen verfügte, die den Streitmächten der Nachbarstaaten überlegen waren. Kumasi, die Hauptstadt der Aschanti, war das Herz eines weitverzweigten und gut florierenden Wirtschaftsreiches. Die Europäer, die Kumasi im frühen 19. Jahrhundert kennenlernten, waren beeindruckt von den geräumigen Straßen dieser Stadt, ihren sauberen Häusern und ihren sanitären Einrichtungen, einschließlich eingebauter Wasserleitungen.

Tiefen Eindruck machte ihnen auch die überall spürbare Macht der Aschanti. Thomas Bowdich, der die Stadt im Jahre 1817 als Sekretär einer englischen Handelsgesellschaft kennenlernte, schrieb, daß die Gesellschaft mit großem Zeremoniell begrüßt worden sei: «Mehr als 100 Kapellen spielten zusammen bei unserer Ankunft, jede nach der besonderen Weise ihres Häuptlings. Die herausfordernden Hörner mischten sich mit dem Klang unzähliger Trommeln und Metallinstrumente, um dann eine Weile dem sanften Atmen der langen Flöten zu weichen. Mindestens 100 große Sonnenschirme oder Baldachine, die bis zu 30 Personen überdachen konnten, wurden von ihren Trägern höchst wirkungsvoll auf- und zugeklappt ... sie waren aus reizvollen Geweben und Seiden hergestellt, wurden von Mondsicheln, Pelikanen, Elefanten und anderen goldenen Symbolen bekrönt und waren mit phantasievollen Fransen und Festons besetzt.»

«Über 5000 Mann, zum größten Teil Krieger», begrüßten Bowdich und seine Begleiter «mit einem ungeheuerlichen Getöse kriegerischer Musik ... und einem Meer von Flaggen, englischen, holländischen und dänischen.» In dieser Szene bewegten sich die Häuptlinge und Führer gar prächtig in schimmernden Gewändern «von unglaublichem Umfang und Gewicht ... die man wie eine römische Toga über die Schulter geworfen hatte». Dazu trugen sie Sandalen «aus grünem, rotem und wundervollem weißem Leder». Der König trat «majestätisch, aber mit auserlesener Höflichkeit auf» und entfaltete «die Gelassenheit eines wahren Monarchen». Er saß auf einem «niedrigen und reich mit Gold verzierten Sessel». Später wurden die Engländer im königlichen Palast empfangen, dessen «hoheitsvolle und regelmäßige» Architektur Bowdich bewunderte.

Bowdich mag seiner Feder zuviel freien Lauf gelassen haben, aber im wesentlichen ist seine Beschreibung zutreffend. Andere Besucher Kumanis im 19. Jahrhundert berichten über weitere Beweise für die politische Macht der Aschanti.

Das ganze Land hatte seine eigene Zivilverwaltung, eine mit moslemischen und afrikanischen Schreibern ausgestattete Bürokratie. Es besaß auch ein ausgezeichnetes Kuriersystem, das alle Teile des Reiches miteinander verband. «Tag und Nacht gingen die königlichen Befehle in alle Richtungen», schrieb ein im Jahre 1870 im Dienste des Aschantikönigs stehender Franzose. Und seine hervorragende Armee hatte einen deutschen Rekrutenausbilder. Als die Aschanti im Jahre 1901 nach einem verheerenden Kolonialkrieg endgültig von den Engländern überwältigt wurden, standen sie bereits mit einem Fuß in der neuen Zeit.

Auf einer bronzenen Reliefplatte wird das Porträt eines Händlers aus Benin dargestellt. Auffallend bei diesem Relief ist eine starke Typisierung und Überbetonung des vom Künstler als wesentlich Angesehenen. Die Bini-Kunst erreichte im 16. Jahrhundert ihren Höhepunkt. Neben Bronzereliefs dieser Art wurden Elfenbein- und Holzschnitzereien berühmt. Der Herrscher Benins förderte die Arbeit der Künstler, um seine Reputation als Kunstliebhaber zu unterstützen.

Die Figur des reitenden Aschantikriegers wurde an Ghanas Elfenbeinküste als Gewicht benutzt. Ähnliche Gegenstände, meist phantasievoll gestaltete Plastiken aus Messing, Kupfer oder Bronze, dienten zum Abwiegen von Gold, das als Zahlungsmittel allgemein Verwendung fand.

Hierin waren sie nicht die einzigen. Obwohl Afrika im 19. Jahrhundert industriell und technologisch noch weit hinter Europa zurückstand, bahnten sich hier und dort bereits entscheidende Veränderungen an. Die dynamischen kleinen Stadtstaaten des Nigerdeltas beispielsweise wandten sich entschlossen von dem nachlassenden Sklavenhandel ab und dem sogenannten «legalen Handel» zu und waren bald intensiv mit der Produktion und dem Verkauf von Palmöl, einem Hauptbestandteil der Seife, beschäftigt. Und die Herrscher von zweien dieser Deltastaaten erwiesen sich im Kampf um

Industriemonopole den europäischen Händlern überlegen. König Pepple von Bonny und König Ja Ja von Opobo waren so geschickt beim Ausmanövrieren der Europäer, daß sie bei gleichen Startbedingungen sehr wohl das ganze Feld hätten für sich erobern können. Aber die Voraussetzungen waren nicht gleich. Im Jahre 1885 hatte England ihre beiden Länder unter Kontrolle gebracht, und Pepple und Ja Ja beendeten ihre Karrieren in britischer Gefangenschaft.

Wenn eine Gelegenheit dagewesen wäre, hätten vielleicht auch andere ältere afrikanische Stämme den veränderten Zeitläufen ebenso erfolgreich begegnen können, wie die jugendkräftigen Deltastaaten. Die meisten von ihnen haben dies sicherlich auch versucht. Wenn sie scheiterten, so geschah das gewöhnlich, weil die Probleme zu schwierig waren, zu verwirrend für ihre altehrwürdigen Lebensvorstellungen. Entweder hatten sie nicht die Kraft, den Charakter des Wechsels zu erkennen, oder sie waren nicht geschmeidig genug, sich ihm anzupassen. So ging das einst mächtige Königreich Benin in einer Flut von Menschenopfern zugrunde, als seine Könige und Priester versuchten, den wirtschaftlichen Zusammenbruch auf die einzige Art abzuwenden, die sie kannten, indem sie nämlich ihre Götter zu besänftigen suchten. Und das alte Joruba-Königreich von Ojo hatte beim Angriff seiner Nachbarn, erschöpft durch Zwiste im Innern, keine Reserven mehr und wurde zu einer leichten Beute für die koloniale Invasion.

In der Tat war das 19. Jahrhundert für weite Teile Afrikas eine gewalttätige Zeit mit noch nicht dagewesenen Wirrungen. Man gestattete dem Land nicht, seine Beziehungen zur modernen Welt zu entwickeln. Afrika wurde von fremden Mächten gewaltsam in Stücke gerissen. Hiervon beginnt sich die Mehrzahl seiner Stämme erst jetzt zu erholen. Trotz allem blieb indessen — während das Gebäude seiner Gesellschaftsverfassung zusammenfiel — der Afrikaner als Individuum am Leben. Er schöpfte Kraft für seine neuen Aufgaben aus seiner alten Übung, sich den Anforderungen seiner Umgebung anzupassen, und noch mehr aus dem moralischen und geistigen Bewußtsein seiner stolzen und mächtigen Vergangenheit. Heutzutage sieht man dieses geistige Erbe wiederum wirksam, wenn die Afrikaner versuchen, ihren Kontinent neu zu gestalten.

6. Götter und Geister

Ein Afrikaner mittleren Alters, der drei Speere und eine hölzerne Schüssel trägt, kommt einen Waldpfad herunter und macht Halt vor einem Toreingang in einer Lehmmauer. Überall rundumher stehen hohe Bäume, der mächtigste jedoch, ein riesenhafter Kapokbaum, steht innerhalb des ummauerten Bezirkes. Der Afrikaner lehnt seine Speere respektvoll an den Türsturz des Einganges und tritt ein. Er will die Pythonpriesterin befragen, und seine Schüssel enthält eine Opfergabe aus Bananenbrei und Kolanüssen, warm geworden von seinen nervösen Händen, denn der Besuch einer Priesterin kann eine heikle Sache sein. Lansana ist ein tüchtiger Metallschmied, und er sucht die Priesterin auf, weil er bekümmert ist. Letzte Woche sind zwei seiner kleinen bienenkorbförmigen Schmelzöfen aus ihm nicht erkennbaren Gründen zersprungen, und zwei wertvolle Güsse waren verloren.

Diese Geschichte spielt in der Gegenwart, aber sie hätte genausogut im wesentlichen 100 Jahre früher und wahrscheinlich noch sehr viel früher spielen können. Nirgends erscheint Afrikas Traditionsbewußtsein sinnfälliger als im Religiösen. Obwohl der Islam und das Christentum jahrhundertelang nebeneinander gelebt und Afrika stark beeinflußt haben, werden die alten religiösen Bräuche vom einfachen Volk bei den Problemen des Alltags noch immer geübt. Rätselhafte Vorgänge sucht man mit den erprobten und bewährten Methoden der Vorväter zu lösen. Die Priesterin und ihresgleichen handhaben diese Methoden und haben damit auf eine geheimnisvolle Weise auch Erfolg.

Lansana wird aufgeregt, während er der Priesterin den Schaden an seinen Öfen und am Guß erzählt mit dem darin enthaltenen Hinweis auf ein verborgenes Übel, auf Hexenbosheit von einer anderen, vielleicht auch von mehreren unbekannten Personen. Aber die Priesterin bleibt gelassen. Sie stellt zahlreiche Fragen, sagt aber nichts. Sobald sie die Befragung beendet hat, wendet sie sich zu den silbergrauen Wurzeln des Baums, beugt sich nieder und hebt etwas auf. Es ist eine schöne, geschmeidige und in der Sonne schimmernde Schlange. Sie legt sie vor einem Altar aus verzauberten Steinen nieder, während Lansana in der Hoffnung auf ein günstiges Ergebnis barhäuptig in der heißen Nachmittagssonne wartet. Die Python-

Schmied am Blasebalg. Noch heute sieht es in einer Aschantischmiede so aus wie vor 500 Jahren.

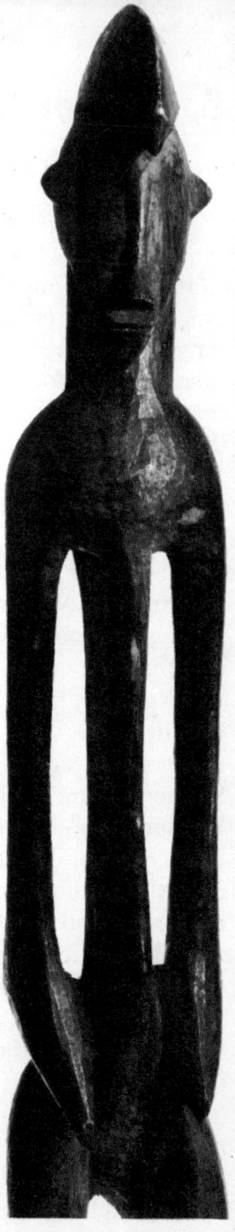

Oben: Diesen Taktstampfer stieß man bei rituellen Tänzen auf den Boden, um dadurch die Lebenskraft der Erde zu erwecken.

Links: Ein Schlangensymbol, geschnitzt von westafrikanischen Baga, gehörte zum Brauch der Schlangenverehrung. Pythonschlangen wurden als Reinkarnationen von Vorfahren betrachtet.

schlange gibt kein Lebenszeichen von sich außer einem schwachen Pulsschlag unter der goldenen Haut ihrer Kehle. Lange Zeit verstreicht. Schließlich wendet sich die Priesterin Lansana mit ihrer Antwort zu. Er hat seine Vorfahren beleidigt, denn er hat zu hastig nach Reichtum gestrebt, er hat seine Pflichten als Dorfangehöriger vernachlässigt und sich gegenüber seinem Vetter Camara schlecht betragen. Er soll eine Ziege schlachten und Camara zufriedenstellen, er soll helfen im Dorf, wenn Hilfe nottut, dann werden seine Vorfahren ihn wieder beschützen. Lansana lauscht und ist verärgert, aber gleichzeitig fallen seine Sorgen von ihm ab, denn das Geheimnis der mißlungenen Güsse ist gelöst.

Glaube — ein Schutz. Lansanas Priesterin existiert in unzähligen Variationen auf dem ganzen afrikanischen Kontinent; sie üben an jedem Ort die gleiche Funktion aus. Sie sind die Grundlage der alten und hoch differenzierten religiösen Vorstellungen, die das ganze afrikanische Leben durchdringen. Aber was für eine Art religiöser Gedanken und Vorstellungen ist es, die so ausgedrückt werden? Handelt es sich, wie ein Missionar des 17. Jahrhunderts meinte, um ein «höllisches Blendwerk», um blinden und sinnlosen Aberglauben, um rohe Täuschung kindlicher Gemüter? Sind die Afrikaner einfach nur Fetischanbeter, Verehrer hölzener oder steinerner Götzen?

Die afrikanische Religion ist, nach den Worten des Anthropologen William Howells, «eine Götterreligion sehr alter Art». Ihre Götter haben mehr oder minder menschliche Eigenschaften und gewähren ihren Verehrern in sehr ähnlicher Weise Wohlwollen und Schutz wie in anderen Religionen auch. Die Afrikaner haben offensichtlich seit den frühesten Zeiten ihrer Ausbreitung über den Kontinent achtunggebietende Gottesvorstellungen. Ihre Religion kann als Ordnungsmacht betrachtet werden für alles, was sie taten und sagten. Wie die Christen des Mittelalters lebten auch die afrikanischen Heiden in einem Zeitalter des Glaubens. *Ex ecclesiam non est vita,* «es gibt kein Leben außerhalb der Kirche», lautet die christliche Maxime, und so könnte dieser Grundsatz auch für Afrika gelten. Die Priesterin und ihresgleichen waren keine Scharlatane, sondern Glieder eines Systems moralischer und geistiger Unterweisung.

Formen der afrikanischen Religion gab es fast so viele, wie es afrikanische Stämme gab. Jede wandernde Gruppe, die sich vom väterlichen Stamm abspaltete und auf der Suche nach neuem Land auszog, behielt ihren alten Glauben bei, modifizierte und verwandelte ihn aber, um sich den neuen Lebensverhältnissen anzupassen. So kamen Stämme, die in den Regenwäldern des Kongo lebten und kaum je des Himmels ansichtig wurden, zu sehr unterschiedlichen Vorstellungen über Ursprung und Wirken der Welt im Vergleich zu denjenigen Stämmen, die in den Savannen unter freiem Himmel lebten. Und Völker, deren Behausungen der Brandung des Atlantik nahe waren, entwickelten andere religiöse Bedürfnisse als diejenigen Völker, die im Innern des Landes längs der Flußufer siedelten. Wie verschieden ihre Überlegungen und Gebräuche auch waren, den afrikanischen Religionen waren zahlreiche Gedanken über das Übernatürliche gemeinsam. Fast alle Afrikaner glaubten an einen höchsten Gott, in dem alle Dinge ihren Ursprung hatten. Man stellte ihn sich selten in Menschengestalt vor, sondern als Kraft, die Leben von Materie schied, eine Art von Lebenskraft. Aus dieser Anschauung von einer Lebenskraft zogen die Afrikaner verschiedene Schlüsse auf die Natur des Menschen. Einer dieser Schlüsse bestand darin, daß die Toten nicht wirklich sterben. Sie verlassen die Erde, um sich wieder mit der Lebenskraft zu vereinigen, wobei sie aber gleichzeitig ihre geistige Identität bewahren. Und da niemand im Sinne völligen Erlöschens stirbt, schließt jede Gemeinschaft der Lebenden auch die Geister ihrer Toten ein. Mehr noch, sie umfaßt auch die Geister der noch nicht Geborenen. Ein afrikanischer Häuptling erklärte einst einer englischen Kommission, die westafrikanische Bräuche erforschen sollte, daß das Land, nach seiner Überzeugung, «einer riesigen Familie» gehöre, «von der viele gestorben, wenige am Leben und zahllose Mitglieder noch ungeboren» seien.

Der höchste Gott, so glaubten die meisten Afrikaner, habe einst unter den Menschen gelebt, und die Erklärung für die Gründe, die ihn zum Verlassen der Erde bewogen haben mochten, ähneln sich überraschend. Die Dinka im Sudan und die Aschanti weiter westlich in Ghana schreiben die Ursache den Frauen zu. Die Dinka sagen, Gott verließ die Menschen, weil eine beklagenswert habgierige Frau, die mehr Land begehrte, als ihr zukam, Gott mit ihrer Hacke verletzte. Hierauf sandte Gott einen kleinen blauen Vogel, so blau wie der Himmel über dem Sudan, um das Band durchzuschneiden, das die Menschen immer bisher mit dem Himmel verbunden hatte. Die Aschanti sagen, daß Gott die Menschen verließ, weil ein altes Weib wiederholt mit ihrem schweren Stock nach ihm stieß, während sie *fufu* zubereitete (ein Breigericht aus Bananen oder Yamswurzeln). «Da sagte Gott eines Tages: ‹Weil ihr so an mir handelt, werde ich mich hoch in den Himmel erheben, wo Menschen mich nicht erreichen können.›»

Naturgötter. Dieser höchste Gott spielte nur eine indirekte Rolle im menschlichen Leben. Unter ihm gab es ein Heer von geringeren Göttern, die als Vermittler fungierten und außerdem den Naturkräften geboten. Götter des Sturmes, der Berge und des Donners, Flußgötter, Schlangengötter, Seegötter, Baumgötter und Eisengötter. Olodumare beispielsweise, der Obergott der Joruba in Nigeria, erschuf zwar die Erde, bestimmte aber nicht die Einzelschicksale. Er schuf die Welt in 4 Tagen und bestimmte den fünften zum Tag der Ruhe und Anbetung; eine Arbeitswoche, die dem tropischen Klima aufs beste angepaßt war. Die wirkliche Arbeit wurde von einem geringeren Gott verrichtet, Orischanla, der Land über die Wasserwüste

Dieser Nagelfetisch, ein Hund aus Holz, diente der Beschwörung magischer, glückbringender Kräfte. Wünschte sich ein Kaufmann hohen Gewinn, ein Krieger Unverwundbarkeit oder eine Frau schmerzlose Geburt, wurde ein Nagel in die Figur gehauen.

verteilte, Bäume pflanzte und später menschliche Leiber schuf, denen Olodumare Leben einhauchte. (Mit feinem Bezug auf das dörfliche Leben wird weiter erzählt, daß Olodumare ein heiliges Chamäleon aussandte, das nachsehen mußte, ob Orischanla seine Befehle auch gut ausführte.)

Die Mehrzahl der geringeren Götter waren Lokalgötter, die einem einzelnen Stamm heilig waren, und jeder Stamm entwickelte etwas, was man seine eigene «spirituelle Übereinkunft» mit dem Übernatürlichen nennen könnte, seine eigene besondere Form, sich seiner Götter und ihrer Identität zu versichern. Für lange Zeit blieb die Natur dieser Übereinkunft dem Auge der Außenstehenden wegen der Schlichtheit und Anspruchslosigkeit der Kultgegenstände verborgen. Die Afrikaner bauten keine monumentalen Kirchen und gaben sich kaum mit aufwendiger Ausstattung ihrer Priester ab. Ihre Tempel und Heiligtümer waren bescheiden. Oft enthielten sie einen Altar, der nur aus einem Holzklotz oder einem Steinblock bestand. Der Boden war häufig von Töpfen oder anderen alltäglichen Dingen bedeckt. Und doch waren diese Heiligtümer und Altäre, dem Anschein nach so provisorisch und zufällig, in Wirklichkeit in Ehren gehaltene Stätten der Anbetung, deren Würde sich aus der Aufrichtigkeit der Betenden ergab. Sie waren geweihte Orte, die man aufsuchte, um ihre Orakel zu befragen und zu ihren Göttern zu beten.

Weil religiöse Überzeugungen und Gebräuche im Leben Afrikas eine so bedeutende Rolle spielten, kam den Hütern der Tempel und Heiligtümer größte Bedeutung zu. Zweifellos unterschieden sie sich in ihren Talenten und Charakteren ebenso wie Menschen irgendeines anderen Standes. Waren unter ihnen auch Betrüger und Halunken, so waren die meisten doch geschickte Praktiker in der Kunst physischer und seelischer Heilung. Teils beruhte ihre Autorität auf umfangreicher Kenntnis der Kräutermedizin, verbunden mit psychologischem Einfühlungsvermögen und intimer Kenntnis lokaler Verhältnisse, teils erwuchs sie aus dem allgemeinen Vertrauen in die Fähigkeit der Priesterschaft, eine Verbindung mit der Geisterwelt herzustellen. In Aschanti beispielsweise nannte man den Priester des Heiligtums einen *okomfo,* nach dem Worte *kom,* was Prophetie oder Voraussage bedeutet. Seine Hauptpflicht bestand in der Fürsorge für den heiligen Gegenstand, mit dessen Hilfe er den Gott anrief. «Er tat das», schrieb der englische Anthropologe Robert Rattray, «indem er klingelte, trommelte und — am wichtigsten von allem — tanzte. Er fühlte am Zittern und Beben seines Leibes, daß der Geist von ihm Besitz ergriffen hatte . . . Der *okomfo* spricht alsdann den Geist an und gibt dessen Antwort dem Ratsuchenden weiter . . .»

Solche Fähigkeiten setzen langwierige Übungen voraus, und bei manchen afrikanischen Stämmen gab es regelrechte Schulungskurse für die Heiligtumspriester. In Aschanti mußte ein Novize ein Studium von 3 Jahren absolvieren; während dieser Zeit nannte man ihn mit dem Gott «verheiratet». Im ersten Jahr erlernte er die zeremonielle Anwendung der Kräuter: welche Blätter er an den Knöcheln reiben mußte, um sie für den Tanz zu stärken, mit welchen er die Augen einreiben mußte, um «seinen Gott täglich zu erblicken», welche dazu dienten, um sich in den Zustand der Besessenheit zu bringen. Im zweiten Jahr studierte er die Gesetze und Tabus des Gottes. Ihm wurde auferlegt, niemals berauschende Getränke zu genießen, niemals zu schwatzen, zu streiten oder zu kämpfen, niemals seinen Gott aufzufordern, jemanden zu töten, niemals unaufgefordert am Hofe seines Häuptlings zu erscheinen, niemals nachts auszugehen und mit anderen jungen Leuten zusammenzutreffen. Außerdem mußte er stets die Ältesten durch Beugung des rechten Knies und durch Berührung des Bodens mit der rechten Hand grüßen. Im letzten Jahr schließlich wurde der künftige Priester mit der Kunst der Weissagung und der Beschwörung und mit den gehörigen Formen der Zwiesprache mit dem Gott vertraut gemacht.

Ahnenkult. Die Götter Afrikas walteten über die Natur. Von ihnen erbat man Hilfe und Schutz gegen das Unbekannte. Handelte es sich dagegen um die bekannten, irdischen Verwicklungen, so kamen andere reli-

Ein Mäuseorakel in der Form einer kleinen Urne, bewacht von einer menschlichen Figur, war einer der geheimnisvollsten Kultgegenstände, den die Wahrsager der Baule von der Elfenbeinküste in Gebrauch hatten. Man arrangierte sorgfältig Holzstäbchen im Innern des Gefäßes und setzte die Mäuse hinein. Nach der durch die Bewegungen der Mäuse veränderten Lage der Stäbchen wurde geweissagt und Streit geschlichtet. Mit ihrer Hilfe wurde auch nach Hexen gefahndet.

giöse Gebräuche in Betracht. Diese betrafen die Geister der Ahnen und die in jedem Stamm für deren Anrufung bestimmten Personen. Die Ahnen garantierten nämlich das Überleben und Gedeihen des Stammes. Sie waren die «Urväter», die für jeden Stamm den richtigen und sicheren Pfad bestimmt hatten, dem der Stamm zu folgen hatte. Sie waren es, die «zuerst in das Land gekommen waren», wie die Afrikaner glaubten, und die Religion, Moral und Sozialgesetze des Stammes festgelegt hatten. Ehrte man sie gebührend, so leisteten die Vorfahren mächtige Hilfe zu sicherem und gedeihlichem Leben, überging oder beleidigte man sie, so wurden sie zu gefährlichen Feinden.

Aber die Beziehungen der Lebenden zu den Toten bestanden nicht nur aus Verehrung und Respekt. Es gab darin noch ein anderes Element, eine Art Vertrag oder Geschäft. Die Lebenden schuldeten den Ahnen Respekt, aber umgekehrt hatten die Ahnen auch Verpflichtungen gegenüber den Lebenden. Jede Seite war gehalten, die Interessen der anderen zu achten, und ganz bestimmte Zeremonien und Riten dienten der Erfüllung und Erneuerung des Vertrages. Infolgedessen verehrte man nicht alle Ahnen gleichmäßig oder etwa nur diejenigen, für welche man besondere persönliche Bewunderung oder Achtung empfand. Man verehrte diejenigen, welche in direkter Linie einem bestimmten «Urahnen» gefolgt waren. Nur diese anerkannten Vorfahren konnten als Vermittler mit dem eigentlichen Ahnengeist auftreten.

Der Ahnenkult war eine der zentralen Ordnungsmächte in der afrikanischen Gesellschaft. Er regulierte das Leben des einzelnen, der Dörfer, Siedlungsgemeinschaften und Nationen. Das große Aschantireich, das in Ghana am Ende des 17. Jahrhunderts entstand, beruhte auf einer Übereinkunft zwischen den Aschantistämmen, ihre Urahnengeister in einem einzigen Symbol, dem goldenen Stuhl von Osai Tutu, zu vereinen. Aber selbst auf dörflicher Ebene gewährleistete der Ahnenkult auf recht verschiedene Weise Gesetz und Ordnung. Viele Kulte entstanden in enger Verbindung zu den traditionellen «Riten der Lebensfolge» – Geburt, Pubertät, Heirat, Begräbnis –, und sie wachten über das ökonomische Leben des Dorfes durch Einrichtung der «Geheimbünde», welche die Gebote der Ahnen auszuführen hatten.

Bei Erreichung der Pubertät wurde ein Knabe – nachdem er die herkömmliche Prüfung seiner Tapferkeit und Reife bestanden hatte – feierlich seinen Ahnen vorgestellt. Er erfuhr, wie diese sein Dorf mit Hilfe der Götter gegründet und welchen Lebensweg sie sich selbst und ihren Abkömmlingen vorgezeichnet hatten. Er wurde mit den Masken und anderen Kultgegenständen bekannt gemacht, die dem Dienst an den Ahnen gewidmet waren, und erfuhr, wozu sie dienten. Ihm wurde beigebracht, daß sein eigenes Leben nur bei Gehorsam gegenüber den Geboten der Ahnen gedeihen konnte, das heißt, wenn er die Gesetze und Vorschriften der Ahnen beachtete und so lebte, wie sie gelebt hatten.

Am Ende dieser Belehrungen, die manchmal einige Wochen lang dauerten, wurde der Knabe offiziell als Erwachsener und als Mitglied des «Geheimbundes» seines Stammes betrachtet. Diese Regierungskörperschaften waren nur in dem Sinne geheim, daß nur Mitglieder bei ihren Zeremo-

Afrikanische Zaubermittel

Von unbekannten Mächten und manchmal durch Hunger und Raubtiere bedroht, riefen die Afrikaner wie andere Völker Zauberkräfte zu Hilfe. Ihr Gebrauch davon war weitgehend praktischer Natur und beruhte auf alltäglichen Erfahrungen. Wenn z. B. ein Landmann einen runden schwarzen Stein aus einem Flußbett auflas und später eine gute Ernte hatte, so war er geneigt, runde schwarze Steine als Garanten für gute Ernten zu betrachten. Ähnlich wurden die Zähne der gefürchteten Löwen und Krokodile als wirksame Mittel gegen wilde Tiere betrachtet – besonders wenn ein Jäger sie trug und erfolgreich von der Jagd zurückkehrte. Gegenstände, die keine Wirkung taten, wurden verworfen, die wirkungsvollsten weithin kopiert und allmählich standardisiert, stilisiert und zu magischen Symbolen erhoben. Afrikanische Gelehrte haben viele dieser Symbole eingeteilt in Talismane (oder allgemeinen Glückszauber) und Amulette (zum Gebrauch gegen bestimmte Übel). Praktisch wählten indessen die Afrikaner magische Gegenstände weniger nach der Kategorie aus als nach dem, was diese tatsächlich vermochten. Nachfolgend werden einige der gebräuchlichsten afrikanischen Zaubermittel und ihre Anwendung aufgeführt:

Figuren aus Stroh	Bewahren Ernte vor Schaden
Bogengänge aus Palmwedeln	Schützen das Haus vor Unheil
Federbüschel	Behüten die Bewohner eines Raumes
Raffiabesen	Halten Einbrecher ab
Geschnitzte Tiere	Gewährleisten gute Jagd
Tierzähne	Halten Raubtiere fern
Eiserne Armreifen	Fördern die Fruchtbarkeit
Stockbündel	Bewachen das Haus
Bambusflöten	Schützen vor Hexenzauber
Ziegenlederbeutel	Wehren Krankheiten ab
Kauhölzer	Verhüten Streit
Schwere Fußringe	Schützen kleine Kinder
Gedrehte Kupferringe	Schützen vor Schlangenbissen

nien mitwirken durften. Im übrigen kam ihr Tun jedermann zur Kenntnis, und naturgemäß mußte das so sein, da sie dafür zu sorgen hatten, daß die Gesetze der Ahnen ausgeführt wurden.

Einige dieser Bünde beeinflußten nachdrücklich den frühen Handel Afrikas mit Europa. Seeleute des 15. Jahrhunderts berichteten, daß sie an der Guineaküste Waren ohne Genehmigung der Ältesten des Porobundes weder kaufen noch verkaufen konnten. Wie andere Geheimbünde hatte auch der der Poro im wesentlichen religiösen Charakter. Aber die umfassende Volksherrschaft seiner Mitglieder verlieh ihm, gegründet auf die Autorität ahnherrlicher Sanktionierung, ebensowohl in allen praktischen Angelegenheiten des Stammes eine starke Stellung. Der Porogeheimbund hatte die Aufgabe, den Willen der Ahnen zu interpretieren, arrangierte aber auch öffentliche Feste, entschied über weltliche Streitigkeiten und setzte Marktpreise für alle Artikel von Yams bis zu Gold fest. So gingen Religion und Verwaltung Hand in Hand.

Für den einzelnen Afrikaner endete indessen die Religion nicht beim Gebet zu den Göttern und bei der Ahnenverehrung. Das Übersinnliche machte sich auch auf einer dritten Ebene bemerkbar: in Zauberei und Hexerei. Afrika glaubte an Magie, genau wie Europa es vor der Aufklärung tat. Es gab gute Magie und böse; erstere konnte hilfreich sein, letztere Verheerungen anrichten, besonders wenn das der Vorsatz des Hexenmeisters war. Übel konnte aber auch aus dem unkontrollierbaren Tun von Hexen entstehen. Diese waren böse Geister, die nachts aus der menschlichen Hülle schlüpften und in dunkler Mission ausflogen, genau wie man sich das im christlichen Europa des 16. und 17. Jahrhunderts vorstellte. Um mit ihnen fertig zu werden, wandten sich die Afrikaner, ebenso wie in allen anderen Fragen der Zauberei, an einen Hexenmeister. Die eigentliche Aufgabe des Hexenmeisters bestand darin, die Leute zu beraten und zu beschützen, die von bösen Geistern bedroht wurden. Gelegentlich mochte ein Hexenmeister aber auch sein Amt «veruntreuen» und selbst gefährliche Zaubereien ausführen. Die Kraft solchen Zauberglaubens war unterschiedlich. Einige Volksstämme, wie die Zande im südlichen Sudan, waren besessen vom Hexenwahn und glaubten, daß Hexen das Leben bis ins letzte hinein beeinflußten. Andere Stämme, wie die Talensi in Ghana, hatten keine solchen Vorstellungen. Aber wie stark auch immer die Furcht vor Hexen sein mochte, nur wenige Afrikaner glaubten, daß außergewöhnliche Ereignisse ausschließlich übernatürliche Ursachen hatten. Selbst die Zande unterschieden zwischen einem Vorgang böser Magie und der Ursache für diesen Vorgang. Wurde ein Zande von einer Schlange gebissen, so wußte er sehr wohl, daß es das Schlangengift war, das ihm Schmerzen verursachte. Da er nicht an Zufälle glaubte, suchte er jedoch zu erfahren, warum die Schlange gerade ihn und nicht irgend jemand anderen gebissen und wer es der Schlange eingegeben hatte, sich auf seinen Weg zu legen.

Masken mit Tiermotiven werden von den Knaben der Bajaka am Kongo bei der Mannbarkeitsweihe getragen. Die formelle Aufnahme in den Erwachsenenstatus wird vollzogen, wenn die Knaben aus einer «Buschschule» zurückkehren, in der sie einige Wochen hindurch gelebt und Instruktionen über geheime Riten und über ihre Pflichten als vollwertige Mitglieder ihres Stammes erhalten haben.

Hexenwahn. Der Zande befragte ein Orakel. Sehr oft brauchte er als Medium ein bestimmtes Gift, das für ein damit gefüttertes Huhn tödlich wirkte oder unschädlich blieb. Während er das Gift anwandte, bat er das Orakel in vorgeschriebener Form um Antwort. Je nachdem, ob das Huhn am Leben blieb oder starb, wurde seine Frage bejaht oder verneint.

Das mittelalterliche Europa stand in Abergläubigkeit dem «dunklen» Erdteil in nichts nach, den die Europäer so lange als Brutstätte des Okkultismus betrachtet haben. Im 15. Jahrhundert tanzten abergläubische Dorfbewohner häufig zwischen den Gräbern der Kirchhöfe (oben) in der Hoffnung, vor der Pest bewahrt zu bleiben, während die Schädel der Pestopfer sie höhnisch anstarrten. Hexenglaube, Astrologie, Alchimie beherrschten das Weltbild der Europäer bis ins 16./17. Jahrhundert hinein. Lebenselixiere, Magneten zur Ableitung von Krankheiten aus dem Körper, Zaubertränke und wundertätige Splitter des «Wahren Kreuzes Christi» waren anerkannte Heilmittel.

Manchmal waren die Kosten einer solchen Befragung hoch; ein besonders verwickeltes Problem konnte einen beunruhigten Mann veranlassen, viele Hühner zu verbrauchen. Teste und Gottesurteile, zu denen man Kräutertränke benutzte, waren bei den Hexenmeistern ebenfalls gang und gäbe. Der berühmte Arzt Dr. David Livingstone vermerkte, daß hexenverdächtigen Frauen Brechmittel eingeflößt wurden, die sie erbrachen, wenn sie unschuldig waren, und die purgierend wirkten, wenn sie schuldig waren. Dasselbe Verfahren beobachtete ein schottischer Arzt in seiner eigenen Heimat im umgekehrten Sinne. In Schottland wurde «die der Hexerei bezichtigte Person an Händen und Füßen gebunden und ins Wasser geworfen. Schwamm sie, so war sie schuldig, sank sie unter und ertrank, wurde sie für unschuldig erklärt.»

In der modernen Welt gilt Hexerei inzwischen als verabscheuungswürdiger Unsinn. In Afrika dagegen diente der Hexenmeister einem realen und nützlichen Zweck. Oft war er in der Lage, zwischen Rivalen Streitigkeiten beizulegen, die sonst leicht zu Gewaltanwendung hätten führen können, und seine Kenntnis in der Kräutermedizin ließ ihn oft Arzneien verschreiben, die tatsächlich halfen. Auch fungierte er aus seiner intimen Kenntnis des Stammeslebens und der menschlichen Natur nicht selten als eine Art in die Zukunft wirkender Psychologe. Als Lansana die Priesterin der Pythonschlange über die mißlungenen Güsse befragte, erwartete er dort Rat und Trost. Und die Priesterin vermochte ihm beides zu geben, weil sie Lansana schon lange kannte.

Dieses Vertrauen in die Heilungskräfte der afrikanischen Religion, in ihr Vermögen, physisch und seelisch zu heilen, macht klar, aus welchem Grunde weder der Islam noch das Christentum jemals die überlieferten afrikanischen Glaubenssätze haben verdrängen können. Es ist aber nicht die einzige Erklärung dafür. Auf ihre Weise boten die afrikanischen Religionen ihren Anhängern eine dem Volkscharakter angemessene Abwandlung des Unsterblichkeitsgedankens. Der Ahnenkult mit der tieferen Bedeutung der Stammeskontinuität dehnte das Leben über den Tod hinaus aus. Mehr als das, er verlieh dem einzelnen Afrikaner eine geistige Identität mit einer Gemeinschaft, deren Lebensformen sich seit Menschengedenken nicht verändert hatten.

Unzweifelhaft ist dies ein Hauptgrund dafür, daß die christlichen Missionare sich früher so oft über das Abtrünnige in ihrer afrikanischen Gemeinde beklagten und weswegen der Islam trotz aller seiner Toleranz gewisser afrikanischer Überlieferungen so lange Widerstand fand. Für den Afrikaner bestand das Lebensziel darin, so zu leben wie sein Vater. Das bedeutete nicht gerade Fortschritt, aber es gewährte Stabilität. So beruhte die Stärke und Würde der afrikanischen Religion nicht auf ihren Einzelheiten, sondern auf dem Ganzen des Phänomens. Menschen wie Lansana waren von der Wiege bis zum Grabe geborgen in einem System religiöser und sittlicher Überzeugungen, die, wenngleich unbewußt, unter jahrhundertelangen Experimenten und Irrtümern gewachsen waren. Dieses System diente dazu, Reibungen im persönlichen und gemeinschaftlichen Leben der Afrikaner weitgehend auszuschalten; es war Grund und Wesen allen afrikanischen Stammeslebens.

7. Lebenspendende Kunst

Wie die religiösen Vorstellungen und Sitten Afrikas, so war auch seine Kunst das Produkt eines «Zeitalters des Glaubens». Wie Europa im Mittelalter Kathedralen baute und Musik komponierte zur Ehre Gottes, so waren auch Afrikas Künstler hauptsächlich dem geistigen Gehalt ihres Werkes verhaftet. In der Bildhauerei, in der Musik, im Tanz und in ihren Erzählungen versuchten sie, die sittlichen und religiösen Überzeugungen, welche die Grundlage ihres täglichen Lebens bildeten, auszudrücken und zu verherrlichen. Daraus ergaben sich für die afrikanische Kunst zwei Hauptmerkmale: die Vielfalt der Form und das Konventionelle des Stils. Die Formen variierten, weil die Überzeugungen und Riten der afrikanischen Religion sich änderten; der Stil blieb beim Herkömmlichen, weil die Kunst die Aufgabe hatte, den Ideen Ausdruck zu verleihen, die aus uralter Zeit überkommen waren. Kurz, es handelte sich um eine Kunst, die weder dem Zufall noch der Spontaneität des Augenblicks unterworfen war.

Indes wurde dies von den Nichtafrikanern im allgemeinen verkannt. Die afrikanische Kunst machte zum erstenmal größeren Eindruck auf die außenstehende Welt, als sie eben nach der Jahrhundertwende in Paris bekannt wurde. Französische, belgische und deutsche Handelsniederlassungen in Äquatorialafrika hatten rituelle Masken und Holzplastiken herübergebracht. Grotesk und oft mißproportioniert, stellte diese Kunst sich Europas Künstlern und Kritikern als gänzlich bindungslos dar, als das Produkt augenblicklicher Emotionen, gestaltet nach der ausschließlich persönlichen Vision des Bildhauers. Hier fand man, nach der übereinstimmenden Meinung der Fachleute, den unmittelbaren Ausdruck individueller Empfindungen von Furcht, Verehrung, Zorn, Liebe und anderen elementaren Gefühlen. Wie hätte man sonst diese verzerrten Züge, so wild, so leidenschaftlich, mit den vertrauten Vorstellungen von Kunst in Einklang bringen können?

Dieses Urteil war ohne ausreichende Kenntnis der Hintergründe zustande gekommen, auf denen man diese Masken und Figuren sehen mußte, und führte infolgedessen die meisten Europäer in die Irre. Sie stempelten die

Fast alle afrikanischen Schnitzereien sind aus einem einzigen Stück Holz gefertigt, das aus einem lebenden Baum herausgeschnitten wird und an dessen Wachstumsform sich der Künstler während des Schnitzens gewissenhaft hält. Die enge Beziehung des Künstlers zu seinem Material spiegelt sich in der Grabfigur. Die Figur läßt den zylindrischen Holzkern erkennen, aus dem sie geschnitzt wurde.

afrikanische Kunst als primitiv ab und verstanden unter primitiv, daß sie das Produkt eines zum Verständnis seiner Gefühle unfähigen Volkes sei. Liebe oder Haß, Götterverehrung oder kosmische Angst, immer handelte es sich um den Ausdruck unreflektierter Gemütsbewegungen. Die Vorstellung, daß afrikanische Künstler ohne Regeln und Stilvorgänger ihre Werke konzipierten, beruhte auf demselben Mißverständnis, dem Europäer und Amerikaner früher unterlegen waren, als sie annahmen, daß afrikanische Stammesgemeinschaften keine bestimmten Gesetze des persönlichen oder gemeinschaftlichen Lebens hätten, weil solche ihnen nicht sichtbar wurden. Ebenso waren sie außerstande, irgendein erkennbares Zeichen von Disziplin in der afrikanischen Kunst wahrzunehmen, und so hielten sie diese Kunst für primitiv. Zum Teil war dieses Mißverständnis die Folge des Ablaufs der Geschehnisse.

Europäische Bewertungsmaßstäbe. Bildwerke, die in Paris bald nach 1900 eintrafen, stammten vor allem von Völkern, deren Kennzeichnung als «primitiv» leicht erschien. Unter den Masken waren diejenigen der Dan, Senufo, Baule und Kota – Stämme von der Elfenbeinküste und dem nordwestlichen Kongo. Man trug sie dort zusammen mit Baströcken bei religiösen Tänzen, und sie stellten finstere Ungeheuer und andere Phantasiegeschöpfe dar. Den Europäern, die gewohnt waren, ihre Bewertungsmaßstäbe am Grade der Verfeinerung zu orientieren, müssen die in diesen Masken verkörperten Emotionen tatsächlich völlig roh erschienen sein. Hinzu kam, daß viele dieser stilisierten Figuren so weit von jeder Porträtähnlichkeit entfernt waren, daß sie wie das Werk ungeschulter Hände wirkten – wie von Kinderhand. Die Tatsache, daß experimentierfreudige Künstler wie Picasso die afrikanische Kunst bewunderten und in ihrem Kampf gegen die konventionelle Kunst benutzten, trug ebenfalls dazu bei, ihr das Etikett «primitiv» anzuheften.

Wenn Picasso und andere radikale Vertreter der abstrakten Kunst in Berlin anstatt in Paris gelebt hätten, so hätten sie die afrikanische Kunst möglicherweise ganz übersehen. Denn in Berlin traf zur selben Zeit eine afrikanische Kunst von ganz anderem Charakter ein. Deutsche Reisende brachten aus Benin in Nigeria eine Reihe von Bronzeköpfen und Bronzeplatten mit. Diese Werke hatten trotz ihres oftmals merkwürdigen Stils und Ornaments nichts von Primitivität an sich. Hier wurden im Gegenteil Figuren dargestellt, die man als solche erkennen konnte, und außerdem diente diese Kunst augenscheinlich vertrauten Zwecken, wie zum Beispiel

Ein Akrobat zeigt Seilkunststücke während eines Festes. Diese Feste wurden zu Ehren des Königs gefeiert, sollten jedoch auch der Verehrung der Götter dienen bzw. der Beruhigung des Teufels, den die Bini für alles Unglück verantwortlich machten.

Afrikanische Einflüsse auf die Kunst des Westens werden durch diesen Vergleich zwischen einer Steinplastik des Italieners Amadeo Modigliani und einer von einem Angehörigen des Fangstammes geschnitzten Ritualmaske (rechts) bewiesen. Der italienische Künstler lernte afrikanische Schnitzerei in Paris bald nach der Jahrhundertwende kennen und ließ sich

durch ihre Verzerrungen und Abstraktionen anregen. Obwohl Modiglianis Stil eigenständig ist, ähneln manche seiner Stilelemente – die Verlängerung des Gesichts, der kleine, geschürzte Mund, die mandelförmigen Augen und die doppelte Augenbrauenlinie – entschieden denen der traditionellen afrikanischen Kunst.

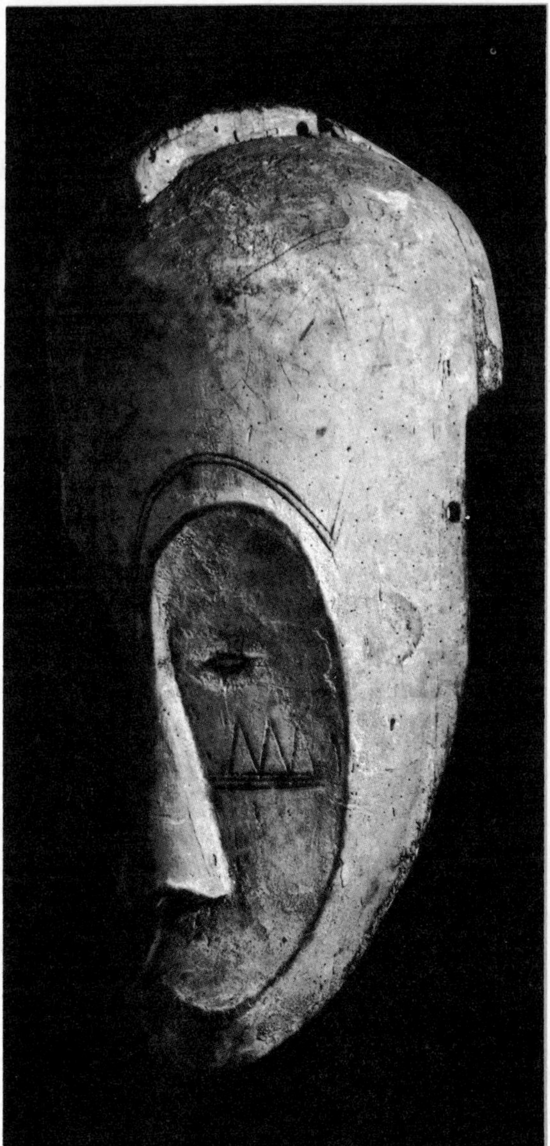

königlicher Repräsentation. Kritik und Wissenschaft waren nicht in der Lage, diese Bildhauerarbeiten aus Benin mit dem in Verbindung zu bringen, was sie von dem «primitiven Afrika» wußten; deshalb sahen sie sich nach einer Herkunft außerhalb Afrikas um. Der deutsche Gelehrte Leo Frobenius vermutete, daß die Kunst Benins aus der Kunst des verlorenen Kontinents Atlantis hervorgegangen sei.

In den 30er Jahren wurde die Annahme, daß die afrikanische Kunst das Produkt primitiver und roher Gemütsbewegungen sei, immer unhaltbarer. Bei Grabungen in der Nähe der alten Jorubastadt Ife in Südwestnigeria stießen die Archäologen auf herrliche «klassische» Bronze- und Terrakottaköpfe. Da man den Afrikanern die Darstellung des menschlichen Gesichts nicht zutraute, vermutete man, daß diese wundervollen Köpfe auf fremde Einflüsse zurückgingen. Vielleicht war ein Renaissancebildhauer auf der Wanderschaft nach Ife gelangt und hatte dort eine neue Kunst geschaffen, die mit ihm blühte und bei seinem Tode starb.

Die meisten dieser frühen Interpretationen afrikanischer Kunst sind durch neuere Forschungen widerlegt worden. Die Köpfe und Figuren auf Ife und Benin sind ebensosehr ein Produkt Afrikas, wie es die Monstermasken der Senufo sind und die geometrischen Abstraktionen der Kota. Der zweifellose Gegensatz zwischen ihnen ist der eines künstlerischen Stils, nicht der einer künstlerischen Potenz.

Kunstgeschichtlicher Überblick. Afrikanische Kunst besaß eine religiöse Funktion. Skulpturen, Tänze, Trommelrhythmen und Gesänge sollten das Wirken der alles Leben spendenden Naturkräfte verstärken. In dieser Kunst ist alles dynamisch, da sie abstrakten Begriffen sichtbare Form zu geben sucht. Und sie ist das gerade Gegenteil von primitiv, denn sie stellt den Extrakt eines langen, kollektiven Prozesses geistiger Bestrebungen dar und nicht etwa den instinktiv geborenen Ausdruck unmittelbarer persönlicher Gefühle. Um den geistigen Gehalt dieser Kunst zu verstehen und seinen Symbolismus richtig zu deuten, muß man die afrikanische Religion kennen, eine Aufgabe, mit deren Bewältigung die nichtafrikanische Welt eben erst begonnen hat.

Wie alt ist die afrikanische Kunst? Was bewirkt ihre örtlichen Verschiedenheiten und deren besondere Ausprägungen? Unter welchen Umständen

Zu den angesehensten Bürgern in Benin gehörten die Jäger. Nur die tüchtigsten Jünglinge konnten Jäger werden, und das auch erst, nachdem sie eine strenge Lehre absolviert hatten. Sie mußten lernen, Wild in jedem Gelände aufzuspüren, sich geschickt und lautlos durch das dornige Unterholz zu bewegen und in den Wäldern tagelang ohne Nahrung auszukommen. Sie mußten außerdem viele geheime Riten beherrschen, wie die Zeremonie, von der man annahm, daß sie den Jäger dem Wild gegenüber unsichtbar mache. Große buschige Helme sollen den Jäger tarnen, der einen Leoparden beobachtet.

veränderten einzelne Künstler konventionelle Formen? Bei der Beantwortung dieser Fragen hält man sich am besten an die Plastik. Denn im Gegensatz zur Musik und zum Tanz hat sie Zeugnisse hinterlassen, die man mit den Stücken jüngerer Entwicklungen vergleichen kann.

Die überlieferte Skulptur Afrikas beginnt mit der Eisenzeit. Aus davorliegenden Zeitaltern existieren keine Beispiele. Gleichwohl haben die Afrikaner der Steinzeit sicherlich ebenfalls Bildhauerei betrieben, zumal die Felsenmalereien der Sahara sie als begabte Künstler zeigen. In den 40er Jahren hat Bernard Fagg, ein in Nigeria tätiger Archäologe, eine Reihe von Terrakottaköpfen und Skulpturteilen im Schutt von Zinnminen gefunden. Sie zeigen einen erstaunlich hohen Rang künstlerischer Erfindung und Geschicklichkeit. Diese Stücke werden gegenwärtig im Museum zu Jos in Zentralnigeria gesammelt, wo sie systematischer geprüft werden können. Archäologische Untersuchungen haben ergeben, daß sie aus der Zeit von etwa 500 v. Chr. bis 200 n. Chr. stammen.

Die Stämme, welche diese Plastiken schufen, faßt man nach dem Namen des Dorfes, bei dem die Fragmente gefunden wurden, unter dem Begriff Nok-Kultur zusammen. Aus den archäologischen Untersuchungen ergaben sich alsbald aufsehenerregende Folgerungen: Die Nok-Kultur bezeichnet wahrscheinlich den Beginn der Eisenzeit in Westafrika; Nok-Figuren findet man nämlich im allgemeinen zusammen mit Gegenständen zur Eisenbearbeitung, besonders mit Lehmröhren, die man zur Verbindung der Gebläsevorrichtungen bei primitiven Schmelzöfen benutzte. Und die Nokstämme scheinen kulturell die Vorfahren der Jorubastämme zu sein, der Schöpfer der viele Jahrhunderte späteren Ife-Skulpturen.

Sowohl die Figuren der Nok als auch die der Ife erreichen annähernd Lebensgröße, und beide pflegen eine ganz bestimmte Proportion zu wählen: der Kopf beträgt ein Drittel oder ein Viertel der Größe des Körpers und erscheint damit unproportioniert. Dies war jedoch Absicht, denn dem «Sitz der Lebenskraft» gab man besonderes Gewicht. Vielleicht aus demselben Grund modellierten die Nok und die Ife den Kopf viel sorgfältiger als Rumpf und Glieder, denen man nur geringe Aufmerksamkeit widmete. Wenn Nok und Ife verwandt sind, wie es die stilistischen Ähnlichkeiten nahelegen, so fehlt ein Verbindungsglied. Während die Nok-Kultur etwa um das Jahr 200 ihr Ende gefunden zu haben scheint, hat die Ife-Kultur wahrscheinlich erst im 13. Jahrhundert eingesetzt. Vielleicht werden die Archäologen eines Tages irgendwelche Spuren einer solchen Vermittlerkultur finden.

Indessen weisen die Kulturen der Nok und der Ife trotz offensichtlicher

Ein versteckter Bogenschütze zielt mit aufgelegtem Pfeil auf einen Ibis im Baum. Kopf, Herz und Lunge des erlegten Tieres wurden als Talismane für den Erfolg einer Jagd aufbewahrt.

Zusammenhänge auch stilistische Unterschiede auf. Die Gesichter der Ife-Köpfe zeigen Nok-Züge, sind aber stärker repräsentativ. Einige von ihnen muten direkt porträthaft an. Waren sie es tatsächlich, so ist es nicht schwierig, die Ursache hierfür zu erraten. Die Ifestämme des 13. Jahrhunderts hatten ein komplexeres Leben entwickelt als die Nokstämme der Eisenzeit. Sie besaßen Stadtstaaten mit Königen und Herrscherfamilien, Höfe und höfische Zeremonien. Wie andere Potentaten benutzten diese Herrscher die Kunst, um ihre zeitgeschichtliche und geistige Bedeutung zu zeigen und zu steigern. Die Ife-Kunst war Hofkunst.

Aber sie war nicht nur das. In einem zu Abiri im Jahre 1949 freigelegten Grab fanden die Archäologen eine Vielzahl von Terrakottafiguren, einige realistisch, andere entschieden nicht. Figuren stellen menschliche Porträts dar, eine einen Widder, eine weitere eine sich ringelnde Schlange. Außer diesen Figuren fand man indessen eine Gruppe von kleinen, konischen Gegenständen mit roh modellierten menschlichen Zügen. Es ist nicht wahrscheinlich, daß einige Künstler hoch ausgebildet waren und andere nicht. Eher handelt es sich um zwei verschiedene Kunstgattungen, die zwei verschiedenen religiösen Zwecken dienten. Die eine diente wahrscheinlich

Drei Plastiken aus Nigeria. Die machtvolle Terrakottaplastik ganz links schuf ein Künstler der Nok-Kultur etwa 200 v. Chr. Der großartig naturalistische Kopf in der Mitte ist ein Messingguß des 13. Jahrhunderts aus Ife. (Die senkrechten Ziernarben geben wahrscheinlich alte Stammeszeichen wieder; die Löcher dienten vermutlich der Befestigung von Perlenschmuck.) Den Bronzekopf rechts schmücken ein erlesen gearbeiteter Kopfputz und prächtige Halsringe; er gehört zu den Meisterwerken des 16. Jahrhunderts aus Benin.

dem Angedenken, die andere hatte magische Bedeutung und folgte einer alten religiösen Konvention.

Nach Ife übernahm Benin die Tradition westafrikanischer Skulptur, was wiederum zu einer Vermischung neuer Stilelemente mit alten führte. Auch Benins Kunst war Hofkunst. Zwischen 1550 und 1690 beauftragten seine mächtigen und reichen Könige Bildhauer mit der Verschönerung des großen Palastes. Die Bildhauer Benins schufen viele herrliche Köpfe und Figuren für den Palast , sie wurden aber auch berühmt durch die Bronzeplatten, die einst die Säulen in den Hofanlagen schmückten — und heute viele Museen zieren. Die Bronzeplatten liefern einen faszinierenden Bericht des Lebens in Benin über einen Zeitraum von 140 Jahren hinweg; sie stellen sogar die frühen portugiesischen Entdecker dar, die Benin im 16. Jahrhundert aufsuchten.

Aber die Entwicklung Nok—Ife—Benin stellt nur einen kleinen Teil der bildhauerischen Tradition Afrikas dar. Außerdem gab es Plastik, die entweder davon abzweigte oder aber eigenständig zu unbekannten Zeitpunkten daneben heranwuchs. Nach 1930 gruben Archäologen in Esie in Westnigeria aus einem geheimnisvollen Versteck Steinfiguren von leicht

abgewandeltem Stil, aber von unleugbar hervorragender Arbeit aus. Bis heute kennt niemand die Künstler. Ähnlich wurden in einer Nachbarregion von Benin erlesen schöne Bronzefiguren gefunden, die man zunächst für Werke der Bildhauer Benins hielt. Inzwischen hat sich herausgestellt, daß es sich um Werke verwandter Stämme des unteren Nigerlaufes handelt.

Holzplastiken. Bei Holzschnitzereien ist das Problem der Datierung äußerst schwierig. Das liegt an der unendlichen Fülle des Bestandes. Trotz der Verheerung durch die weiße Ameise, die einen Baumstamm innerhalb weniger Monate in Staub verwandelt, gibt es in Afrika noch heute viel mehr Holzplastik als solche aus Ton oder Bronze. Die Afrikaner schnitzten viel und höchst erfinderisch. Kein anderes Volk hat sie darin übertroffen, und nur wenige haben ihre technische Virtuosität und die Kühnheit ihrer Konzeptionen erreicht. Aber natürlich schnitzten nicht alle Afrikaner gleich gut. Viele der besten Arbeiten scheinen aus den Savannen zu stammen und aus den undurchdringlichen tropischen Regenwäldern, und innerhalb dieser Gebiete kann man die Stile einigermaßen leicht unterscheiden. Es gibt die drohenden Helmmasken der Senufo, die graziösen Antilopenfiguren der Bambara, die flachen, geometrischen Schöpfungen der Kota. Andere Stile lassen sich nicht so klar bestimmten Stämmen zuordnen und noch viel schwieriger datieren, besonders nicht in bezug auf ihre Stellung innerhalb der langen Entwicklungsgeschichte der afrikanischen Plastik.

Wenige der in Afrika vorhandenen Holzschnitzereien werden mehr als 30 Jahre alt sein, weil Holz in den Tropen nur eine kurze Lebensdauer hat. Wie stark ähneln die vorhandenen Beispiele ihren Vorgängern? In welchem Maße haben sie sich im Laufe der Zeit stilistisch geändert? Wenn die Wandlungen in der Metall- und Terrakottaplastik hierfür einen Anhalt geben können, so lautet die Antwort, daß sie sich wahrscheinlich grundlegend im Detail, aber nur wenig in ihren wesentlichen Formen verändert haben. Aber die aus dauerhafteren Materialien gefertigten Werke bieten keine verläßliche Parallele. Da Metall- und Terrakottafiguren durch viele Generationen erhalten blieben und immer verehrungswürdiger wurden, hatte der Künstler weniger Möglichkeiten, mit der künstlerischen Überlieferung zu brechen und seiner eigenen Eingebung zu folgen.

Freilich erwartete man auch von den Holzschnitzern, daß sie sich an die Überlieferung hielten, aber ihre Modelle waren kurzlebiger. Fäulnis und

In Afrika wurde die Plastik selten als «Kunstwerk» betrachtet. Vielmehr war jedes Stück dazu ausersehen, bestimmte religiöse Geister herbeizurufen und aufzunehmen. Diese Ahnenfigur von drei Seiten (40 cm hoch) wurde als Behausung für den Geist eines verstorbenen Häuptlings geschnitzt — ein Geist, der sonst möglicherweise dem Dorf geschadet hätte. Eine Schnitzerei, die zerbrach oder riß, wurde wertlos; man schnitzte eine neue Figur und warf das alte Stück ohne Rücksicht auf seinen ästhetischen Wert weg.

der Fleiß der weißen Ameise sorgten gründlich dafür, daß ältere Werke ihre Details folgenden Generationen nicht überliefern konnten. Infolgedessen ergab sich bei dem immer erneuerten Bedarf auch eine größere Möglichkeit zu Formwandlungen. Es gab weniger Kopien, und es kam mehr auf die persönliche Fertigkeit und Einbildungskraft an. Hieraus erklärt sich auch, weshalb jede große Kollektion afrikanischer Holzschnitzereien mit ziemlicher Sicherheit neben Meisterstücken auch die Werke schwächerer Potenzen oder gar völlig Unbegabter enthält. Mochte ein hervorragender Schnitzer das Niveau für die Dauer seiner Generation heben, so war es sehr wohl möglich, daß die Kunst mit seinem weniger begabten Enkel verfiel.

Musik und Tanz. Die Plastik scheint als die bedeutendste unter den altafrikanischen Künsten, weil man dieser Kunst am häufigsten begegnet. Für den Afrikaner dagegen ist der Tanz die wichtigste Kunst. Der Tanz verbindet die beiden Hauptanliegen des afrikanischen Lebens miteinander: die Religion und das Gemeinschaftsleben. Manchmal hat der Tanz zeremonielle Bedeutung, zum Beispiel wenn er den Beginn einer Jagd oder die Beendigung der Ernte anzeigt, manchmal rituelle, zum Beispiel bei Geburt, Tod, Eintritt der Pubertät und Heirat, manchmal festliche, wenn er etwa an besonderen Tagen zu Ehren der das Dorf schützenden Götter und Geister veranstaltet wird. Oft wird aber auch nur zum Vergnügen getanzt. Mit Ausnahme von esoterischen Veranstaltungen beteiligt sich im allgemeinen das ganze Dorf am Tanz. Der Rhythmus wird fast ausnahmslos durch Trommeln erzeugt, denn Trommeln ist die Musik Afrikas.

Die Trommeln Afrikas haben viele Stimmen und werden in den mannigfachsten Kombinationen gespielt. Manche haben das übliche Trommelfell aus Haut und können auf verschiedene Tonhöhen gestimmt werden, hoch, mittel, tief. Oftmals stimmt man mehrere Trommeln in Abstufungen und spielt im Chor. Aber nicht alle afrikanischen Trommeln sind von dieser Art. Da gibt es die Spanntrommel, die aussieht wie ein Stundenglas und mit Saiten bespannt ist, die auf Druck kleine Veränderungen der Tonhöhe bewirken. Und die Schlitztrommel, ein ausgehöhlter Baumstamm, in den man sorgfältig Öffnungen geschnitten hat, welche die Resonanz hervorbringen. Diese Trommeln sind mit Rasseln aus verschiedenen Materialien besetzt — Steinchen, Kürbisse, Muscheln, Kokons —, die dem Hauptklang eine Begleitung von summenden oder schnarrenden Tönen hinzufügen.

Die Afrikaner haben auf Steinen getrommelt, schon lange bevor sie Häute über ausgehöhlte Holzblöcke zu spannen wußten, und ihre technische Perfektion darin ist bewunderungswürdig. Ein guter afrikanischer Trommler kann seine Trommel buchstäblich Worte und Sätze sprechen lassen, indem er die Stärke und Placierung seiner Anschläge variiert, um die Laute der afrikanischen Sprache nachzuahmen. Die «sprechenden Trommeln» Afrikas sind keine Fiktion, sondern wirkliche Verständigungsmittel. «Man erzählte

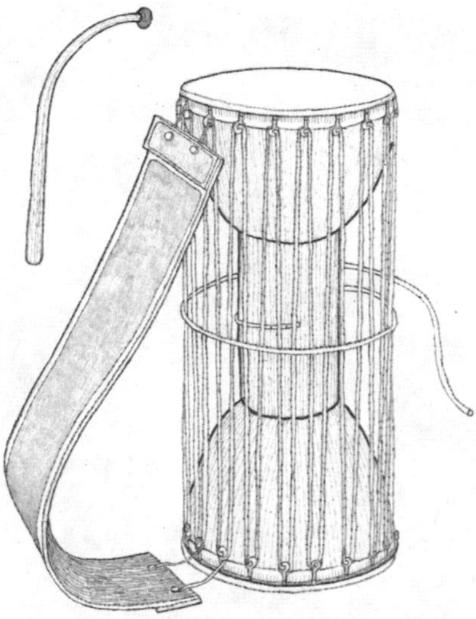

Die Trommel der Joruba in Nigerien besitzt Saiten, die auf Druck die Spannung des Trommelfells verändern, so daß sich damit Töne über den Bereich einer Oktave und mehr erzielen lassen. Durch den Gebrauch eines gebogenen Trommelstocks und durch Veränderung der Tonhöhe und des Rhythmus kann ein geschickter Trommler eine besondere Trommelsprache «sprechen», die sich an die Tonfärbungen der gesprochenen Sprache anlehnt. Die Trommel wird benutzt nur bei Nachrichtenübermittlung, beim Tanz oder der Rezitation alter Jorubasinnsprüche, von denen einer oben mit Übertragung wiedergegeben wird. Im Gegensatz zu westlicher Musik ist das afrikanische Trommeln polyrhythmisch.

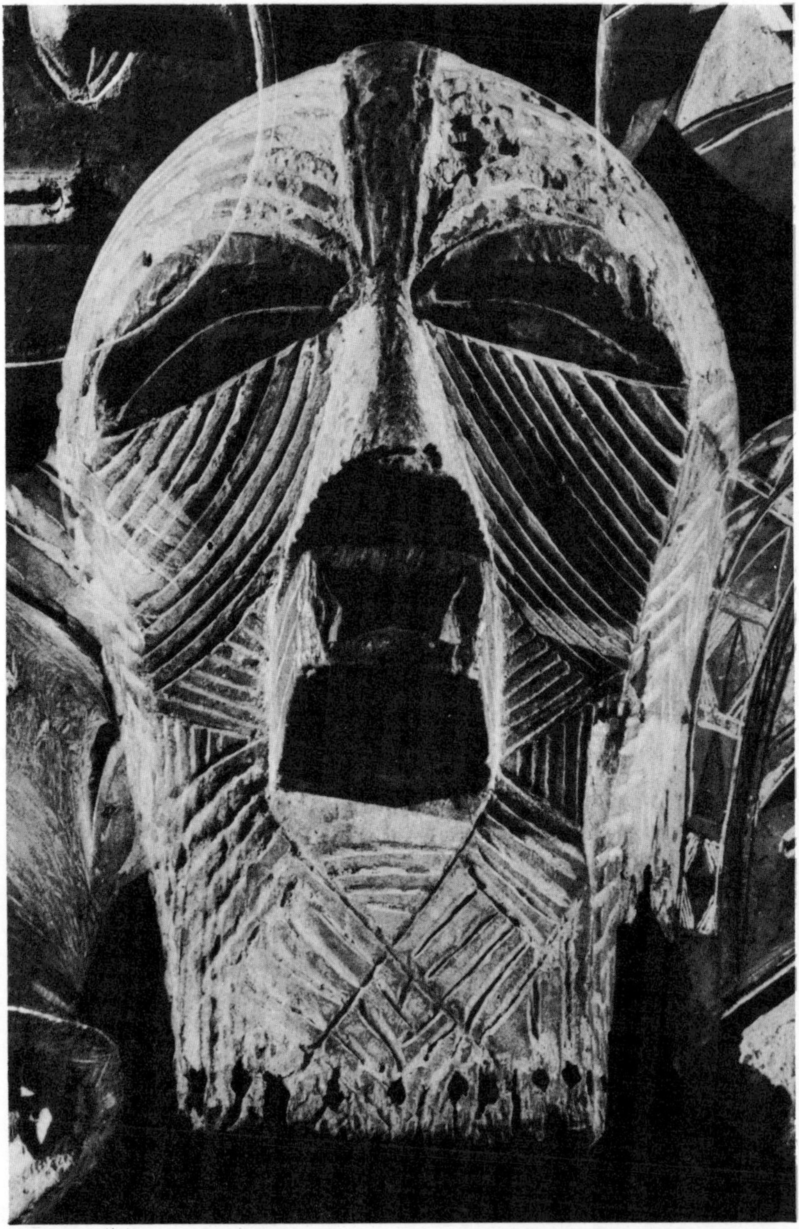

mir», schrieb der englische Reisende A. B. Lloyd im Jahre 1899, «daß eine Botschaft in weniger als 2 Stunden von einem Dorf über eine Entfernung von mehr als 100 Meilen in ein anderes Dorf gesandt werden könnte, und ich halte es für sehr wohl möglich, daß es noch weit schneller geschehen kann.»

Das Erregendste an afrikanischen Trommeln ist aber nicht ihr Klang, sondern ihr Rhythmus. Im Gegensatz zu westlicher Musik, die auf einfachen Rhythmen aufbaut (wie das 1—2—3 des Walzers), ist das afrikanische Trommeln polyrhythmisch. Nach den Anfangstakten, mit denen der Vortrommler das Thema angibt, variiert jeder Trommler das Thema, spinnt es weiter aus, so daß alle Rhythmen sich verschlingen und ein dichtes Klanggewebe entsteht. Die meisten Nichtafrikaner können der komplizierten Musik der afrikanischen Trommler nicht über die ersten Takte hinaus folgen. Die Afrikaner jedoch hören jeden einzelnen Rhythmus heraus und folgen häufig einem dieser Rhythmen mit den Füßen, während sie mit anderen Körperteilen anderen Rhythmen folgen. Manchmal kommt es zu spontanen Tänzen, an denen jedermann teilnimmt. Bei besonderen Anlässen jedoch gibt es genaue Choreographien, die nur ausgebildete Tänzer ausführen können. Wie die Masken, die man bei solchen Gelegenheiten trägt, haben auch die Tänze auf bestimmte Götter- und Ahnengeister oder auf bestimmte religiöse Riten bei Geburt, Heirat, Tod Bezug und folgen vorgeschriebenen Formen. Die bei solchen Feierlichkeiten gebrauchten Trommeln werden geweiht und bei manchen Stämmen getrennt von anderen Trommeln aufbewahrt. Tänzer und Trommler halten rituelle Dialoge, beide «sprechen» zu der Zuhörerschaft. Oft versetzt die Kombination eindringlicher Rhythmen und leidenschaftlicher Erwiderungen die Tänzer in Trance. So spricht der Rhythmus nicht nur zu den Sinnen: er ist der Weg zu vitaler Kraft, ein mystisches Erlebnis.

Erzählkunst. Ein ähnliches dramatisches Zusammenspiel gibt es in der afrikanischen Erzählkunst. Der Erzähler, gewöhnlich der Älteste im Dorf, belebt seine Erzählung mit allen möglichen Lauteffekten. Er wechselt die Tonhöhe seiner Stimme und das Sprechtempo, um den Charakteren und der Handlung gerecht zu werden, und begleitet sich mit allen möglichen klatschenden, klickenden und klappernden Geräuschen, um seine Erzählung zu veranschaulichen. Die Zuhörer antworten in der gleichen Weise, fast wie ein Chor. Sie machen bei passender Gelegenheit Bemerkungen, steuern ihre

Die mysteriösen, verzerrten und oft schreckenerregenden Formen dieser phantastischen Gebilde afrikanischer Plastik sollen übernatürliche Wesen versinnbildlichen. Tiermasken wie den geriefelten Löwenkopf (links) der Basonge trug man während der Initationsriten und bei den Zeremonien der Geheimbünde in West- und Zentralafrika.

Fruchtbarkeitssymbole in Tiergestalt sind auf dieser Holztür vor dem Schrein eines Senufo-Geheimbundes dargestellt. Die lebenspendenden Geister von Schildkröte, Krokodil, Antilope und Nashornvogel schmücken den Rahmen. Der Mittelteil zeigt Reiter und fruchttragende Felder rund um eine symbolische Sonnenscheibe. Oben links sind Türgriff und Schloß zu sehen.

Die Hauptaufgabe des afrikanischen Kunsthandwerkers war es, Skulpturen zu religiösen Zwecken zu schaffen. Aber er fertigte auch Gebrauchsgegenstände an. Auch solche Utensilien wurden häufig reizvoll gestaltet, um die Geister zum Bewohnen anzulocken. Die Schönheit dieser Kunstgegenstände beruht auf ihrer Mischung von Form und Funktion. Die schön geschnitzten Arme und Hände an dem Becher (links), die von der Basis aufsteigen, ermöglichen das bequeme Anheben des Gefäßes.

Verzierte Kopfstützen geben dem Nacken der Frauen Halt, ohne deren Frisuren zu beschädigen.

eigenen Geräuscheffekte bei und singen die Lieder, die in der Erzählung vorkommen. Kurz, sie spielen selbst mit. Aber gleichzeitig wird ihnen eine Botschaft zuteil. Wie überall sind die afrikanischen Volkserzählungen Parabeln und Fabeln, die ebensosehr belehren wie unterhalten sollen. Und da Afrikas alte Literatur ausschließlich mündlich überliefert ist, stellt die Volkserzählung eine vitale Kraft im Gemeinschaftsleben dar. Sie unterrichtet den Stamm über seine Geschichte, gibt moralische Belehrung, erläutert politische Vorgänge und erklärt das Wesen des Menschen und den Wandel sozialer Gepflogenheiten.

Die Afrikaner schätzen vor allem Erzählungen über Tiere und Insekten mit einem gewissen spitzfindigen Einschlag. Einer ihrer Lieblinge ist die große Spinne, Ananse Kokrofo, die manchen als Verkörperung der höchsten Gottheit gilt. Ananse ist verschlagen, listenreich, voller Possen und immer in der Siegerrolle. Eines Tages, so erzählt man, entschloß Ananse sich, alle Weisheit der Welt für sich einzusammeln und in einem Kürbis zu verstecken. Sicherheitshalber wollte sie den Kürbis im Wipfel eines Baumes aufbewahren. So band sie sich den Kürbis unter den Bauch und kletterte nach oben. Aber auf halbem Wege gab es Schwierigkeiten; der Kürbis hinderte ihre Bewegungen. Ihr Sohn, Ntikuma, der von unten zusah, neckte sie wenig respektvoll: «Mutter», rief er, «wenn du wirklich alle Weisheit der Welt bei dir hättest, dann hättest du den Kürbis auf den Rücken genommen.» Worauf Ananse, zornig über die unbestreitbare Richtigkeit dieser Bemerkung, den Kürbis hinunterwarf. Als er auf dem Boden aufschlug, zerbrach er und verstreute die Weisheit nach allen Seiten, und die Menschen liefen, um aufzusammeln, was sie bekommen konnten. Aber niemand bekam mehr als ein bißchen.

Afrikas hohe Kunst ist jetzt – wie Ananse Kokrofos Weisheit – völlig verstreut und aufgesplittert. Das ist nicht etwa die notwendige Folge davon, daß andere Künste an ihre Stelle getreten sind, sondern davon, daß Afrika sich verwandelt hat. Das alte Afrika, von dem diese Kunst ein so wesentlicher Bestandteil war, hat nunmehr viel von seiner Bedeutung und seinem Zusammenhang verloren. Obwohl die überlieferte Kunst noch von einigen guten afrikanischen Künstlern geübt wird, ist doch viel von dem, was unter dem Begriff traditionelle afrikanische Kunst läuft, in Wirklichkeit nichts weiter als Händlerschund. Hier und da versuchen einige Künstler indessen, die Kluft zwischen Altem und Neuem zu überbrücken – nicht durch Nachschöpfung der Vergangenheit, sondern durch Erkenntnis ihrer Verbundenheit mit dem Geiste, der die Vergangenheit beseelte. Aus dieser Verbundenheit heraus erschaffen sie eine neue Kunst für das heutige Afrika.

Als die portugiesischen Entdecker entlang der afrikanischen Küste nach Indien segelten, waren sie voller Staunen über so glänzende Häfen wie Kilwa. Heute liegen die alten Stein- und Korallenbauten dieser Städte in Trümmern. Die Ruinen von Kilwas großer Moschee liegen unter Kokosnußhainen, die jetzt das Zentrum der alten Stadt bedecken.

8. Triumph eines Kontinents

Obwohl die Hauptleistungen Afrikas in der Zeit vom 10. bis zum 16. Jahrhundert vollbracht wurden, hat die Geschichte dieses Kontinents für die westliche Welt erst begonnen, als die Europäer Macht über ihn gewannen. Nachdem die europäischen Völker sich im 19. Jahrhundert über die Verteilung ihrer Interessen in Amerika und im Osten geeinigt hatten, wandten sie auf der Suche nach neuen Märkten und Kolonialgebieten ihre Aufmerksamkeit Afrika zu. Am Ende des Jahrhunderts hatten sie die Landkarte Afrikas völlig umgestaltet, indem sie am Konferenztisch – und oft ohne Rücksicht auf die vorhandenen sozialen und politischen Strukturen Afrikas – neue Grenzen gezogen hatten, die den wechselseitigen militärischen Machtverhältnissen oder ihrer Aggressivität entsprachen.

Die Eindringlinge bahnten sich selbstbewußt ihren Weg durch gefahrvolle Wälder und durch dürre Steppen, gelbbraun wie Löwenmähnen. Sie fanden ein nach ihrer Ansicht konfuses menschliches Durcheinander. Die tödliche Stille, die sie um sich verbreiteten, nannten sie Frieden. «Nachdem die Gewehre und Maschinengewehre gesprochen hatten», so lautete ein typischer zeitgenössischer Bericht, «erreichten die Truppen [unter englischer Führung] das Flußufer ohne Aufenthalt, die Streitkräfte der Fulah zerstreuten sich und zogen sich in die Stadt zurück. Es blieb nichts übrig, als die Stadt zu beschießen.» Tatsächlich blieb sehr oft nur diese Art der «Überzeugung» des Gegners übrig, und das geschah häufig und sogar mit den besten Absichten. Die Eroberer waren entschlossen, das Licht der Zivilisation über jene Völker zu verbreiten, von denen man annahm, daß sie keinerlei eigene kulturelle Institutionen besäßen.

Aber selbst damals, in den großen Tagen des vordrängenden Imperialismus, tauchten mahnende Stimmen auf. Einige wenige Kritiker warfen die Frage auf, ob das neue Regiment irgendeinen Begriff von dem hatte, was es so bedenkenlos zerstörte. Vielleicht hat niemand diese Ansicht deutlicher geäußert als die kluge Mary Kingsley, eine Reisende des viktorianischen Zeitalters, deren Schriften um so weniger beiseite geschoben werden konnten, als sie über große Erfahrung in bezug auf Afrika verfügte. Mary Kingsley tadelte die Kolonialmächte wiederholt, weil diese politische Systeme abschafften, die sie nicht verstanden, und die peinlich überrascht waren, wenn die Eingeborenen es an gebührender Dankbarkeit fehlen ließen.

Die britische Kolonialgeschichte, schrieb sie, ähnele in dieser Hinsicht sehr «jener belehrenden Fabel von dem gutherzigen Elefantenweibchen, das eines Tages versehentlich auf ein Rebhuhn trat und es tötete. Als es nahe dabei das Nest mit den nackten Jungen entdeckte, vergoß es eine Träne, rief aus: ‹Ich fühle selbst wie eine Mutter› und setzte sich auf die Brut. Genau dies macht England im Namen des 19. Jahrhunderts in ... Westafrika. Es zerstört die schützenden Kräfte, vergießt dann eine Träne und läßt sich mit mütterlichen Absichten auf den Betreuten nieder – und», so fügt Mary Kingsley hinzu, als sie das Echo fernen Gewehrfeuers aus den dichten Wäldern erreichte, «findet es verdammt heiß, dort zu sitzen.»

Als verdammt heiß erwies sich die Sache tatsächlich, denn da die innerafrikanischen «schützenden Kräfte» stark waren, setzten sich die Befriedungskriege in vielen Gebieten bis in die 20er Jahre des 20. Jahrhunderts fort. Auf damals unbeachtete Kritiker besann man sich erst, als der Wert und die Macht präkolonialer Einrichtungen, die einer Eroberung lange widerstanden hatten, zum Lieblingsthema derjenigen wurden, die in dieser Angelegenheit die afrikanische Seite vertraten.

Nachdem die Kolonialzeit ihr Ende gefunden hat, kann man das Wesen der vorkolonialen Wirklichkeit gelassener prüfen. Man kann nunmehr eine Reihe bedeutsamer Fragen über die Vergangenheit Afrikas in einer Weise beantworten, die den Afrikanern endlich den ihnen gebührenden Platz in der Geschichte der Menschheit zuweist.

Welcher menschliche Wert kommt der alten afrikanischen Zivilisation, ihren Lehren, ihren Überzeugungen, ihren politischen und moralischen Modellen vor dem Hintergrund der Weltgeschichte zu? Wo und wie hat Afrika Beiträge zum Fortschritt der Menschheit geleistet? Spielen die Aspekte dieser alten Kulturen noch eine gestaltende Rolle bei der Entwicklung des heutigen Afrika?

Afrikanische Arbeitskräfte. Man gelangt am ehesten zu einer Antwort, wenn man den afrikanischen Einfluß auf die westliche Halbkugel in Betracht zieht. Die Geschichte Amerikas wäre ohne den großen Beitrag afrikanischer Arbeit, afrikanischer Künste und afrikanischer Fähigkeiten ganz anders verlaufen. Afrikas Rolle beim Anbau von Zuckerrohr und Tabak im karibischen Raum und in Nordamerika ist wohlbekannt. Weniger geläufig sind die afrikanischen Leistungen auf anderen Gebieten. Mindestens bis ins frühe 19. Jahrhundert hinein wurden die Minen Brasiliens hauptsächlich von Afrikanern betrieben, die ihr Können aus ihrer Heimat mitgebracht hatten.

Die Neger übertrugen auch manche heimatlichen Verfahren auf die amerikanischen Handwerksübungen, mit denen sie sich befaßten, und sie befaßten sich mit vielen. «Ich habe», wußte ein amerikanischer Reisender Mitte des 19. Jahrhunderts aus Brasilien zu berichten, «Sklaven als Zimmerleute, Maurer, Pflasterer, Drucker, Schilder- und Ornamentmaler, als Wagenbauer und Tischler, als Hersteller militärischer Abzeichen, als Lampenmacher, Silberschmiede, Juweliere und Lithographen gesehen.» Obwohl die

Sklaven vieles machten, was Afrika nie gekannt hatte, so arbeiteten sie dennoch mit der Kunstfertigkeit und Geschicklichkeit ihrer heimatlichen Kultur.

Warum sollten die Afrikaner dann in ihrem eigenen Lande keine Industrien entwickelt haben? Die Antwort liegt in einer Betrachtung der Fähigkeiten und Grenzen der alten afrikanischen Kulturen, die eine hervorragende Fertigkeit in Kunst und Kunsthandwerk mit völliger Rückständigkeit in den Naturwissenschaften verbanden — ein typisches Kennzeichen aller prätechnologischen Zivilisationen. Hieraus ergab sich eine Haltung, die zu einer Bewältigung der alltäglichen Probleme auf empirischem Wege neigte und zugleich von tiefem Konservativismus durchdrungen war, der seinerseits ein Produkt langer Stabilität und eingefleischter Tradition war.

Wenn man die Überlegenheit des industrialisierten Europa im 19. Jahrhundert in Betracht zieht, das Maschinengewehre Speeren oder Pfeil und Bogen oder überalterten importierten Feuerwaffen entgegenstellte, muß man die Afrikaner weitgehend als Opfer ihrer eigenen früheren Anpassung an ihre heimatliche Umgebung betrachten. Die meisten Stämme des Kontinents waren von der übrigen Welt durch Meere aus Sand und Wasser getrennt und hatten so vorindustrielle Lebensformen entwickelt, die nur zum Überleben ausreichten und zur Erreichung eines bescheidenen Komforts. Verläßliche Nachrichten darüber sind rar, aber der Anschein läßt vermuten, daß die Völker südlich der Sahara einen Lebensstandard weit oberhalb des Existenzminimums hatten und sich ausreichender Sicherheit erfreuten. Im Genusse dieser Güter und ohne industrielle Vorbilder hatten sie wenig Grund, nach mehr zu streben.

In der Hauptsache handelte es sich darum, die überlieferten Praktiken anzuwenden, um eine bequeme Existenz oder jedenfalls das nackte Leben zu erhalten. Hieraus erklärt sich die oft fanatische Abneigung der Afrikaner gegen jede Veränderung. Solange die Dinka beispielsweise sorgfältig den Rhythmus ihrer jährlichen Weideauftriebe und Aussaaten befolgten, konnten sie mit sicheren Erträgen rechnen. Ließen sie dieses wohlerprobte Verfahren außer acht, so konnte es zu einer Katastrophe kommen. Die Verfassung ihrer Gemeinschaft mochte dem ungeschulten Beobachter vom Zufall abhängig erscheinen, in Wirklichkeit war sie eine bis ins Detail gehende Gliederung von höchster ökologischer Zweckmäßigkeit.

Bis ins Detail: hier liegt der Angelpunkt afrikanischer Ordnungsvorstellungen. Die Dinka befriedigten ihre Bedürfnisse — und um zu überleben,

Zum Bild auf den beiden folgenden Seiten:
Europäische Darstellung Westafrikas (spanische Karte aus dem Jahre 1500). Selbst die Wüste Sahara ist mit europäisch aussehenden Königen, Prälaten und Burgherren bevölkert.

mar de españa
costa de portugal
montanya
magna
mauretania
el atos
Carena
crasima
carena
egito
babilona
egitus
tebais
africa
nubia
Reymelli
maretania ma sa de
libia
lacus
pentapolis
Preste Juan
Camar
libia interior
y de chiple
y candia
camps

marealbia
Rey de ethiopia
ethiopia
linia equinocial
y tausens
ysla descubierta por portugal

mußten sie so verfahren –, indem sie nicht nur ganz bestimmte Regeln des Ackerbaues befolgten, sondern auch einen ganzen Komplex religiöser, sozialer und politischer Überzeugungen respektierten und Bräuchen folgten, welche die Einhaltung der Regeln sicherstellten. Dieses System mußte auch gelegentlichen Irrtümern und Streitereien zwischen einzelnen Stammesgruppen und üblen Launen der Natur Rechnung tragen. Mehr als das, es

Nach überlieferten Mustern wie dieser Stangenkonstruktion für das Strohdach einer Hütte in Kamerun wird noch heute wie vor Jahrhunderten gebaut. Beweise seiner Kultur hat Afrika nicht in Dokumenten niedergelegt, sondern in eigenwilligen Bauten.

Afrikas Völker haben nicht nur solche schlichten Stammeswohnungen gebaut. Verstreut über den ganzen Kontinent finden wir Ruinen von Tempeln, Palästen und Festungen. Sie zeugen von der Macht untergegangener Reiche. Neben ganz originalen Zügen weisen einige Bauten islamische, indische oder europäische Elemente auf.

mußte stark genug sein, um solche Störungen auszugleichen und beharrlich und unerbittlich auf der Stabilität der Dinkagemeinschaft zu bestehen. Über Jahrhunderte des Erprobens und der Irrtümer hinweg, in denen Völker wie die Dinka sich über ihren Kontinent ausbreiteten und auf ihm zu überleben lernten, haben sich Systeme entwickelt, die der Fülle der Lebensbedrohungen wirksam begegneten.

Wie eine Küstenwache steht dieses Minarett auf der Insel Lamu, vor dem heutigen Kenia gelegen. Auf dieser Insel befand sich einer der großen afrikanischen Elfenbeinmärkte und Handelsplätze für Mangrovenholz. Ostafrikanische Händler knüpften Beziehungen an in Südafrika und im Orient und erreichten mit ihren Schiffen Indien und China.

Ungefähr um 1800 v. Chr. war die Zeit solcher Experimente im alten Afrika der Eisenzeit praktisch vorüber. Die meisten Systeme hatten sich zu voller Reife entwickelt. Landwirtschaftliche Prosperität, festgegründet auf Produktionsmethoden, die mehr oder minder auf einen sofortigen Verbrauch oder Tausch zugeschnitten waren, zielte nicht auf eine Ausdehnung der Güterversorgung, sondern auf deren stete Aufrechterhaltung. Die meisten Afrikaner waren Bauern oder Handwerker, und als solche empfanden sie nicht so sehr die Notwendigkeit eines größeren Marktes, sondern die eines beständigen, sicheren Marktes. Ihr Ideal bestand darin, so zu leben wie ihre Vorfahren; solange das möglich war, war alles gut.

«Anständiges Betragen, Respekt vor den Ahnen und Beibehaltung der Lebensweise der Väter, kein oder wenig Streben nach Reichtum oder Stellung» — diese Ermahnungen der Schutzgeister der Schona in Rhodesien waren keineswegs außergewöhnlich. Besondere Ambitionen oder schlechtes Betragen waren verächtlich. Gut war das Gebräuchliche, und was gebräuchlich war, ergab sich aus den Lehren der Vorfahren. Nachdem sie sich ihren Kontinent untertan gemacht hatten, konnte den Afrikanern der Gedanke des Fortschritts nicht willkommen sein, denn Fortschritt brachte Wechsel, und Veränderungen konnten nur das empfindliche Gleichgewicht stören, das zwischen den Menschen und der Natur zustande gekommen war.

Der Beginn des 19. Jahrhunderts zieht einen scharfen Trennungsstrich. Von da an tritt eine völlig neue Situation ein. In diesem geschichtlichen Augenblick begannen Auflösungstendenzen die bisherigen friedlichen Verhältnisse zu überwuchern. Eines der neuen Elemente war der gewaltige Aufbruch der Nguni-Stämme aus Südostafrika in das Zentralplateau und in das Gebiet der großen Seen Ostafrikas. Eine andere zerstörerische Kraft wirkte mit Aufkommen eines neuerlichen, verheerenden Sklavenhandels von der von den Arabern beherrschten Insel Sansibar über Ostafrika ins Binnenland. Drittens erschütterte der islamische Glaubenskrieg viele der vorher stabilen Reiche Westafrikas. Schließlich kam der wachsende Druck und das vermehrte Eindringen der Europäer hinzu. Aufruhr und Unruhen ergriffen immer weitere Gebiete.

Aber noch immer war man sich zu jener Zeit der großen Errungenschaft stabiler und friedlicher Verhältnisse bewußt. Selbst heute noch begegnet man in der mündlichen Überlieferung vieler Stämme einer wehmütigen Erinnerung an die von Würde und Glück erfüllten alten Zeiten. Eine oder zwei Beschreibungen dieser letzten Strahlen eines vergehenden Zeitalters der Reife haben Afrikaner jener Zeit selbst geliefert. Im Jahre 1789, zur Zeit der großen europäischen Revolution, veröffentlichte Olaudah Equiano, ein ehemaliger Sklave aus Iboland in Ostnigeria, ein Buch über seine Heimat. Trotz gewisser Idealisierungen zum Zwecke des Kampfes gegen die Sklaverei trägt dieser Bericht authentische Züge.

«Da wir in einem Lande leben, in dem die Natur verschwenderisch ihre Gaben ausstreut, haben wir nur wenige und leicht zu befriedigende Bedürfnisse . . . Wir haben reichlich Mais und große Mengen Baumwolle und Tabak. Ananas wächst bei uns wild und wird so groß wie die größten Zuckerhüte und hat den schönsten Wohlgeschmack. Wir haben auch Gewürze der verschiedensten Art, vor allem Pfeffer, und eine Fülle köstlicher Früchte, die ich in Europa niemals gesehen habe . . . All unser Fleiß gilt der Verbesserung dieser Gaben der Natur. Unsere Hauptbeschäftigung ist

Die Erzeugnisse der afrikanischen Binnenländer wurden von Trägern in kleinere Seehäfen gebracht. Handelsschiffe, Dhaus genannt, beförderten Waren anschließend zu den großen Umschlagplätzen Afrikas. Noch heute kreuzen die Dhaus in den afrikanischen Küstengewässern. Sie werden noch immer nach dem alten Muster gebaut. Man bindet die Planken mit starken handgedrehten Pflanzenfaserteilen zusammen und dichtet die Boote dann mit Pech ab.

Eine Giraffe aus dem afrikanischen Königreich Malindi gelangte im Jahre 1414 nach China. Dieses seltsame langhalsige Geschöpf machte auf den Kaiser einen solchen Eindruck, daß er eine Flotte abordnete, um die Gesandten aus Malindi heimzugeleiten.

die Feldbestellung, und jeder Mann, selbst Kinder, wirken dabei mit. So sind wir alle schon seit frühester Jugend an Arbeit gewöhnt. Jeder trägt zum allgemeinen Wohl bei, und da wir keinen Müßiggang kennen, haben wir keine Bettler.»

Es gab damals nur wenige handwerklich bearbeitete Erzeugnisse, gab Equiano zu, als da waren Baumwollkleidung, Töpferwaren, «Zierat und Geräte zu kriegerischem und häuslichem Gebrauch». Aber was brauchte man mehr? «In einem solchen Staat hat Geld nur geringen Nutzen ... Bei unseren Bauten sorgen wir mehr für Bequemlichkeit als für äußere Erscheinung. Jedes Familienoberhaupt besitzt ein großes viereckiges Stück Grund und Boden, das von einem Wall oder einer Hecke umgeben ist ... In der Mitte steht das Wohngebäude, das ausschließlich dem Familienoberhaupt vorbehalten ist und aus zwei Wohnräumen besteht; den einen benutzt er tagsüber mit seiner Familie, der andere dient dem Zusammensein mit seinen Freunden ... Und da wir einfache Sitten haben, brauchen wir keinen großen Aufwand zu treiben.»

Europäische Reiseberichte. Andere Berichte bestätigen die Richtigkeit des von Equiano entworfenen Bildes. Vielleicht am überzeugendsten ist ein lebensnaher Bericht, den zwei Händler im Jahre 1811 lieferten, die beiden afroportugiesischen Mulatten Pedro João Baptista und José Amaro. Die beiden hatten ein bemerkenswertes Kunststück zustande gebracht. Fast ein halbes Jahrhundert bevor Livingstone und andere europäische Pioniere Zentralafrika durchquerten, hatten diese beiden Händler den größeren Teil dieses Gebietes von Westen nach Osten bereist und dann in aller Ruhe zurück von Osten nach Westen, insgesamt etwa 7000 Kilometer. Die Reise, die sie zu Geschäften benutzten, dauerte 9 Jahre. Baptista war gebildet und verfaßte ein Reisetagebuch. Daraus ergeben sich zwei besonders interessante Tatsachen.

Die eine ist die, daß die Völker, die sie auf ihrem Wege durch Innerafrika kennenlernten, wie die von Iboland in Westafrika, die Equiano kurz vorher beschrieben hatte, im Jahre 1800 recht bequem und komfortabel lebten. «Das Gebiet von Kazembe», schrieb Baptista von einem Teil des heutigen Katanga im südöstlichen Kongo, «ist das ganze Jahr über und jedes Jahr von neuem mit allen nötigen Vorräten versehen: Maniokmehl, Hirse, Mais, grüne Stangenbohnen ... Früchte ... wie Bananen, Zuckerrohr, Yams ... und viele Fischarten.» Es gab auch, so berichtete er, eine Vielzahl von Haustieren einschließlich Ochsen und Ziegen.

Die zweite Tatsache betrifft Gesetze und öffentliche Ordnung in Gebieten, die später für ihren gänzlichen Mangel daran bekannt werden sollten. Baptista und Amaro berichteten ihren portugiesischen Auftraggebern, daß der endlose Weg durch Afrika, von Angola im Westen bis Mozambique im Osten, leicht zurückzulegen sei, wenn man den Schutz zweier mächtiger Gewalten genösse. Das waren die Herrscher zweier großer Staaten, denen das ganze Gebiet untertan war: das eine Reich gruppierte sich um den Oberlauf des Kasaiflusses, das andere lag am Luapula. Hatte man diese Herrscher, den Mwata Jamwo und den Mwata Kazembe, oder ihre Ratgeber mit angemessenen Geschenken zufriedengestellt und von seinen friedlichen Absichten überzeugt, so hatte man das Recht auf seiner Seite, und zwar ein Recht, das auf der Reise wirklichen Schutz gewährte. Weite Teile des präkolonialen Kongo lebten mit anderen Worten in geordneten und friedlichen Verhältnissen, ganz im Gegenteil zu der Willkür und dem Durcheinander späterer Zeiten.

Einige der ersten europäischen Pioniere im Inneren Afrikas kamen früh genug, um noch einen Blick auf die damaligen Zustände zu erhaschen, bevor diese von den Tumulten des 19. Jahrhunderts hinweggefegt wurden. Im Jahre 1831 reisten zwei portugiesische Forscher, Major José Maria Monteiro und Kapitän Antonio Candido Gamitto, von Mozambique aus an den Hof des Königs Mwata Kazembe. Dort fanden sie die Beobachtungen der beiden erwähnten mulattischen Handelsreisenden aus dem Jahre 1811 bestätigt. Kazembes Staat war sehr mächtig und wohlhabend. «Wir haben wirklich nicht erwartet», schrieb Gamitto später, «soviel zeremonielles Gepränge bei den Potentaten eines so küstenfernen Gebietes zu finden, auch nicht bei einer Nation, die im Rufe der Barbarei und der Wildheit steht.»

Etwa 40 Jahre später fällte ein anderer wagemutiger Reisender, Henry Morton Stanley, ein ähnliches Urteil über das große Land Uganda, das Königreich der Ganda und ihres Königs Mutesa. Als Stanley dessen Hof im Jahre 1875 besuchte, vermerkte er in seinem Notizbuch, daß er in Mutesa weder «den tyrannischen Wilden» noch den «Massenmörder» gefunden habe, wie er in der europäischen Fabel lebte, «sondern einen frommen Muselmanen und einen intelligenten, menschlichen König, der absolutistisch ein weites Gebiet Afrikas beherrschte, dabei mehr geliebt als gehaßt und mehr geachtet als gefürchtet wurde». Die genauere Kenntnis der Geschichte der Ganda hat inzwischen ergeben, daß Stanley etwas übertrieben hat. Indessen ist der Kern seines Berichtes sicherlich richtig. Mutesas Königreich besaß ein funktionierendes Rechts- und Ordnungssystem. Längst aus dem Zustand der dynastischen Experimente heraus, war Uganda zu Stanleys Zeiten schon mehr als 300 Jahre alt. Mutesa war der 18. in der Dynastie der Gandakönige, die den Thron zuerst etwa um 1600 bestiegen hatten. Und was für das Land Mutesas und Kazembes galt, galt ebenfalls für den größten Teil des südlich der Sahara gelegenen Afrika. Fast überall hatte sich auf im einzelnen durchaus unterschiedlichen Wegen eine politische Stabilität herausgebildet, die das Resultat aller früheren sozialen und produktionstechnischen Versuche war.

Diese Stabilität war allerdings weder ganz allgemein noch von ununter-

Eine holländische Delegation kniet vor dem König von Kongo (1642). Die Holländer waren gekommen, um mit der kongolesischen Regierung einen Handelsvertrag abzuschließen, doch die Portugiesen und Spanier waren ihnen zuvorgekommen. Der König trägt europäische Stulpenstiefel. Die Inschrift über seinem Thron bezeichnet ihn als «König des Kongo».

brochener Dauer. Von Königen regierte Staaten litten unter dynastischen Konflikten. In Westafrika rief der Bedarf an Gefangenen, die man als Sklaven verkaufen konnte, eine Unzahl verheerender Grenzüberfälle hervor. Kleine Gefechte und Zusammenstöße gab es überall. Aber diese führten häufig zu gar nichts oder zu wenig mehr als Speergerassel und zur Wegnahme von Gefangenen, die man gegen Vieh oder andere Waren wieder freigab. Im Vergleich zu den späteren Ereignissen befand sich Afrika damals im Frieden.

Verschiedene Staaten und ihr Lebensstandard. Im Jahre 1800 war das Monomotapareich, das sich über ausgedehnte Teile des heutigen Rhodesien erstreckte, schon mehr als 300 Jahre alt. Im Norden wurde der größere Teil des Kongobeckens von einer Reihe von Staaten verschiedener Größe eingenommen. Im Westen lebte noch das alte Reich der Ojo in Nigeria, das Reich von Benin hatte noch nichts an Würde und Macht eingebüßt, und das Aschantireich stand noch vor seinem Höhepunkt. Waren die großen Reiche des mittelalterlichen Westsudan damals auch nur noch Bilder der Erinnerung, die ihren vergangenen Ruhm nebelhaft nachschimmern ließen, so hatten andere Reiche ihren Platz eingenommen. Und unter diesen gab es eine Anzahl kleinerer Staatsgefüge, einige mit und andere ohne Könige oder andere zentrale Autoritäten, von denen aber die meisten, wie die Dinka und die Talensi, die Njakjussa und die Tonga, für sich in Anspruch nehmen konnten, daß es ihnen gelungen war, die Hauptlebensprobleme auf vorindustrieller Basis zu lösen und innerhalb solcher Grenzen eine wirkliche Festigkeit zu erreichen.

Übrigens war der afrikanische Konservativismus durchaus kein starres Prinzip. Oft erwies er sich als in hohem Maße anpassungsfähig, besonders, wo das mit Rücksicht auf Handelserfordernisse wichtig erschien. Der deutsche Reisende Heinrich Barth, in mancher Hinsicht der aufgeschlossenste Beobachter des 19. Jahrhunderts, fand bei seiner Ankunft in der nordnigerianischen Stadt Kano in der Mitte des 19. Jahrhunderts, daß sie die Produkte ihrer Baumwollweberei von der Atlantikküste bis zu den Ausläufern der Kongowälder verkaufte.

Der Wert dieser Industrie belief sich, nach der Schätzung von Barth, jährlich auf nicht weniger als 300 Millionen *kurdí* (eine Währungseinheit, die im allgemeinen mit Kauri-Muscheln rechnete), «und wie bedeutend dieser nationale Reichtum ist, werden meine Leser wohl verstehen», fuhr Barth fort, «wenn sie erfahren, daß eine ganze Familie in diesem Land bequem von fünfzig- oder sechzigtausend *kurdí*, das sind etwa 4 bis 5 Pfund Sterling, ein ganzes Jahr leben kann».

Ergänzend muß noch bemerkt werden, daß es sich hierbei um eine ausschließlich handwerkliche Produktion handelte und daß die verhältnismäßig fortschrittlichen Tausch- und Transportmethoden nach wie vor den Einschränkungen herkömmlicher Regeln und Gebräuche unterworfen waren. Wenn auch die Struktur der Gesellschaft häufig reformiert wurde, so wandelte sie sich doch niemals grundsätzlich. Als die Eroberer ein halbes Jahrhundert nach Barth ihre Maschinengewehre einsetzten, konnten die Afrikaner keine gleichwertige Vergeltung üben. Hierauf beziehen sich die bitteren Bemerkungen des antiimperialistischen englischen Dichters Hilaire Belloc, wenn er den Eroberern die prahlerischen Worte in den Mund legt: «Es ist egal, was sie tun, denn wir haben das Maschinengewehr, und sie haben es nicht.»

Die relativ starke Isolierung von der Welt außerhalb wurde verstärkt durch das Verhalten der Handelsstaaten längs der Küste, in deren Interesse die Aufrechterhaltung ihrer Mittlerstellung zwischen den Seefahrernationen Europas und den Produzenten des afrikanischen Binnenlandes lag. Mindestens bis in die 50er Jahre des 19. Jahrhunderts war dies Bestreben im allgemeinen erfolgreich. Indem sie sich zwischen Europa und das afrikanische Hinterland stellten, verzögerten die Küstenstaaten zwar fremdes Eindringen, sie hinderten die Völker des Binnenlandes aber auch daran, sich auf die Bedrohungen Europas einzustellen.

In den Küstenstaaten erwies sich der afrikanische Konservativismus als weitaus geschmeidiger denn anderswo. Obwohl man die Grenzen einer Zivilisation nicht verließ, die mehr für den unmittelbaren Verbrauch und für den Handel produzierte als für Sicherheits- und Anlagezwecke, zeigten viele dieser Staaten gegenüber den neuen Gegebenheiten eine lebendige Anpassungsfähigkeit. Sie verschmolzen die herkömmlichen Bräuche mit neuen Handelsmethoden, von denen einige bereits frühkapitalistische Züge trugen. Ihre «Körperschaften», die mit Handelsschiffen arbeiteten, welche Dutzende von Menschen befördern konnten, gaben intelligenten und unternehmenden Männern die Chance, eine herrscherartige Stellung zu erlangen.

Was durch die Veränderung einzelner Verhältnisse und durch Reformen bewirkt werden konnte und wo hier die Grenzen lagen, zeigte die nigerianische Stadt Brohimi am Ende des 19. Jahrhunderts auf erschütternde Weise. Der Sklavenhandel und die Anwesenheit der Engländer auf der 240 Kilometer entfernten Insel Lagos hatten lange Zeit schwer auf der Stadt gelastet. Die Wirkungen dieses Drucks zeigten sich, in einer merkwürdigen Kombination neuer und alter Gedanken, in den Taten des energiegeladenen Brohimihäuptlings Nana.

Nana schlug im Kampf mit den englischen Eindringlingen im Jahre 1894 eine englische «Strafexpedition» zurück. Und hier liegt ein gutes Beispiel für Anpassungsfähigkeit: Nana hatte viel von den Engländern gelernt, ehe sie seine Gegner wurden. Als sich die Eroberungstruppe durch die Sümpfe von Brohimi vorkämpfte, fand sie die Stadt von Kanonenstellungen umgürtet. Die erste Stellung zählte 23 Rohre – «geladen, gespannt und gestopft» (obgleich die Kanoniere versäumten, sie abzufeuern). Die Ladung bestand aus «dreipfündigen Kugeln und Bambusrohren, die mit Bruchstücken von eisernen Töpfen gefüllt waren».

Als die Engländer Brohimi selbst angriffen, gerieten sie in ein Feuer aus «mindestens 30 oder 40 Kanonen – nicht gerechnet zahllose Gewehre». Einige Kanonen waren «unmittelbar am Flußlauf aufgestellt, um die Annäherung von Booten äußerst gefährlich, wenn nicht unmöglich zu machen». Das alles ging über die Kräfte der Strafexpedition hinaus, und man setzte eine stärkere in Marsch. Deren kommandierender Admiral,

Im Jahre 1871 traf der deutsche Geologe und Forschungsreisende Karl Mauch (1837–1875) auf einer seiner Erkundungsreisen durch Rhodesien auf ein Tal voller «Bauwerke aus Stein». Es war Simbabwe, ein Komplex von gestrüppüberwucherten Tempeln und Befestigungen, die er für Kopien des Tempels Salomons und des Palastes der Königin von Saba hielt. Später schrieben die Archäologen bei der Durchforschung der Ruinen die gefundenen Reste einer erloschenen afrikanischen Kultur zu. Die geschweiften Granitsteinmauern Simbabwes sind Vorbild der für weite Teile Afrikas typischen runden Dorfhütten. Simbabwe erreichte seinen Höhepunkt zwischen dem 15. und 18. Jahrhundert. Seine Könige demonstrierten ihre Macht durch den Bau des großen Tempels, der von einer 240 m langen Ringmauer umgeben ist. Dieses grandiose Monument diente zeremoniellen Riten, die durch einen elliptischen Wall aus annähernd 15 000 Tonnen behauener Steine vor den Augen der Öffentlichkeit wirksam verborgen waren.

dem die Einnahme von Brohimi gelang, konnte bestätigen, was die frühere Expedition berichtet hatte. Die Verteidigungseinrichtungen der Stadt wiesen auf monate- und vielleicht sogar jahrelange Vorbereitungen hin «und auf beträchtliche Intelligenz. Die Geschütze waren mit bewunderungswürdiger Geschicklichkeit placiert, um Angriffen aus der erwarteten Richtung zu begegnen ... und sie waren gut und stark in Stellung ge-

bracht», insgesamt nicht weniger als 106 Stück von verschiedener Größe. Der Admiral berichtete aber auch noch über etwas anderes, und erst hierdurch sieht man die Lage des Häuptlings Nana im rechten Licht. In Brohimi fanden die Engländer 8300 Kisten Gin, den man aus Europa importiert hatte, insgesamt 99 600 Flaschen. Auf den ersten Blick hätte man daraus auf einen ungeheuerlichen Alkoholdurst schließen können, indessen

Die Ruine des Gerezaforts in Kilwa erinnert an die Zeit, da die Europäer versuchten, in Afrika feste Stützpunkte auszubauen. Die Portugiesen errichteten die Festung im Jahre

1505, später wurde sie von den Arabern restauriert. Die einst so lebhafte Handelsmetropole Kilwa hat heute weniger als 10 000 Einwohner.

täuschte der Anschein. Der Häuptling Nana hatte dieses starke Getränk nicht vorsorglich für festliche Anlässe gestapelt, sondern weil Gin aus Europa zu einer hervorragenden Kapitalanlage geworden war. Jahrelang war der Durchschnittspreis von Gin in Flaschen auf dem örtlichen Tauschmarkt ständig gestiegen, und Häuptling Nana bewies die Voraussicht eines weisen Vermögensverwalters, als er sich einen Vorrat von fast 100 000 Flaschen zulegte. Zugleich zeigt sich hier aber auch sein Konservativismus. Nanas Vorräte waren zwar wohl angebracht für diese Zeit und für diesen Ort, stellten aber zugleich die Kapitalanlage eines in seinem Wirken engbegrenzten Herrschers dar. Tatsächlich war Nana ökonomisch nicht fortschrittlicher als der Bauer, der seine Erträge in Goldmünzen eintauscht, die er in den Strumpf steckt.

Bis zum Beginn des kolonialen Zeitalters wandelten sich viele traditionsgebundene Gemeinschaften weiterhin. In der Hauptsache handelte es sich dabei um periphere Erscheinungen, um Wandlungen an den Säumen des Kontinents oder in den weniger bedeutsamen Bereichen des Alltagslebens. Selbst die Untertanen des aktiven Häuptlings Nana blieben unberührt von seinen haushälterischen Neigungen: sie standen noch außerhalb der Zahlungs-, der Zins- und der Profitökonomie und lebten weiter wie zuvor. Nur schwer zeitigten Reformen irgendeine generelle Wirkung.

Die Ergebnisse wissenschaftlicher Forschung und die aus dem Rückblick gewonnenen Erkenntnisse haben der modernen Welt eine Reihe grundlegender Einsichten über das geschichtliche Afrika geschenkt. Der Hauptwert dieser Folge alter Kulturen bestand darin, daß sie die Menschen instand setzten, die bewohnbaren Teile Afrikas zu bevölkern, sich dort zu vermehren und ein reiches Gewebe traditioneller Lebensformen, Praktiken und Fähigkeiten zu entwickeln. Aus allem formte sich ein Grundmuster menschlichen Verhaltens und menschlicher Überzeugungen, das zwar Parallelen in der übrigen Welt hatte, nichtsdestoweniger aber unverwechselbar afrikanischen Charakter trug.

Einfluß auf die westliche Welt. Die Afrikaner haben verschiedentlich beträchtliche produktive Beiträge zum Reichtum und zum Gedeihen der übrigen Welt geleistet. Ihr Hauptgeschenk an die Menschheit wird man aber wohl in den Lebensaspekten finden müssen, die der Beschreibung weniger leicht zugänglich sind, als es der Gebrauch von Gold, Eisen und Elfenbein und geschickte Arbeitsverfahren sind. Wenige andere Völker sind mit dem Urzustand der menschlichen Natur subtiler und einfühlsamer verfahren, wenige haben mit soviel Erfolg die Interessen der Gemeinschaft mit denen des Individuums in Einklang gebracht.

Hieraus ergaben sich zahlreiche charakteristische Eigenschaften und Begabungen, welche die übrige Welt inzwischen als spezifisch afrikanisch anzuerkennen gelernt hat. Eine gleichbleibende Heiterkeit des Temperaments (so oft beschrieben, daß ein Klischee daraus geworden ist), ein gewisser unbesiegbarer Optimismus, Toleranz, Freude an ästhetischen Formen, Farben und Tönen und das Ingenium, all das hervorzubringen.

Diese Lebenshaltung und diese Eigenschaften haben wahrscheinlich mehr Einfluß auf die westliche Welt ausgeübt, als das von seiten anderer nichtwestlicher Kulturen geschehen ist. Sie haben Malerei und Bildhauerei des Westens beeinflußt (wie beispielsweise bei Picasso und seinen Nachfolgern), seine Musik (durch den amerikanischen Negerjazz, den Blues und die Spirituals) und seine Weltanschauung (dies ebenfalls hauptsächlich durch den intimen Kontakt amerikanischer Neger mit weißen Amerikanern).

Dieses sind die menschlichen Werte der Vergangenheit Afrikas, denen wahrscheinlich ein Weiterleben beschieden sein wird. Sie scheinen vorbestimmt, die noch vor uns liegenden Schwierigkeiten zu überdauern und mit noch größerer Kraft ihren Stempel nicht nur der übrigen Welt aufzudrücken, sondern auch dem neuen Afrika, das sich im Triumph aus der Asche einst blühender Königreiche erhebt.

Chronologie der afrikanischen Zivilisationen I

Zeit	Ägypten: Periode	Ägypten	Oberer Nil	Äthiopien	Sahara
3500 v. Chr.	Dynastische Zeit: Nilkönigreich Deltakönigreich				Hirtenperiode: Felsbilder zeigen Siedlungsgemeinschaften; Jäger der Steinzeit beginnen mit Haustierhaltung (Schafe, Rinder)
3000	Frühe dynast. Zeit	● Pharao Menes eint die vordynastischen Königreiche	● Ägypter erobern erstmals Nubien		
2500	Das Alte Reich	● Große Pyramiden	Zunehmender Handel mit Ägypten, oft durch Aufstände und Kriege unterbrochen	● Ägyptische Kundschafter im «Lande Punt»	Die Sahara beginnt auszutrocknen: ● Ägypter erkunden die Sahara
2000	Mittleres Reich	Expansion nach Süden	Zeit ägyptischer Beeinflussung: Errichtung ägyptischer Festungen in Nubien, kaum noch Selbständigkeit		Pferdeperiode
1500	Hyksos-Einfälle	Ausdehnung des Reiches nach Asien und in den Sudan; Königin Hatschepsut; Thutmosis III.; Amenophis IV. (Echnaton)	● Thutmosis I. erobert das während der Hyksos-Einfälle zeitweilig verlorengegangene Nubien für Ägypten zurück	● Hatschepsut schickt Expeditionen nach Punt	Übernahme des Pferdes aus Ägypten
	Das Neue Reich	Ramses III.		Sporadische ägyptische Erkundungen	

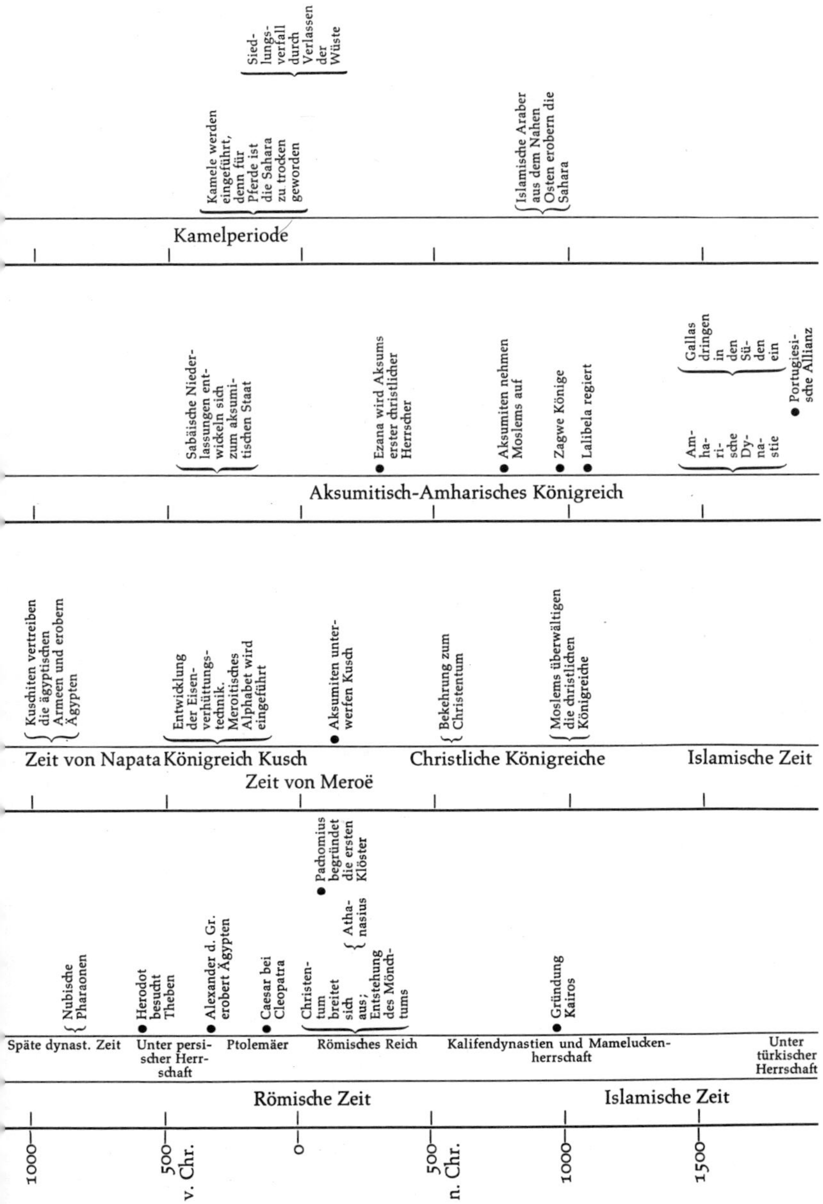
Sied-lungs-verfall durch Verlassen der Wüste
Kamele werden eingeführt, denn für Pferde ist die Sahara zu trocken geworden
Islamische Araber aus dem Nahen Osten erobern die Sahara
Kamelperiode
Sabäische Niederlassungen entwickeln sich zum aksumitischen Staat
Ezana wird Aksums erster christlicher Herrscher
Aksumiten nehmen Moslems auf
Zagwe Könige
Lalibela regiert
Amharische Dynastie
Gallas dringen in den Süden ein
Portugiesische Allianz
Aksumitisch-Amharisches Königreich
Kuschiten vertreiben die ägyptischen Armeen und erobern Ägypten
Entwicklung der Eisenverhüttungstechnik. Meroitisches Alphabet wird eingeführt
Aksumiten unterwerfen Kusch
Bekehrung zum Christentum
Moslems überwältigen die christlichen Königreiche
Zeit von Napata
Königreich Kusch
Zeit von Meroë
Christliche Königreiche
Islamische Zeit
Nubische Pharaonen
Herodot besucht Theben
Alexander d. Gr. erobert Ägypten
Caesar bei Cleopatra
Christentum breitet sich aus; Entstehung des Mönchtums
Athanasius
Pachomius begründet die ersten Klöster
Gründung Kairos
Späte dynast. Zeit
Unter persischer Herrschaft
Ptolemäer
Römisches Reich
Kalifendynastien und Mameluckenherrschaft
Unter türkischer Herrschaft
Römische Zeit
Islamische Zeit
1000
500 v. Chr.
0
500 n. Chr.
1000
1500

Chronologie der afrikanischen Zivilisation II

Zeit	Westl. und Mittl. Sudan				Traditionelle Königreiche						
n. Chr.	Ghana	Mali	Songhai	Kanem-Bornu	Aschanti	Benin	Joruba	Kongo	Kilwa	Simbabwe	Buganda
700	Ghana entsteht an den nord-südlichen Karawanenstraßen			«So»-Stämme besiedeln das Gebiet am Tschadsee							
850	Ibn Hawqal besucht Audaghost ●			Feudalherrscher von Kanem entwickeln einen zentralisierten Staat nahe den östlichen Karawanenstraßen							
1000	Ghana von Almoraviden im Heiligen Krieg geschlagen ●			● Herrscher von Kanem treten zum Islam über					Lehmhüttendorf auf Kilwa		
1150	Mosleminische Kaufleute lassen sich in den Städten nieder						Joruba gründen Stadtstaat		Moslems errichten das Sultanat Kilwa und bauen Häuser aus Korallenkalkstein	Frühe Steinbauten	

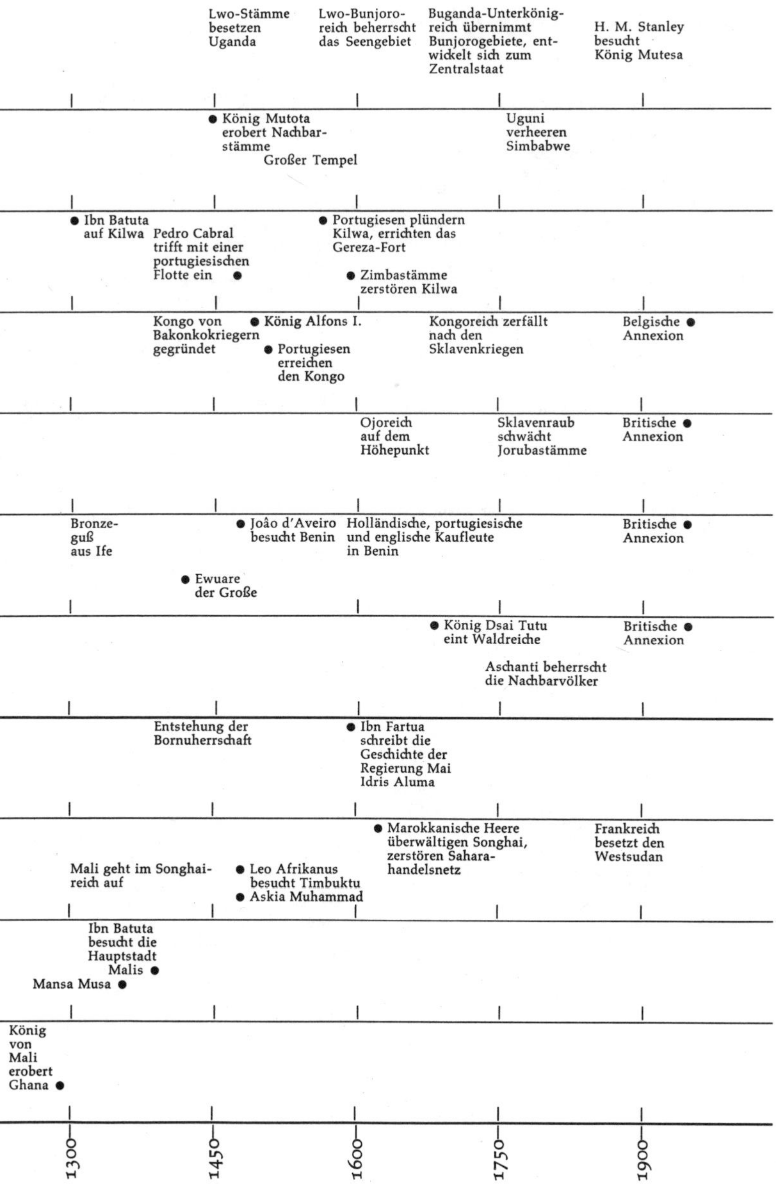
Lwo-Stämme besetzen Uganda
Lwo-Bunjoro-reich beherrscht das Seengebiet
Buganda-Unterkönigreich übernimmt Bunjorogebiete, entwickelt sich zum Zentralstaat
H. M. Stanley besucht König Mutesa
König Mutota erobert Nachbarstämme
Großer Tempel
Uguni verheeren Simbabwe
Ibn Batuta auf Kilwa
Pedro Cabral trifft mit einer portugiesischen Flotte ein
Portugiesen plündern Kilwa, errichten das Gereza-Fort
Zimbastämme zerstören Kilwa
Kongo von Bakonkokriegern gegründet
König Alfons I.
Portugiesen erreichen den Kongo
Kongoreich zerfällt nach den Sklavenkriegen
Belgische Annexion
Ojoreich auf dem Höhepunkt
Sklavenraub schwächt Jorubastämme
Britische Annexion
Bronzeguß aus Ife
João d'Aveiro besucht Benin
Holländische, portugiesische und englische Kaufleute in Benin
Britische Annexion
Ewuare der Große
König Dsai Tutu eint Waldreiche
Britische Annexion
Aschanti beherrscht die Nachbarvölker
Entstehung der Bornuherrschaft
Ibn Fartua schreibt die Geschichte der Regierung Mai Idris Aluma
Marokkanische Heere überwältigen Songhai, zerstören Saharahandelsnetz
Frankreich besetzt den Westsudan
Mali geht im Songhaireich auf
Leo Afrikanus besucht Timbuktu
Askia Muhammad
Ibn Batuta besucht die Hauptstadt Malis
Mansa Musa
König von Mali erobert Ghana
1300
1450
1600
1750
1900

Literaturhinweise

Allgemeines

Afrika. Hg. v. Geographie-Kartographie Institut im Bibliographischen Institut. (Meyers Kontinente und Meere 1) Bibliographisches Institut AG, Mannheim 1968.

Afrika. Bearb. v. H. Schiffers u. a. (Harms Handbuch der Erdkunde 5) 8. Aufl., Paul List Verlag KG, München 1967.

Afrika-Handbuch für Reise und Verkehr. Hg. v. K. Eitner u. a., 2 Tle., Überseeverlag GmbH, Hamburg 1967–68.

Afrika-Schrifttum. Bibliographie deutsch-sprachiger wissenschaftlicher Veröffentlichungen über Afrika südlich der Sahara bis 1962. Bearb. v. G. T. Mary u. a., Franz Steiner Verlag GmbH, Wiesbaden 1965.

Carr, A.: Afrika. Flora und Fauna. (Life – Wunder der Natur) Time-Life International, Amsterdam 1965.

Friedrich, A.: Afrikanische Priestertümer. Stuttgart 1939.

Jaeger, F.: Afrika. Ein geographischer Überblick. (Sammlung Göschen 910–911) 2 Bde., 3. Aufl., Walter de Gruyter & Co., Berlin 1968.

Kaufmann, H.: Nigeria. (Die Länder Afrikas 2) 2. Aufl., Kurt Schroeder, Bonn 1962.

Geschichte

Afrika. Handbuch der angewandten Völkerkunde. Hg. v. A. Bernatzig. 2 Bde., Schlüsselverlag, Innsbruck 1947.

Bertaux, P.: Afrika. (Fischer Weltgeschichte 32) Fischer Bücherei KG, Frankfurt am Main 1966.

Cornevin, R. / Cornevin, M.: Geschichte Afrikas von den Anfängen bis zur Gegenwart. Ernst Klett oHG, Stuttgart 1966.

Dammann, E.: Die Religionen Afrikas. (Die Religionen der Menschheit 6) W. Kohlhammer GmbH, Stuttgart 1963.

Frobenius, L.: Kulturgeschichte Afrikas. 2. Aufl., Phaidon Verlags-GmbH, Köln 1954.

Hintrager, O.: Geschichte von Südafrika. R. Oldenbourg KG, München 1952.

Hirschberg, W.: Völkerkunde Afrikas. (BJ-Hochschultaschenbücher 333/333 b) Bibliographisches Institut AG, Mannheim 1965.

Jacob, L. G.: Grundzüge der Geschichte Afrikas. (Grundzüge 7) Wissenschaftliche Buchgesellschaft, Darmstadt 1966.

Kirsten, E.: Nordafrikanische Stadtbilder. Antike und Mittelalter in Libyen und Tunesien. 2. Aufl., Carl Winter Universitätsverlag, Heidelberg 1966.

Wood, R. / Wheeler, M.: Römisches Afrika in Farben. Droemersche Verlagsanstalt Th. Knaur Nachf., München 1968.

Kunst

Baumann, H.: Schöpfung und Urzeit des Menschen im Mythos der afrikanischen Völker. Neudr., Dietrich Reimer, Berlin 1964.

Brentjes, B.: Fels- und Höhlenbilder Afrikas. Lambert Schneider Verlag GmbH, Heidelberg 1965.

Fagg, W. / List, H.: Bildwerke aus Nigeria. Prestel-Verlag, München 1963.

Forman, W., u. a.: Die Kunst von Benin. Artia Verlag, Prag 1960.

Forman, W. / Brentjes, B.: Alte afrikanische Kunst. Nok-Ife-Benin. Koehler & Amelang VOB, Leipzig 1968.

Forman, W. / Brentjes, B.: Alte afrikanische Plastik. Koehler & Amelang VOB, Leipzig 1967.

Lommel, A. / Dräyer, W.: Nigeria. 2000 Jahre afrikanische Plastik. R. Piper & Co. KG, München 1962.

Willett, F.: Ife. Metropole afrikanischer Kunst. (Neue Entdeckungen der Archäologie) Gustav Lübbe Verlag, Bergisch-Gladbach 1967.

Entwicklung

Bauer, G.: Die Wirtschaft Afrikas unter Berücksichtigung finanzieller Aspekte. Fritz Knapp Verlag GmbH, Frankfurt am Main 1963.

Davidson, B.: Vom Sklavenhandel zur Kolonisierung. Afrikanisch-europäische Beziehungen zwischen 1500 und 1900. (rowohlts deutsche enzyklopädie 266/267) Rowohlt Taschenbuchverlag GmbH, Reinbek bei Hamburg 1966.

Grohs, G.: Stufen afrikanischer Emanzipation. Studien zum Verständnis westafrikanischer Eliten. W. Kohlhammer GmbH, Stuttgart 1967.

Mars, J.: Afrikanische Wirtschaftsintegration. Tatsachen und Perspektiven. Europa Verlag AG, Frankfurt am Main 1967.

Schmidt-Pretoria, W.: Deutsche Wanderung nach Südafrika im 19. Jahrhundert. Dietrich Reimer, Berlin 1955.

Personennamenregister

Die Seitenzahlen können sich auch auf Abbildungen beziehen

Sachwortregister

Die Seitenzahlen können sich auch auf Abbildungen beziehen

Danksagungen

Die Herausgeber sind zu besonderem Dank verpflichtet gegenüber Robert I. Rotberg, Assistent Professor of History, Harvard University, und den folgenden Persönlichkeiten und Institutionen: VEREINIGTE STAATEN: Eliot Elisofon, New York; Nicholas M. England, Center for Studies in Ethnomusicology, Columbia University; Margaret Plass, Curator of African Art, University Museum, University of Pennsylvania; Lloyd Cabot Briggs, Research Fellow in North African Anthropology, Peabody Museum, Harvard University; Leslie Elam, Editor, American Numismatic Society, New York; Harold Rome, New York; John B. Schmitt, Professor of Entomology, Rutgers University; Victor Englebert, New York; Gerard Alexander, Chief of Map Division, New York, Public Library. EUROPA: William Fagg, Deputy Keeper, Department of Ethnography, British Museum, London; School of Oriental and African Studies, University of London; Dr. R. E. Bradbury, Centre of West African Studies, University of Birmingham; Raymond Mauny, Professor für Geschichte des tropischen Afrika, Universität Paris; Jean Leclant, Professor der Ägyptologie, Universität Paris; Henri Lhote, Leiter der Untersuchungen am Centre National des Recherches Scientifiques, Paris; André Caquot, Direktor, Section des Sciences Réligieuses, École Pratique des Hautes Études, Universität Paris; Bertrand de Saboulin Bollena, Abteilungsleiter, Compagnie des Salines du Midi et des Salines de Djibouti, Paris; Dr. Kurt Krieger, Museum für Völkerkunde, Berlin; Dr. S. Wolf, Staatliches Museum für Völkerkunde, Dresden; Antonio Mordini, Barga, Provinz Lucca, Italien. AFRIKA: Richard Pankhurst, Director, Institute of Ethiopian Studies, Addis Abeba; Roland C. Stevenson, Sprachlicher Berater der British and Foreign Bible Society for East Africa and the Near East, Nairobi; H. Neville Chittick, Director, und Brian Fagan, British Institute of History and Archaeology in East Africa, Nairobi; James S. Kirkman, Kustos, Kenia Nationalmuseum, Fort Jesus, Mombasa; Vincent Monteil, Direktor, Institut Fondamental d'Afrique Noire, Dakar.

Bildquellennachweis

(Die Seitenzahlen stehen vor den Namen derer, die Fotos, Zeichnungen oder Graphiken für diesen Band zur Verfügung gestellt haben.)

Umschlagvorderseite: *Arnold Newman.*
7: *Foto von Leni Riefenstahl.* 8: *Titelblatt aus «Description et récit Historial du Riche Royaume d'or de Gunea» von Pieter de Marees, Amsterdam, 1605, Rare Book Division, New York Public Library.* 12/13, 16/17, 20/21: *Zeichnungen von Leo und Diane Dillon.* 22: *Zeichnungen von Lowell Hess.* 24/25: *Zeichnungen von Leo und Diane Dillon.* 27: *Meroitische Ruinen in Musawwarat-es-Safra, Sudan, 1. Jh. (Marc und Evelyne Bernheim).* 28: *David Greenspan.* 32/33: *Ruinen meroitischer Pyramiden, Sudan (Marc und Evelyne Bernheim, Rapho-Guillumette).* 34/35: *Time-Life-Archiv.* 39: *Platte vom Fußboden des Refektoriums des Klosters Apa Jeremias, Sakkarah, Ägypten, Marmor, 6. Jh., Koptisches Museum, Kairo (Werner Forman).* 41: *Die nubische Königinmutter Martha, beschützt von der Madonna und dem Kind, Fresko, ca. 10. Jh., Khartum-Museum, Sudan (Marc und Evelyne Bernheim).* 44/45: *Ansicht vom «Schutzdach der Pferde», Tassili n'Ajjer, Algerien (Henri Lhote).* 44 oben links, 46–51: *Kopien von Felsbildern der Henri-Lhote-Expedition (Erich Lessing von Magnum im Musée de l'Homme, Paris);* 44 oben links: *Giraffe der Pferdeperiode, ca. 1500 bis 600 v. Chr.,* 46 oben: *Rinder der Vorhirtenperiode, ca. 4000 v. Chr.,* 46/47: *Gerichtsszene, Hirtenperiode, ca. 4000 bis 1500 v. Chr.,* 47 oben: *Musikszene, Pferdeperiode, ca. 800 bis 700 v. Chr.,* 48/49: *Männer mit Schafen, Hirtenperiode, ca. 3000 bis 2500 v. Chr.,* 50/51: *Lagerszene, Hirtenperiode, ca. 3500 bis 3000 v. Chr.,* 51 oben: *Brunnenszene, Pferdezeit, ca. 1000 v. Chr.* 53: *Aschantischmiede, Ghana (Larry Burrows).* 54: *Konischer Turm vom Simbabwe, Rhodesien (Mitsuo Nitta).* 55: *Zeichnung von Nicholas Fasciani, mit freundlicher Genehmigung des Nationalmuseums von Rhodesien.* 57 oben: *Mauerdetail aus Simbabwe, Rhodesien, Foto mit freundlicher Genehmigung des Rhodesia National Tourist Board.* 57 Mitte: *Mauerdetail von den Ruinen in Naletale, Rodesien, Foto mit freundlicher Genehmigung der Central African Airways.* 57 unten: *Mauerdetail aus den Ruinen von Naletale, Rhodesien, Foto mit freundlicher Genehmigung der Central African Airways.* 59: *Dinkahütten, Sudan (Klaus Paysan).* 60: *Haus in Kano, Nigeria (Klaus Paysan).* 62/63: *Zeichnungen von Nicholas Fasciano aus James Walton, African Village, J. L. Van Schaik Ltd., Pretoria, 1956, nach einem Diagramm von Siegfried Frederick Nadel.* 66/67: *Tschaddorf, Foto mit freundlicher Genehmigung der Editions Hoa-Qui, Paris.* 71: *Salzbecken in Tegguida N'Tisemt, Nigeria*

(Afrique Foto, Cliché Naud, Paris). 72, 73: *David Greenspan.* 74/75: *Ansicht von Bilma, Nigeria (Victor Englebert).* 77: *Salzblöcke bei Fort Lamy im Tschad (Afrique Foto, Cliché Naud, Paris).* 78: *Ansicht der Oase Djanet, Algerien (Victor Englebert).* 80/81: *Kamelkarawane, Nigeria (Victor Englebert).* 85: *Der König von Mali, Detail vom Faksimile des Catalan Atlas von Abraham Cresques, farbige Tinte auf Pergament, 1375, Britisches Museum, London (R. B. Fleming).* 86/87: *Arabischer Kameltreiber, Illumination, aus dem Maquamat, Manuskript von Hariri, Tinte und Farbe auf Papier, Bagdad, 1237, Bibliothèque Nationale, Paris, Foto mit freundlicher Genehmigung der American Heritage.* 91 oben links: *Kupfergüsse, Kongo (Leopoldville), Foto mit freundlicher Genehmigung des Königlichen Museums für Zentralafrika, Brüssel.* 91 Mitte: *Speerspitzenwährung, Kongo (Leopoldville), Foto mit freundlicher Genehmigung des Königlichen Museums für Zentralafrika, Brüssel.* 91 oben rechts: *Eisen-«Manilla», Ghana, Foto mit freundlicher Genehmigung des Money Museum der Chase Manhattan Bank.* 91 Mitte: *Eisenkette, Uganda, National Museum.* 91 unten Mitte: *Kaurimuschelkettchen, Uganda (Marc und Evelyne Bernheim), mit freundlicher Genehmigung des Uganda National Museum.* 91 unten rechts: *Zweizinkiger Eisenspeer, Uganda (Marc und Evelyne Bernheim), mit freundlicher Genehmigung des Uganda National Museum.* 91 links: *Elefantenzähne, Daressalam, Tansania (Marc und Evelyne Bernheim).* 92 Mitte: *Goldmünzen aus Nordafrika, Foto mit freundlicher Genehmigung der American Numismatic Society.* 93 rechts: *Salz der Bilmaminen, Nigeria (Maurice Fiévet).* 94/95: *Viehmarkt in Goulimine, Marokko (Douglas Faulkner).* 96: *Getreidemarkt in Marrakesch, Marokko (Douglas Faulkner).* 98: *Königinmutter von Benin, Nigeria, 16. Jh., Museum der Universität Philadelphia (Arnold Newman).* 101: *Königliches Tor von Benin, Nigeria, Bronzeplatte, 16. oder 17. Jh., Britisches Museum, London (Werner Forman).* 103: *Zeichnung von Lowell Hess.* 105: *Königinmutter von Benin mit Gefolge, Nigeria, Bronzeplastik, spätes 18. oder frühes 19. Jh., Staatliche Museen zu Berlin, Museum für Völkerkunde (Werner Forman).* 106/107: *Der Oba von Benin, Nigeria (Dr. R. E. Bradbury).* 109: *Schlitztrommelspieler aus Benin, Nigeria, Bronzeplatte, 16. oder 17. Jh., Britisches Museum, London (Werner Forman).* 110: *Krieger aus Benin, Nigeria, Bronzeplatte, spätes 16. Jh., Staatliche Museen zu Berlin, Museum für Völkerkunde (Werner Forman).* 112: *Besucher Benins, Nigeria, Bronzeplastik, spätes 18. Jh., Britisches Museum, London (Werner Forman).* 115: *Kaufmann aus Benin mit Manilla, Nigeria, Bronzeplatte, frühes 17. Jh., Britisches Museum, London (Werner Forman).* 116: *Reiterfigur, Aschantigoldgewicht, Ghana, Messing, Sammlung Chaim Gross, New York (Eliot Elisofon).* 118: *Aschantischmiede, Ghana (Larry Burrows).* 120 links: *Gabun-Schlange, Guinea, bemaltes Holz, Sammlung Arman Bartos, New York (Eliot Elisofon).* 120 Mitte und rechts: *Zwei Ansichten eines Taktstampfers, Elfenbeinküste, Senufo, Holz, Elisofon Collection.* 123: *Nagelfetisch, Kongo (Brazzaville), Loango, Holz und Eisen, Musée de l'Homme, Paris (Eliot Elisofon).* 125: *Mäuseorakel, Elfenbeinküste, Baule, Holz, Musée de l'Homme, Paris (Eliot Elisofon).* 129: *Knaben im Kongo mit rituellen Masken, Bajaka (Eliot Elisofon).* 130: *Kupferstich, anonym, Deutschland, 15. Jh. (Bettmann Archive).* 132: *Reliquiarfigur, Gabun, Fang, Holz, Elisofon Collection.* 135: *Akrobaten aus Benin, Nigeria, Bronzeplatte, spätes 16. Jh., Britisches Museum, London (Werner Forman).* 136: *Frauenkopf aus Stein von Amadeo Modigliani, Paris, 1912, Sammlung Baron Boël, Brüssel, Foto aus Alfred Werner, Modigliani the Sculptor, Arts Inc., New York, 1962.* 137: *Tanzmaske, Gabun, Fang, bemaltes Holz, Sammlung Pierre Verité, Paris (Eliot Elisofon).* 138: *Leopardenjäger aus Benin, Bronzeplatte, spätes 16. oder frühes 17. Jh., Staatliche Museen zu Berlin, Museum für Völkerkunde (Werner Forman).* 141: *Jäger, der einen Ibis erlegt, Benin, Nigeria, Bronzeplatte, 16. Jh., Britisches Museum, London (Werner Forman).* 142 links: *Kopf aus Nigeria (Nok), Terrakotta, ca. 2. oder 1. Jh. v. Chr., Jos Museum, Nigeria (Eliot Elisofon).* 142 rechts: *Gedenkkopf, Nigeria (Ife), Messing, 13. Jh., Ife Museum, Nigeria (Eliot Elisofon).* 143: *Kopf aus Nigeria (Benin), Bronze und Eisen, ca. 1650, Museum of Primitive Art, New York (Charles Uht).* 144: *Drei Ansichten einer Ahnenfigur, Mali Dongo, Holz, Elisofon Collection.* 147: *Zeichnung und Notenbild von Nicholas Fasciano unter Beratung von Nicholas M. England, Columbia University, und Bertram Buckner.* 148: *Rituelle Maske, Holz; Kongo (Leopoldville), Basonge.* 150/151: *Tür am Heiligtum eines Geheimbundes, Elfenbeinküste, Senufo, Holz, University Museum, Philadelphia (Eliot Elisofon).* 152 oben: *Palmweinbecher, Kongo (Leopoldville), Buschongo, Holz, Elisofon Collection.* 152 unten: *Kopfstütze, Mali, Dogon, Holz, Sammlung Harold Rome, New York.* 154: *Ansicht der Großen Moschee auf Kilwa, Tansania (Marc und Evelyne Bernheim).* 158/159: *Teil einer Landkarte von Juan de la Cosa, 1500, Faksimile, Britisches Museum, London (Alan Clifton).* 160/161: *Hüttenbau in Kamerun (Peter Larsen, Nancy Palmer Photo Agency).* 162, 164/165: *Zwei Ansichten der Insel Lamu, Küstengewässer vor Kenia (Lynn Millar von Rapho-Guillumette).* 166: *Die Tributgiraffe mit Wärter von Shen Tu, Tusche und Farben auf Seide, 1414, mit freundlicher Genehmigung der Ralph M. Chait Galleries, New York.* 169: *Der König von Kongo, Illustration aus Umbständliche und Eigentliche Beschreibungen von Afrika, von Oliver Dapper, Amsterdam 1670 (New York Public Library).* 172/173: *Großer Tempel in Simbabwe, Rhodesien (D. Attenborough).* 174/175: *Gerezafort, Kilwa, Tansania (Marc und Evelyne Bernheim).*